Direito à Educação Digna e Ação Civil Pública

Marcelo Hugo da Rocha

Direito à Educação Digna e Ação Civil Pública

2018

saraiva jur

ISBN 978-85-472-2252-9

DADOS INTERNACIONAIS DE CATALOGAÇÃO NA PUBLICAÇÃO (CIP)
ANGÉLICA ILACQUA CRB-8/7057

somos | **saraiva** jur

Av. das Nações Unidas, 7.221, 1º andar, Setor B
Pinheiros – São Paulo – SP – CEP 05425-902

SAC | 0800-0117875
De 2ª a 6ª, das 8h às 18h
www.editorasaraiva.com.br/contato

Rocha, Marcelo Hugo da
  Direito à educação digna e ação civil pública / Marcelo Hugo da Rocha. – São Paulo : Saraiva Educação, 2018.

  1. Direito à educação - Brasil 2. Políticas educacionais 3. Educação e Estado 4. Direito constitucional I. Título.

17-1215   CDU 34:37.01

Índice para catálogo sistemático:
1. Direito à educação   34:37.01

Presidente	Eduardo Mufarej
Vice-presidente	Claudio Lensing
Diretora editorial	Flávia Alves Bravin
Conselho editorial	
Presidente	Carlos Ragazzo
Consultor acadêmico	Murilo Angeli Dias dos Santos
Gerência	
Planejamento e novos projetos	Renata Pascual Müller
Concursos	Roberto Navarro
Legislação e doutrina	Thaís de Camargo Rodrigues
Edição	Iris Ferrão
Produção editorial	Ana Cristina Garcia (coord.)
	Luciana Cordeiro Shirakawa
	Rosana Peroni Fazolari
Arte e digital	Mônica Landi (coord.)
	Claudirene de Moura Santos Silva
	Guilherme H. M. Salvador
	Tiago Dela Rosa
	Verônica Pivisan Reis
Planejamento e processos	Clarissa Boraschi Maria (coord.)
	Juliana Bojczuk Fermino
	Kelli Priscila Pinto
	Marília Cordeiro
	Fernando Penteado
	Tatiana dos Santos Romão
Novos projetos	Laura Paraíso Buldrini Filogônio
Diagramação e revisão	Microart Design Editorial
Comunicação e MKT	Carolina Bastos
	Elaine Cristina da Silva
Capa	Tiago Dela Rosa
Imagens de capa	Creative Commons
Produção gráfica	Marli Rampim
Impressão e acabamento	Gráfica Paym

Data de fechamento da edição: 25-10-2017

Dúvidas? Acesse www.editorasaraiva.com.br/direito

Nenhuma parte desta publicação poderá ser reproduzida por qualquer meio ou forma sem a prévia autorização da Editora Saraiva. A violação dos direitos autorais é crime estabelecido na Lei n. 9.610/98 e punido pelo art. 184 do Código Penal.

CL | 604452 | CAE | 623648

*Dedico este trabalho à minha família,
que me apoiou desde sempre por iniciar
e continuar nesta caminhada.*

AGRADECIMENTOS

Este trabalho se deve a diversas pessoas, mas duas em especial foram responsáveis por abrir a porta da frente e as janelas maiores da minha curiosidade científica e despertar a paixão sobre o tema abordado durante o curso de Mestrado: meu orientador, o professor Dr. Marco Félix Jobim, e o professor Dr. José Maria Rosa Tesheiner. O primeiro por apresentar a importância do ativismo judicial, principalmente pelo caso *Brown v. Board of Education*; e o segundo por revelar as políticas públicas por meio da ciência dos processos coletivos. Essa combinação de assuntos e os pontos de vista diferentes de ambos os mestres provocaram todos os meus sentimentos a se unirem para trilhar a minha caminhada acadêmica antes do próprio ingresso no PPGD da PUC-RS. Serei sempre grato também pelo apreço e pela amizade.

Também não poderia deixar de agradecer aos meus professores do Mestrado que contribuíram muito para este debate, como a Dra. Elaine Harzheim Macedo, o Dr. Ingo Wolfgang Sarlet e o Dr. Juarez Freitas. À professora Dra. Denise Fincato, sempre disponível para resolver os problemas formais do projeto. Aos professores Dr. Gilberto Stürmer e Dr. Ricardo Lupion, por agregarem nesta trajetória. Minha gratidão à funcionária Caren Klinger, pois sem ela meus passos na PUC-RS seriam trôpegos.

Aos integrantes que compuseram a banca, os professores Dr. Marco Félix Jobim, Dr. José Maria Rosa Tesheiner, Dr. Gilberto Schäfer e Dr. José Tadeu Neves Xavier, que enriqueceram o presente trabalho com valiosas observações.

Aos meus colegas do Mestrado, que compartilharam não só suas experiências, e que permitiram ótimas contendas em sala de aula, como também foram confiáveis ouvintes das nossas dificuldades durante a jornada.

Ao meu editor e grande amigo, Roberto Navarro, que trabalhou muito para que esta dissertação fosse publicada pela nossa casa editorial, Saraiva Jur, bem como a toda a equipe que comanda, que tem sido competente em nossas demandas e projetos.

Por fim, meu especial reconhecimento à minha família, que sempre esteve ao meu lado como incentivadora. Aos meus pais, Alfredo e Vera; à minha querida e companheira esposa, Tatiana, e ao meu pequeno Luigi, único capaz de me tirar da frente do computador e das pilhas de livros.

Gratidão!

O homem não é nada além daquilo que a educação faz dele.

Immanuel Kant

SUMÁRIO

Agradecimentos 7
Prefácio 13
Apresentação 15
Introdução 19
1. A educação digna e de qualidade 23
   1.1   Conceito e finalidades da educação 23
   1.2   Breve panorama histórico da educação no Brasil 25
   1.3   A educação como direito fundamental social 29
         1.3.1   Os direitos sociais na Constituição Federal de 1988: conceitos e fundamentos 30
         1.3.2   A eficácia do direito fundamental à educação... 31
         1.3.3   A educação como direito público subjetivo ... 33
         1.3.4   A educação como direito humano 36
         1.3.5   A educação inclusiva 41
   1.4   A qualidade como natureza jurídica da educação 46
         1.4.1   Referências constitucionais à qualidade da educação 47
         1.4.2   Referências legislativas à qualidade da educação 55
         1.4.3   Referencial jurisprudencial à qualidade da educação 58
   1.5   A educação digna como modelo a ser perseguido 61
         1.5.1   A dignidade da pessoa humana como tarefa prestacional 62
         1.5.2   Proposta de uma educação digna 65
2. A crise da efetivação das políticas educacionais 70
   2.1   A questão das políticas públicas 70

2.1.1	Conceitos		70
2.1.2	O Estado do Bem-Estar Social		74
2.1.3	A omissão estatal e o controle judicial		78
2.2	A reserva do possível e as escolhas trágicas		86
2.3	Mínimo existencial		97
2.4	Proibição de retrocesso social		105
2.5	Princípio da separação dos poderes		110
3.	A ação civil pública educacional		117
3.1	O princípio do acesso à justiça		117
	3.1.1	Noções dogmáticas	117
	3.1.2	O Poder Judiciário contemporâneo	123
	3.1.3	Judicialização e ativismo judicial	126
3.2	Processo coletivo		134
	3.2.1	Breve histórico das ações coletivas	135
	3.2.2	O microssistema processual coletivo brasileiro	138
	3.2.3	A tutela coletiva no direito comparado da *civil law* e da *common law*	142
3.3	A ação civil pública		148
	3.3.1	Conceito e evolução do objeto da ação civil pública	148
	3.3.2	O papel da ação civil pública nas políticas públicas educacionais	154
3.4	Panorama dos principais pontos sensíveis da ação civil pública		160
	3.4.1	Competência	161
	3.4.2	Legitimação	168
	3.4.3	Coisa julgada	181

Conclusão 187

Posfácio 191

Referências 193

PREFÁCIO

Marcelo Hugo da Rocha honra-nos com a oportunidade de prefaciar o seu mais novo livro, desta feita cuidando-se de texto que corresponde à sua dissertação de Mestrado em Direito realizado no Programa de Pós-Graduação em Direito da PUC-RS, que tenho o privilégio de coordenar. A obra, que versa sobre o *direito fundamental à educação e sua efetividade – o papel da ação civil pública*, foi produzida sob a competente e firme orientação do ilustre colega e amigo Marco Felix Jobim, tendo a banca examinadora sido composta por um dos mais virtuosos processualistas do País, igualmente meu colega e amigo, José Maria Rosa Tesheiner, além dos não menos ilustres convidados externos, José Tadeu Neves Xavier e Gilberto Schafer.

Aprovado com menção de distinção e louvor, além da recomendação para publicação, o trabalho que ora se submete ao crivo dos leitores logra conciliar questões basilares de direito constitucional material com a dimensão processual e procedimental, sem a qual não há direito, fundamental ou não, apto a transitar do mundo do dever ser ao da efetividade, salvo nos casos de submissão e cumprimento espontâneo do programa normativo. Se isso já é correto para os direitos fundamentais em geral, assume uma feição emergencial e prioritária quando se trata de direito tão relevante para o progresso humano e uma cidadania ativa e responsável como é o direito à educação, o qual, com o direito à saúde e a proteção da infância e juventude, foi guindado à condição de prioridade pelo constituinte originário. Não é demais lembrar, nesse contexto, que apenas a educação e a saúde foram dotadas, pelo constituinte, de investimentos mínimos por parte do poder público em todos os níveis da Federação, o que lhes concede uma posição preferencial na arquitetura constitucional.

Isso, aliás, não passou despercebido pelo autor, pois, antes de adentrar a esfera processual da efetivação do direito à educação, desenvolve os aspectos conceituais, discorrendo sobre o conteúdo e o significado do direito à educação como direito humano e fundamental social, bem como das principais notas distintivas de tal direito e suas diversas facetas já na perspectiva do direito constitucional positivo. Não deixa o autor de enfrentar a íntima relação do direito à educação com a dignidade da pessoa humana e o correlato direito a um mínimo existencial, incluindo em tal contexto a garantia de uma educação inclusiva e para a inclusão, além de uma educação com qualidade e não reduzida a aspectos praticamente formais. Ademais, insere o tema e os problemas que lhe são conexos no contexto mais amplo do Estado Social e Democrático de Direito e do controle jurisdicional das políticas públicas na seara do direito à educação. Por fim, na última parte do trabalho, o autor examina o papel da ação civil pública e dos atores da cena judiciária quando em causa a efetividade do direito à educação, sem descurar de significativa pesquisa bibliográfica, consideração do marco normativo vigente a começar pela Constituição Federal, bem como de um exame da jurisprudência mais relevante sobre o tema.

Não sendo o caso de aumentar a distância entre o leitor e a obra (prefácios longos podem mesmo inibir a leitura), calha ainda enfatizar que não há aposta melhor do que em saúde e em educação de qualidade, garantias de um efetivo progresso humano e de uma sociedade inclusiva e saudável. Já por essa razão, toda obra de valor que possa auxiliar nessa jornada em prol de uma educação com qualidade para todos e qualquer um vale a pena ser lida.

Assim, resta-nos parabenizar o autor e formular os merecidos votos de sucesso, desejando tenha a obra a justa acolhida pelos leitores, mesmo os que não ocupam postos no cenário das carreiras jurídicas.

Porto Alegre, abril de 2017

Ingo Wolfgang Sarlet
Professor Titular e Coordenador do PPGD da PUC-RS.
Desembargador do TJRS

APRESENTAÇÃO

Nesta obra, Marcelo Hugo da Rocha, experiente professor, trata do direito fundamental à educação e da ação civil pública, como meio para torná-lo efetivo.

Assinala que a Constituição de 1824 garantiu a instrução primária e gratuita como direito de todos, mesmo diante da realidade negativa, em razão da falta de escolas no País, assim pondo em relevo, desde as primeiras páginas, o problema que o preocupa, que é o de transpor a distância entre o mundo das normas jurídicas e o da realidade que as nega.

Aos Poderes "malvados", o Executivo e o Legislativo, opõe o Poder Judiciário: se o Poder Público não entrega a prestação devida, qualquer membro da sociedade ou as instituições que a representam podem cobrar a omissão estatal mediante a judicialização da política pública educacional.

Repetindo a Constituição (art. 206, VII), o autor afirma que a educação deve ter padrão de qualidade, mas não sem lembrar certa constituição espanhola que decretava que, desde sua promulgação, os espanhóis seriam "buenos".

Acrescenta que a educação não se resume à mera instrução ou à aula ministrada por um professor, mas abrange metas e garantias que vão desde o transporte até a alimentação e incluem a segurança e a saúde do educando.

O autor define políticas públicas educacionais como o conjunto de programas sociais governamentais planejados, que visam à concretização do direito à educação garantido no texto constitucional, como também os direitos correlatos, que proporcionam a qualidade de sua prestação, tais como a segurança, a alimentação e o transporte escolar. Afirma que, em razão da sua importância, as políticas públicas devem ser fiscalizadas tanto na sua ação como na sua omissão, e o Poder Judiciário tem sido o guardião da sua concretude, tarefa que lhe foi reservada pelo constituinte; em caso de omissão no exercício do seu papel, a Administração Pública deve ser intimada pelo Poder Judiciário a cumprir com as devidas políticas públicas, deixadas de lado em razão da discricionariedade que lhe convém, não lhe servindo de anteparo as teses da reserva do possível e das escolhas trágicas: garanta-se o mínimo existencial ou morra o Estado com seus governantes.

O vetusto princípio da separação dos Poderes não pode paralisar as reivindicações de cunho social, precisando ser submetido a uma nova leitura.

Em face da omissão ou falhas na prestação de políticas públicas educacionais, resta ao cidadão acionar o Poder Judiciário para fazer cumprir e cobrar responsabilidade do administrador público, apresentando-se a ação civil pública como forte candidata ao papel de remédio heroico da sociedade.

Em razão da omissão das autoridades responsáveis em desenvolver as políticas públicas educacionais, apesar da ampla dimensão conferida à educação pela Constituição, assumidamente social, o Poder Judiciário vem assumindo o papel de concretizador do direito fundamental à educação.

Diante de infração de ordem constitucional ou infraconstitucional quanto às políticas educacionais, voltadas ao êxito de programas que referenciam o direito fundamental à educação, a ação civil pública é instrumento adequado e preferencial para estabelecer um *facere* à Administração Pública, diante da omissão de sua implementação, por exemplo, a falta de oferta de ensino obrigatório e gratuito (art. 3º, LACP c/c o art. 208, § 1º, CRFB).

A ação civil pública surgiu da necessidade de dar vazão aos reclamos sociais, sendo instrumento adequado para se obter a efetividade de qualquer dos princípios tanto constitucionais como legais, bem como os objetivos (art. 206, CRFB) e os direitos (art. 208, CRFB) que regem a educação.

Uma sentença que manda construir escolas ou incluir alunos na rede de ensino público deve ser cumprida, pois, caso contrário, o direito à educação continuará sendo apenas poesia social abstrata.

Medidas estruturantes podem ser uma solução, quando o julgador sai do seu gabinete e conhece a realidade da comunidade atingida pela demanda, oferecendo sugestões ou opções para efetivar o decidido no processo.

A educação é o remédio sem contraindicação mais acessível para as doenças sociais contemporâneas e a ação civil pública educacional, o efeito colateral necessário, caso a medicação não seja ministrada ou seja fornecida de forma precária.

Eis, de forma resumida, as contribuições do autor para a trajetória do direito à educação, a realização de políticas públicas e o enfrentamento da sua crise pela ação civil pública.

José Maria Tesheiner

Desembargador aposentado do TJRS

INTRODUÇÃO

A educação, como direito fundamental social, ganhou este *status* somente na Constituição Federal de 1988, apesar de constar expressamente em todas as constituições anteriores. Portanto, duas realidades são possíveis de constatar: o que o constituinte fixou como direito ao cidadão e o que foi efetivamente posto em prática. Não são necessárias muitas pesquisas para revelar que a educação sempre foi precária no Brasil pelas mais diversas razões, inclusive pelo próprio desinteresse do seu povo, que se orgulhava de enviar suas crianças o quanto antes para o trabalho, porque estudar não colocava comida na mesa.

Esse quadro cultural vem sendo superado ao longo de gerações, ao perceber que sem educação as possibilidades de arranjar emprego decente são mínimas. A corrida de levar o filho a cursar o ensino superior bem demonstra essa preocupação contemporânea. Ilustra-se também o endividamento de muitos pais para manter seus filhos em escolas privadas como reflexo da falta de qualidade do ensino público. No entanto, nem só de empregos vive a educação, pois a personalidade da criança e do adolescente é construída justo no período escolar.

Ocorre que há uma massa que não tem condições de alcançar os mesmos padrões e que precisa se socorrer ao decadente sistema educacional público. Por outro lado, o constituinte garante e exige que a educação seja de qualidade (art. 206, VII, CRFB), que seja fiscalizada e avaliada a sua qualidade (art. 209, II, CRFB), que a União, mediante função redistributiva e supletiva em matéria educacional, certifique-se de um padrão mínimo de qualidade (art. 211, § 1º, CRFB), que a distribuição dos recursos públicos assegure com prioridade a garantia de padrão de qualidade e equidade (art. 212, § 3º, CRFB) e, por fim, que a lei do plano nacional de educação tenha como meta a melhoria da qualidade do ensino (art. 214, III, CRFB). Busca-se a dignidade, e educação digna é educação realizada com qualidade por meio de prestações estatais positivas.

Assim, esse descompasso teórico e prático vem propondo reflexões em todos os segmentos da sociedade. O propósito do presente trabalho direciona-se a outro caminho: aquele considerado o último recurso de efetividade, o judicial. Se o administrador público não consegue cumprir com suas obrigações constitucionais e legais referentes à educação, resta ao Poder Judiciário não dar apenas a última palavra, mas também fazer executar sua decisão. Para tanto, o acesso à justiça é o botão de *start* que a defesa das prerrogativas democráticas tem à sua disposição.

Nesse panorama, os processos coletivos ganham vitrine em razão da perspectiva de envolver não somente um tema de grande repercussão social, mas também por envolver uma coletividade considerável. As políticas públicas educacionais integram esse mesmo debate, porque exige um *facere* do Estado para sua concretude e, entre as ações coletivas, a ação civil pública tem natureza preferencial como instrumento de proteção do direito fundamental à educação.

Portanto, justifica-se a esta obra por tratar de um problema não só tipicamente brasileiro, mas também universal, que é a educação. No caso do Brasil, a atenção é voltada à preocupação que o constituinte teve com o padrão de qualidade a ser perseguido pelos legisladores e administradores, mas que não deixou desenhado o que poderia ser especificamente. Assim, o propósito foi dialogar a qualidade da educação com a dignidade da pessoa humana e a sua proteção judicial mediante a ação civil pública.

Delimitado o tema, buscou-se revelar os principais problemas enfrentados no plano teórico para as políticas educacionais, em defesa das escolhas da Administração Pública, bem como aqueles pontos sensíveis que obstaculizam a plenitude da ação civil pública no processo civil. Possíveis soluções foram expostas a partir da metodologia de pesquisa bibliográfica com a consulta de literatura nacional, rastreamento de dados e notícias, a exemplificação de casos da jurisprudência dos tribunais superiores para descrever um dimensionamento efetivo do alcance da ação civil pública em relação ao direito fundamental à educação.

Reuniu-se em três capítulos o propósito de oportunizar, numa única monografia, a trajetória do direito à educação, a realização de políticas públicas e o enfrentamento da sua crise pela ação civil pública. Diante desse panorama, é possível diagnosticar as principais dificuldades enfrentadas no âmbito do Judiciário para efetivar o direito à educação. Cada capítulo já foi matéria de estudos doutrinários de forma individualizada, porém, de modo unificado, o presente trabalho é inédito, objetivo primitivo que ora foi contemplado.

Portanto, o primeiro capítulo abordará o direito à educação e seu histórico mais recente até alcançar o *status* de direito fundamental social. Sob outros aspectos, será demonstrada que a educação tem eficácia imediata, é um legítimo direito público subjetivo, representa um direito humano e deve ser inclusiva, ou seja, para todos. Será destacado o padrão de qualidade da educação por meio de referências constitucionais, legislativas e jurisprudenciais. E, ao fim, será proposta uma ideia de educação digna como modelo a ser concretizado.

O segundo capítulo reflete a crise da efetivação das políticas educacionais e a argumentação de defesa dos gestores públicos em não cumprir com os ditames constitucionais e legislativos. Também avaliará a participação do Poder Judiciário mediante o seu controle da omissão estatal e os fundamentos construídos pela doutrina na proteção dos direitos primordiais sociais.

No terceiro e derradeiro capítulo são apresentados o princípio do acesso à justiça, a questão do ativismo judicial e o papel nos dias atuais do Poder Judiciário, reflexo da necessidade de efetivação dos diretos prioritários deixados de lado, como é o caso da educação. A disciplina dos processos coletivos também é revelada pelos estudos sobre a ação civil pública como espécie das tutelas coletivas, observados outros dois sistemas que representam a *civil law* e a *common law* como forma comparativa.

As principais dificuldades de alcance da ação civil pública são objeto deste capítulo, como a competência, a legitimação e a coisa julgada, institutos que sofrem resistência por parte da doutrina, mas que diante dos tribunais as posições parecem estar inclinadas a serem pacificadas. Ainda, posicionar-se-á a ação civil pública como instrumento ideal para encaminhar as políticas públicas educacionais no âmbito judicial.

Por fim, creditou-se à positividade que o tema gera, diferentemente do direito à saúde, pois, ao contrário do sentimento que a sociedade nutria pela educação em séculos anteriores, o mundo contemporâneo preza muito permitir que seus filhos tenham, no mínimo, como herança a possibilidade de estudar, não simplesmente cumprirem o horário escolar, mas de terem a oportunidade de se tornar cidadão preparados para a vida. E isso requer qualidade no aprendizado.

1

A educação digna e de qualidade

A recente história brasileira vai mostrar uma sociedade que aprendeu ao seu modo a conquistar direitos e ansiar por novos a cada vitória. Com a educação não poderia ter sido diferente: até alcançar o direito ao ensino público gratuito e obrigatório, os obstáculos foram muitos e os êxitos acumularam-se gradativamente. Hoje não bastam mais a construção de escolas nem a reposição de professores, os brasileiros querem uma educação de qualidade e digna para encaminhar seus educandos para a próxima etapa da vida deles: a obtenção do primeiro emprego.

1.1 Conceito e finalidades da educação

Etimologicamente, a doutrina[1] apresenta duas formas de expressão da palavra educação: *educere*, como "tirar de dentro", "fazer nascer", no sentido da capacidade do interior do educando, e *educare*, como orientar, criar, instruir com objetivo de produzir. No entanto, tem-se enfrentado uma necessidade de distinguir *educação* da *instrução* em virtude das raízes da educação grega.

Na *polis* havia duas funções distintas na educação: do pedagogo, a quem incumbia o desenvolvimento moral e cívico do educando, e do professor, propriamente dito, quem respondia pela instrução de conhecimentos básicos, por exemplo, da matemática. Este último tinha papel secundário, de acordo com Regina Maria Fonseca Muniz, que menciona que, nos dias atuais, é impossível educar sem instruir, pois "A educação engloba a instrução, mas é muito mais ampla [...]. Instrução e educação, embora possam ser entendidas

---

[1] MUNIZ, Regina Maria Fonseca. *O direito à educação*. Rio de Janeiro: Renovar, 2002, p. 7; COSTA, Denise Souza. *Direito fundamental à educação, democracia e desenvolvimento sustentável*. Belo Horizonte: Fórum, 2011, p. 21.

como duas linhas paralelas com finalidades diferentes, necessariamente devem caminhar juntas e integrar-se"[2].

Nesse sentido, observando suas finalidades, José Celso de Mello Filho avalia o conceito de educação como:

Mais compreensivo e abrangente que o da mera instrução. A educação objetiva propiciar a formação necessária ao desenvolvimento das aptidões, das potencialidades e da personalidade do educando. O processo educacional tem por meta: a) qualificar o educando para o trabalho; e b) prepará-lo para o exercício consciente da cidadania. O acesso à educação é uma das formas de realização concreta do ideal democrático. A educação, processo contínuo e complexo que é, deve ser vista e analisada como um exercício de liberdade, na medida em que, desenvolvendo e ampliando a capacidade do educando, qualifica-o a compreender e avaliar, criticamente, as experiências ministradas pela realidade social. A aquisição de conhecimentos e a formação de uma consciência crítica integram-se no conceito global de educação[3].

Celso Ribeiro Bastos, diante da sistemática constitucional sobre o tema, leciona que "A educação consiste num processo de desenvolvimento do indivíduo que implica a boa formação moral, física, espiritual e intelectual, visando ao seu crescimento integral para um melhor exercício da cidadania e aptidão para o trabalho"[4].

De acordo com o art. 205 da Constituição da República Federativa do Brasil (CRFB), a educação visa o pleno desenvolvimento da pessoa, seu preparo para o exercício da cidadania e sua qualificação para o trabalho. A finalidade se repete no art. 53 do Estatuto da Criança e do Adolescente – ECA (Lei n. 8.069/90). Sem adentrar no debate filosófico das finalidades da educação, é possível estabelecer que esse direito transcende a qualquer disposição legal ou constitucional, tendo em vista a suprema importância que recai na formação

---

2   MUNIZ, Regina Maria Fonseca. O direito à educação. Rio de Janeiro: Renovar, 2002, p. 9.
3   MELLO FILHO, José Celso de. Constituição Federal anotada. São Paulo: Saraiva, 1984, p. 418.
4   BASTOS, Celso Ribeiro. Curso de direito constitucional. 18. ed. São Paulo: Saraiva, 1997, p. 478.

da individualidade e na sua socialização com os demais integrantes da comunidade.

Ainda que houvesse uma base filosófica, a lição de Immanuel Kant permite que se estabeleçam as finalidades da educação, objetivamente: (i) tornar o homem disciplinado; (ii) torná-lo culto e instruído; (iii) cuidar para que o homem se torne prudente; (iv) cuidar da moralização[5].

A educação, segundo José Luís Bolzan de Morais:

> [...] precisa ser percebida não apenas como o acesso ao conhecimento posto, como também a capacitação para o acesso ao conhecimento a ser construído, permitindo-se uma formação constante e multifacetada, constituindo-se, com esse perfil, direito de todos e dever do Estado, elevando-a à categoria de serviço público essencial que ao poder público impende possibilitar a todos, daí a preferência constitucional pelo ensino público, pelo que a iniciativa privada, nesse campo, embora livre, é, no entanto, meramente secundária e condicionada[6].

Portanto, as finalidades e o conceito de educação se complementam e traduzem muito bem a comparação pertinente de Motauri Ciocchetti de Souza, quando afirma que "[...] a educação está para a existência da sociedade, assim como a saúde se encontra para o exercício do direito à vida"[7]. Possibilita-se, assim, compreender a educação como a fonte primordial da dignidade humana, apta a gerar toda a compreensão da vida e dos objetivos alcançáveis por cada um na sua existência.

1.2 Breve panorama histórico da educação no Brasil

Aos olhos dos historiadores e estudiosos sobre a educação no Brasil, parece que não há dúvidas de que ela inicia em nosso país em

---

5 KANT, Immanuel. *Sobre a pedagogia*. Tradução de Francisco Cock Fontanella. 2. ed. Piracicaba: Unimep, 1999, p. 25-26.
6 MORAIS, José Luis Bolzan de. Direitos humanos, direitos sociais e justiça – uma visão contemporânea. In: KOZEN, Afonso Armando et al. (Coord.). *Pela justiça na educação*. Brasília: Fundescola/MEC, 2000, p. 101.
7 SOUZA, Motauri Ciocchetti de. *Direito educacional*. São Paulo: Verbatim, 2010, p. 10.

1549 por obra da chegada dos primeiros Jesuítas à mais recente colônia de Portugal[8]. O primeiro colégio também é fundado no mesmo ano em Salvador, Bahia, seguindo o padrão educacional religioso português da época.

Inicialmente, há uma preocupação em catequizar os índios e, para tanto, era necessário alfabetizá-los também[9]. Logo, a educação se tornou privilégio para a incipiente elite brasileira que desejava ficar informada dos acontecimentos no Velho Mundo. No entanto, enquanto na cultura europeia ocidental o ensino público detinha grande atenção dos governos monárquicos, por aqui se manteve o acesso às escolas a muito poucos durante todo o período imperial, seja por meio do aprendizado com professores particulares em casa, seja pelos colégios católicos tradicionais.

Há uma mudança desse panorama em meados do século XVIII com os ideais de Marquês de Pombal, denominados "Reforma Pombalina", cuja origem está no movimento iluminista europeu, apesar de não ser defensor[10]. A expulsão dos Jesuítas de Portugal, onde o Marquês era o primeiro-ministro, aconteceu também no Brasil, repassando o controle educacional para o governo. Entretanto, não houve qualquer expansão ou avanço na educação na colônia, ao contrário, a laicização do ensino foi prejudicial a ponto de retroceder, visto que a educação jesuíta estava mais bem estruturada e aceita pela classe social com raízes recentes em terras brasileiras.

8   COSTA, Denise Souza. *Direito fundamental à educação, democracia e desenvolvimento sustentável*. Belo Horizonte: Fórum, 2011, p. 24.
9   "Depois da superação de séculos de práticas voltadas a promover a sua 'integração na comunhão nacional', ou seja, promover o seu desaparecimento enquanto povos etnicamente diferenciados, a Constituição Federal de 1988 e a Convenção n. 169 da Organização Internacional do Trabalho promoveram uma verdadeira mudança de paradigma ao reconhecerem o direito à diferença dos povos indígenas e o respeito aos seus usos, aos seus costumes e às suas tradições" (LEIVAS, Paulo Gilberto Cogo; RIOS, Roger Raupp; SCHÄFER, Gilberto. Educação escolar indígena no direito brasileiro: do paradigma integracionista ao paradigma do direito a uma educação diferenciada. *Revista da Ajuris*, v. 41, n. 136, p. 371-382, dez. 2014).
10 SECO, Ana Paula; AMARAL, Tania Conceição Iglesias do. Marquês do Pombal e a reforma educacional brasileira. Disponível em: <http://www.histedbr.fe.unicamp.br/navegando/periodo_pombalino_intro.html>. Acesso em: 27 abr. 2016.

Nem mesmo com a vinda da família real portuguesa em 1808 e a independência em 1822 alteraram a situação de que apenas os mais abastados poderiam encaminhar seus filhos para as escolas[11]. Em 1808 é fundado o primeiro curso de medicina, a Escola de Cirurgia da Bahia e, em 1827, as duas primeiras faculdades de Direito, simultaneamente, em Olinda e São Paulo. No entanto, durante o período do Segundo Reinado (1840 a 1889), "em 49 anos de Imperador [Dom Pedro II], ele criou a única escola superior, uma só, e nem esta foi ele quem decidiu criar"[12].

A Constituição de 1824 garantiu a instrução primária e gratuita como direito de todos mesmo diante da realidade negativa em razão da falta de escolas no País. Às vésperas da proclamação da República (1889), entre 80% a 90% da população brasileira era analfabeta[13]. Por outro lado, a Constituição de 1891 previa que somente os alfabetizados poderiam votar, servindo de impulsão para aplacar o déficit educacional. Ocorre que a divisão de competências, ficando a União com os ensinos secundário e superior, e os Estados com o ensino básico, não correspondeu à vontade estatal pressionada por mudanças, pois a ausência de previsão de repasses financeiros pelo governo federal aos entes estaduais manteve a crise educacional que se arrastava desde o Império: a primeira educação.

É importante destacar que o debate em torno da educação praticamente se manteve no final do século XIX e início do século XX, segundo Lélio Maximino Lellis: "a) centralização x descentralização legislativa e administrativa; b) laicidade x religiosidade; c)

---

11 SOUZA, Motauri Ciocchetti de. *Direito educacional*. São Paulo: Verbatim, 2010, p. 29.
12 Trata-se da Escola de Minas de Ouro Preto, inaugurada em 1876. Segundo o autor, "mais expressivo, talvez, é o fato de que a grande obra educacional de Pedro II foi a criação dos institutos de cegos e de surdos-mudos" (RIBEIRO, Darcy. *Nossa escola é uma calamidade*. Rio de Janeiro: Salamandra, 1984, p. 46).
13 Segundo Souza, entre 85% a 90% (*Direito educacional*. São Paulo: Verbatim, 2010, p. 29); Denise Souza Costa aponta que "quase 80%" da população era analfabeta (*Direito fundamental à educação, democracia e desenvolvimento sustentável*. Belo Horizonte: Fórum, 2011, p. 29).

gratuidade e obrigatoriedade x custeio individual e facultatividade de frequência"[14].

O "Manifesto dos Pioneiros da Educação Nova", lançado em 1932, é um movimento importante em defesa do ensino público por meio de um plano geral de educação laico, gratuito e obrigatório. Reflexo dele está na Constituição de 1934, que promoveu um plano nacional de ensino público em todos os níveis nas diretrizes apregoadas pelo manifesto dos anos anteriores, bem como, pela primeira vez presente no texto constitucional, a destinação de recursos orçamentários para área da educação.

Diante da importância dessa Constituição, destacam-se as palavras de Denise Souza Costa:

> A Carta Constitucional de 1934, por sua vez, influenciada pela Carta constitucional de Weimar, inaugura, com a nova Declaração de Direitos, o Estado Social brasileiro, com a inserção de títulos relativos à ordem econômica e social, à família, à educação e à cultura, enfim, à positivação de direitos sociais. [...]. Não há dúvida de que ela representou um passo adiante no processo de modernização do ensino e foi a pioneira e mais rica Constituição brasileira no que diz respeito à educação. Pela sua importância, muitos dos princípios nela inseridos vigoram até hoje na ordem constitucional[15].

A Constituição de 1937, por sua vez, não manteve todas as garantias conquistadas anteriormente, e sob regime ditatorial concedeu privilégios à iniciativa privada em relação à educação, deixando de lado os investimentos públicos na área. A Constituição de 1946 retomou o rumo e ainda previu a edição da Lei de Diretrizes e Bases da Educação Nacional (LDBEN) que, efetivamente, em 1961 foi publicada (Lei n. 4.024).

Em 1953 foi criado o Ministério de Educação e Cultura (MEC), o que veio coincidir com a expansão de um sistema educacional

---

14 LELLIS, Lélio Maximino. *Princípios constitucionais do ensino*. São Paulo: Lexia, 2011, p. 57.
15 COSTA, Denise Souza. *Direito fundamental à educação, democracia e desenvolvimento sustentável*. Belo Horizonte: Fórum, 2011, p. 32-33.

público de qualidade ainda desfrutado por poucos, normalmente integrantes da classe média-alta. Diante desse quadro, buscou-se ampliar rapidamente o acesso às escolas a partir da década de 1960, também em razão da grande procura da alfabetização como premissa de um futuro profissionalmente melhor.

Todo esse processo de aceleração educacional para cumprimento de metas sem a garantia de um cuidadoso e completo projeto para educação resultou na queda da qualidade do ensino público, que pode apontar também como causas o baixo salário dos professores[16], a defasagem da estrutura das escolas públicas e a concorrência do próprio ensino privado.

A Constituição Federal de 1967, dentro do regime militar, não trouxe novidades em relação às conquistas já previstas nos textos anteriores, a não ser, como ocorreu em todas aquelas inseridas de forma outorgada ou em um regime de ditadura, pela supressão da vinculação do orçamento aos recursos educacionais. A Emenda Constitucional de 1969 apenas reescreveu o texto da Constituição de 1967.

1.3 A educação como direito fundamental social

As conquistas sociais da sociedade brasileira passaram a integrar os textos constitucionais de nosso país, especialmente aquela promulgada em 1934, cuja fonte é lembrada pelos historiadores, sendo a Constituição alemã de Weimar caracterizada pela ascensão do Estado de Bem-Estar Social (*welfare state*). Esse movimento consagrou os direitos sociais, destacados, principalmente, pela CRFB de 1988.

---

16 De acordo com os dados da Organisation for Economic Co-operation and Development (OECD) divulgados em 2014, o salário dos professores brasileiros de escolas públicas está entre os piores do mundo na comparação entre países-membros e parceiros da referida Organização. A média anual dos 37 países avaliados é de U$ 29.411,00. No Brasil, o valor é U$ 10.375,00, vencendo apenas a Indonésia, U$ 1.560,00 por ano (ORGANISATION FOR ECONOMIC CO-OPERATION AND DEVELOPMENT. *Education at a Glance 2014*: OECD Indicators. Paris: OECD Publishing, 2014, p. 458. Disponível em: <http://dx.doi.org/10.1787/eag-2014-en>. Acesso em: 12 nov. 2016).

1.3.1 Os direitos sociais na Constituição Federal de 1988: conceitos e fundamentos

Os direitos sociais não nasceram com a Constituição promulgada em 1988, mas o seu triunfo está justamente em integrá-la dentro dos direitos fundamentais por meio de um rol que vem sendo acrescido pelo constituinte derivado[17]. Leciona Ingo Wolfgang Sarlet que a "acolhida dos direitos fundamentais sociais em capítulo próprio no catálogo dos direitos fundamentais ressalta, por sua vez, de forma incontestável sua condição de autênticos direitos fundamentais"[18], o que resulta em conquistas expressivas e inéditas para os direitos sociais por intermédio do nosso texto constitucional. Uma delas, para ilustrar, seria a aplicabilidade imediata conforme aponta o § 1º do art. 5º da Lei Maior. Para citar outra, a blindagem pelas "cláusulas pétreas"[19] de possíveis atentados legislativos para suprimir ou restringir tais direitos.

Nesse contexto, o princípio do não retrocesso social também é uma proposição efetiva aos direitos sociais, "pois, uma vez alcançados ou conquistados, passam a constituir, simultaneamente, uma *garantia institucional* e um *direito subjectivo*", explica José Joaquim Gomes Canotilho[20], justificando, assim, a inconstitucionalidade de normas que possam reduzir ou extinguir a chamada "justiça social" conquistada e expressa no texto constitucional.

Conceitua os direitos sociais José Afonso da Silva como:

---

17 O último acréscimo no art. 6º da CRFB foi o "transporte" pela Emenda Constitucional n. 90/2015. Foram introduzidos no texto original como direitos sociais, além do citado, a alimentação (EC n. 64/2010), a moradia (EC n. 26/2000) e o lazer (EC n. 26/2000).

18 SARLET, Ingo Wolfgang. *A eficácia dos direitos fundamentais*. 12. ed. Porto Alegre: Livraria do Advogado, 2015, p. 67.

19 As cláusulas pétreas estão previstas no art. 60, § 4º, IV, da CRFB. Segundo Ingo Wolfgang Sarlet, há autores que admitem a exclusão dos direitos sociais entre a salvaguarda das cláusulas pétreas pela literalidade da interpretação do referido artigo constitucional. No entanto, o autor defende o seu alcance como cláusula pétrea (A problemática dos fundamentais sociais como limites materiais ao poder de reforma da Constituição. In: _____ (Org.). *Direitos fundamentais sociais*: estudos de direito constitucional internacional e comparado. Rio de Janeiro: Renovar, 2003, p. 367-370).

20 CANOTILHO, José Joaquim Gomes. *Direito constitucional e teoria da constituição*. 6. ed. Coimbra: Almedina, 1993, p. 468-469.

Dimensão dos direitos fundamentais do homem, são prestações positivas proporcionadas pelo Estado direta ou indiretamente, enunciadas em normas constitucionais, que possibilitam melhores condições de vida aos mais fracos, direitos que tendem a realizar a igualização de situações sociais desiguais. São, portanto, direitos que se ligam ao direito de igualdade[21].

O *status positivus* dos direitos sociais é evidente, porque os direitos fundamentais como tais, primitivamente, tinham somente o *status negativus*, de abstenção por parte do Poder Público em razão de um Estado liberal para atender o exercício de liberdades de uma nova sociedade que se formava. A característica de uma postura prestacional do Estado é a bandeira conduzida pelo movimento social posterior e em defesa da intervenção estatal positiva nas condições básicas de sobrevivência.

1.3.2 A eficácia do direito fundamental à educação

A educação está inserida como o primeiro direito social do elenco do art. 6º da CRFB[22]. Se o constituinte originário colocou de forma proposital ou aleatória, é difícil saber, mas é um forte indicativo da sua importância primordial no contexto social brasileiro, além da saúde, direito subsequente ao da educação. Analisando esse rol dos direitos sociais, aponta Motauri Ciocchetti de Souza:

> Difere a educação de outros direitos sociais e fraternos, igualmente consagrados pela Magna Carta: a educação é premissa – e não proposta. Em outras palavras, o acesso efetivo à educação é o condicionante para o próprio e efetivo exercício dos demais direitos fundamentais eleitos pelo legislador constituinte[23].

---

21 SILVA, José Afonso da. *Comentário contextual à Constituição*. São Paulo: Malheiros, 2005, p. 286-287.

22 "Art. 6º São direitos sociais a educação, a saúde, a alimentação, o trabalho, a moradia, o transporte, o lazer, a segurança, a previdência social, a proteção à maternidade e à infância, a assistência aos desamparados, na forma desta Constituição" (BRASIL. Constituição (1988). *Constituição da República Federativa do Brasil*. Brasília, DF: Senado Federal, 1988. Disponível em: <http://www.planalto.gov.br/ccivil_03/Constituicao/ConstituicaoCompilado.htm> Acesso em: 12 maio 2016).

23 SOUZA, Motauri Ciocchetti de. *Direito educacional*. São Paulo: Verbatim, 2010, p. 11.

A educação, certamente, entre os direitos fundamentais sociais, recebeu atenção distinta do constituinte de 1988[24]. Inserido no título da "ordem social", há um capítulo exclusivo regulamentando a educação com dez artigos (art. 205 ao art. 214). Nesse sentido, Ingo Wolfgang Sarlet, diante da premissa do § 2º do art. 5º da CRFB, indica os primeiros artigos deste capítulo (art. 205 ao art. 208) como aqueles que efetivamente podem ser considerados fundamentais, em razão do seu conteúdo essencial para o direito à educação[25].

Resta inevitável afirmar que o constituinte originário também estava atento à ordem internacional sobre o direito humano à educação, como identifica Monica Hermann Caggiano ao mencionar que houve:

> Um inequívoco privilegiamento das recomendações extraídas dos documentos internacionais, a preocupação em robustecer as condições de eficácia do cânone isonômico, a intensa exigência de políticas de apoio para a garantia do aprendizado básico dos adultos e das crianças. Enfim, transluz clara a perspectiva do constituinte em oferecer maior favorecimento ao direito à educação, ampliando o território constitucional com os elementos, decorrentes das declarações contemporâneas, a buscar concretização fática à prerrogativa de educação que, a par de inerente ao ser humano, configura exigência no tocante ao próprio desenvolvimento da humanidade[26].

Diante da proteção da educação, como direito fundamental social sujeito a ações positivas por parte do Estado para fim de concretização, resulta nas políticas públicas. Essas ações positivas são classificadas por Robert Alexy em dois grupos: um que tem como objeto

---

24 Comparando com o texto constitucional anterior, a palavra "educação" é citada 57 vezes pelo constituinte de 1988 (o mesmo número de "saúde") contra apenas 7 vezes pela a Emenda Constitucional n. 1/69.
25 SARLET, Ingo Wolfgang. *A eficácia dos direitos fundamentais*. 12. ed. Porto Alegre: Livraria do Advogado, 2015, p. 347-349.
26 CAGGIANO, Monica Hermann S. A educação: direito fundamental. In: RANIERI, Nina Beatriz Stocco (Coord.). *Direito à educação*: aspectos constitucionais. São Paulo: Edusp, 2009. Disponível em: <http://unesdoc.unesco.org/images/0018/001876/187688por.pdf>. Acesso em: 14 maio 2016, p. 31.

uma ação fática, e outro cujo objeto é uma ação normativa[27]. O primeiro se refere ao direito de uma ação positiva fática, seja quando se espera um auxílio estatal por meio de subvenções, seja a defesa do direito ao mínimo existencial ou quando vincula a uma pretensão individual do cidadão. E os direitos a ações positivas normativas são quando se busca a criação de normas[28].

Portanto, caso haja omissão ou desvios de quem deveria construir e executar as políticas públicas, consideradas "mecanismos estatais de efetivação dos direitos fundamentais, mediante a satisfação espontânea dos bens da vida por eles protegidos"[29], restará ao Poder Judiciário o dever de intervir na materialização das garantias sociais conquistadas por meio da Constituição Federal.

1.3.3 A educação como direito público subjetivo

Inicialmente, é salutar destacar a compreensão do que se vem a tratar quando se associa a expressão "direito público subjetivo" à educação. Como já afirmava Pontes de Miranda, "no Brasil, tivemos o ensino primário gratuito, mas sem qualquer generalização compulsória. Portanto, sem haver o *direito público subjetivo*"[30]. De acordo com o jurista, o "direito da educação ou é um direito público subjetivo ou é ilusório, cuja evolução máxima seria marcada pela *escola única* através da gratuidade, obrigatoriedade da escola pública para todos e promoção por seleção"[31].

Assim, não basta a Constituição Federal de 1988 instituir que "o acesso ao ensino obrigatório e gratuito é direito público subjetivo" (art. 208, § 1º) para que se alcance de fato um direito pleno, nem mesmo quando o constituinte garante que a educação é "direito de

---

27 ALEXY, Robert. *Teoria dos direitos fundamentais*. Tradução de Virgílio Afonso da Silva. 2. ed. São Paulo: Malheiros, 2015, p. 202.
28 Idem, ibidem.
29 CANELA JUNIOR, Osvaldo. *Controle judicial de políticas públicas*. São Paulo: Saraiva, 2011, p. 59.
30 PONTES DE MIRANDA, Francisco Cavalcanti. *Comentários à Constituição de 1967*. 2. ed. São Paulo: RT, 1972, t. 6, p. 335.
31 Idem, p. 339.

todos" (art. 205) como fez na Constituição de 1967 e criticada por Pontes de Miranda[32]. Os números revelam que na década da promulgação da "Constituição cidadã" o Brasil contava com 19 milhões de analfabetos adultos[33].

José Afonso da Silva, nesse sentido, em seus comentários ao mesmo art. 205, exige do Estado o aparelhamento no fornecimento de serviços educacionais em razão do significado jurídico da elevação da educação à categoria de serviço público essencial para que seja eficiente a oferta de educação para todos[34]. Quando textualmente o constituinte deixa expresso que o acesso ao ensino obrigatório e gratuito é "direito público subjetivo", a maior consequência é o ônus público que assume o Estado em atender ao conteúdo disposto.

O publicista, quando trata do § 1º do art. 208 da Constituição, ensina que:

O direito subjetivo (*facultas agendi*) deriva direta e afirmativamente da norma constitucional objetiva (*norma agendi*). A situação subjetiva, no caso, não comporta discussão; a norma diz que, no caso, ocorre direito público subjetivo, e isso basta para que o direito se concretize naquele que preencher as condições fáticas que o geram, que consistem simplesmente em atingir a idade de acesso ao ensino fundamental, em torno dos sete anos de idade. *Direito subjetivo*, como se sabe, é o direito exigível, é o direito integrado ao patrimônio do titular, que lhe dá o

---

[32] "A ingenuidade ou a indiferença ao conteúdo dos enunciados com que os legisladores constituintes lançam a regra 'A educação é direito de todos' lembra-nos aquela Constituição espanhola em que se decretava que todos 'os Espanhóis seriam', desde aquele momento, 'buenos'. A educação somente pode ser direito de todos se *há* escolas em número suficiente e se *ninguém* é excluído delas; portanto, se há direito público subjetivo à educação e o Estado pode e tem de entregar a prestação educacional. Fora daí é iludir o povo com artigos de Constituição ou de leis. Resolver o problema da educação, não é fazer leis, ainda excelentes; é abrir escolas, tendo professores e admitindo alunos" (PONTES DE MIRANDA, Francisco Cavalcanti. *Comentários à Constituição de 1967*. 2. ed. São Paulo: RT, 1972, t. 6, p. 348).

[33] Revelam ainda, segundo Darcy Ribeiro, que representava 25,9% da população, mesmo que fosse a metade percentual da década de 1950, em que 50,5% eram analfabetos (15 milhões de brasileiros) (*Nossa escola é uma calamidade*. Rio de Janeiro: Salamandra, 1984, p. 13).

[34] SILVA, José Afonso da. *Comentário contextual à Constituição*. São Paulo: Malheiros, 2005, p. 784.

poder de exigir sua prestação – se necessário, na via judicial. Assim é qualquer direito subjetivo[35].

Assim, conclui-se que a determinação ou qualificação de um direito em "público subjetivo" significa um direito oponível ao Poder Público, um dever prioritário que cabe ao Estado satisfazer sob pena de omissão constitucional. O § 2º do art. 208 da Constituição prevê que o não oferecimento do ensino obrigatório pelo Poder Público, ou sua oferta irregular, importa responsabilidade da autoridade competente. O não oferecimento é de fácil constatação para configurar a omissão estatal, mas como identificar a sua "oferta irregular"?

José Afonso da Silva exemplifica que a expressão não pode ser apenas à falta de oferta anual de vagas ou de seriação do ensino, mas como também em relação à localização da escola e à residência do educando[36], situações que o próprio texto constitucional se utiliza para acionar a destinação de bolsas de estudo no ensino particular para o ensino fundamental e médio (art. 213, § 1º, CRFB).

No entanto, não basta a oferta de ensino obrigatório e gratuito, mas uma educação de qualidade. Portanto, precisamos ir além de antigos conceitos que refletiam determinada época ou situação. As conquistas devem ser progressivas e dinâmicas para atender aos anseios da sociedade. Exemplificando. Em dois extremos, se no século XX os brasileiros eram analfabetos porque as escolas públicas eram escassas, no século XXI a educação carece de qualidade na grande maioria das escolas públicas que alcançaram os mais distantes pontos geográficos no País continental em que vivemos. Nesse sentido, Darcy Ribeiro:

> Nossas escolas do passado queriam ser equivalentes às escolas públicas francesas, argentinas, norte-americanas, onde se generalizou concretamente o ideal de uma educação universal gratuita e obrigatória. Seu defeito era serem tão poucas. O defeito nosso é termos sido incapazes de multiplicá-las no nível de qualidade que alcançaram,

---

35 SILVA, José Afonso da. *Comentário contextual à Constituição*. São Paulo: Malheiros, 2005, p. 793.
36 Idem, ibidem..

quando elas foram chamadas a atender à população engrossada das cidades[37].

Uma educação digna de uma sociedade mais exigente grita por uma educação de qualidade como novo paradigma do que em 1988, ainda no século passado, previa como direito público subjetivo a gratuidade e obrigatoriedade. Hoje se exige esse novo patamar e, se o Poder Público não entregar, qualquer membro da sociedade ou as instituições que a representam podem cobrar a omissão estatal por meio da judicialização da política pública educacional.

1.3.4 A educação como direito humano

A educação, antes mesmo de ser garantida como direito fundamental no art. 6º da Constituição Federal de 1988, faz parte do rol universal dos direitos humanos, distinção que a torna mais relevante[38], visto que está prevista na ordem internacional, como ilustra o art. 26 da Declaração Universal de Direitos Humanos (DUDH), de 1948:

1. Todo ser humano tem direito à instrução. A instrução será gratuita, pelo menos nos graus elementares e fundamentais. A instrução elementar será obrigatória. A instrução técnico-profissional será acessível a todos, bem como a instrução superior, esta baseada no mérito. 2. A instrução será orientada no sentido do pleno desenvolvimento da personalidade humana e do fortalecimento do respeito pelos direitos humanos e pelas liberdades fundamentais. A instrução promoverá a compreensão, a tolerância e a amizade entre todas as nações e grupos

---

37 RIBEIRO, Darcy. *Nossa escola é uma calamidade*. Rio de Janeiro: Salamandra, 1984, p. 23.
38 De acordo com a distinção de Ingo Wolfgang Sarlet, o "[...] termo 'direitos fundamentais' se aplica para aqueles direitos do ser humano reconhecidos e positivados na esfera do direito constitucional positivo de determinado Estado, ao passo que a expressão 'direitos humanos' guardaria relação com os documentos de direito internacional, por referir-se àquelas posições jurídicas que se reconhecem ao ser humano como tal, independentemente de sua vinculação com determinada ordem constitucional, e que, portanto, aspiram à validade universal, para todos os povos e tempos, de tal sorte que revelam um inequívoco caráter supranacional (internacional)" (*A eficácia dos direitos fundamentais*. 12. ed. Porto Alegre: Livraria do Advogado, 2015, p. 29).

raciais ou religiosos, e coadjuvará as atividades das Nações Unidas em prol da manutenção da paz. 3. Os pais têm prioridade de direito na escolha do gênero de instrução que será ministrada a seus filhos[39].

Sendo assim, a constrição ao direito humano da educação por parte de um Estado soberano, como o Brasil, não só implica descumprir a DUDH, como também afronta o Pacto Internacional dos Direitos Econômicos, Sociais e Culturais, documento que regulamenta, entre outros direitos, o da educação[40], e do qual o País é parte. No entanto, há que observar a indivisibilidade dos direitos humanos, logo, "a violação aos direitos econômicos, sociais e culturais propicia a violação aos direitos civis e políticos, uma vez que a vulnerabilidade econômico-social leva à vulnerabilidade dos direitos civis e políticos", afirma Flávia Piovesan[41].

Ressalta Fábio Konder Comparato que, para os direitos declarados no Pacto Internacional dos Direitos Econômicos, Sociais e Culturais, ao contrário do que trata sobre direitos civis e políticos, cuja fruição das liberdades civis exige a abstenção estatal, a "antijuricidade consiste na inércia estatal, na negligência ou recusa dos órgãos públicos em limitar ou controlar o poder econômico privado"[42]. E finaliza: "os direitos declarados no presente Pacto têm por objeto políticas públicas ou programas de ação governamental; e políticas públicas coordenadas entre si"[43].

Esse enfoque faz sentido quando se adota a teoria geracional de Vasak para classificar os direitos humanos em três gerações[44], uma

---

39 Disponível em: <http://www.dudh.Org.br/wp-content/uploads/2014/12/dudh.pdf.> Acesso em: 27 maio 2016.
40 O direito à educação está prevista nos arts. 13 e 14 do referido pacto e que desde 1992 o Brasil faz parte por meio do Decreto n. 591.
41 PIOVESAN, Flávia. Direitos humanos e justiça internacional. 3. ed. São Paulo: Saraiva, 2012, p. 60.
42 COMPARATO, Fábio Konder. A afirmação histórica dos direitos humanos. 7. ed. São Paulo: Saraiva, 2010, p. 349-350.
43 Idem, p. 350.
44 Adotamos a distinção teórica de Ingo Wolfgang Sarlet que prefere utilizar em vez de "gerações", que traz a ideia de alternância ou superação, o termo "dimensões" (A eficácia dos direitos fundamentais. 12. ed. Porto Alegre: Livraria do Advogado, 2015, p. 45).

vez que "a segunda geração de direitos humanos representa a modificação do papel do Estado, exigindo-lhe um vigoroso papel ativo, além do mero fiscal das regras jurídicas", sustenta André de Carvalho Ramos[45], pois nela são reconhecidos os direitos sociais, entre eles, o direito à educação. A característica da indivisibilidade perante as dimensões dos direitos humanos leva a concluí-los como:

> Conjunto de valores históricos básicos e fundamentais, que dizem respeito à vida digna jurídico-político-psíquicofísica dos seres e de seu hábitat, tanto daqueles do presente quanto daqueles do porvir, surgem sempre como condição fundante da vida, impondo aos agentes político-jurídico-sociais a tarefa de, para além do seu reconhecimento formal, agirem no sentido de permitir que a todos seja consignada a possibilidade de usufruí-los em benefício próprio e comum ao mesmo tempo. Assim como os direitos humanos se dirigem a todos, o compromisso com sua concretização caracteriza tarefa de todos, em um comprometimento comum com a dignidade comum[46].

O País também aderiu ao Protocolo de San Salvador[47], que reconhece no seu art. 13 que não só toda pessoa tem direito à educação, como também "deverão ser estabelecidos programas de ensino diferenciado para os deficientes, a fim de proporcionar instrução especial e formação a pessoas com impedimentos físicos ou deficiência mental" (inciso 3, alínea *e*). Importa observar que apenas dois direitos garantidos por esse Protocolo, entre tantos outros previstos, caso sejam violados por ação imputável diretamente a um Estado-parte, darão lugar, mediante participação da Comissão Interamericana de Direitos Humanos e, quando cabível, da Corte Interamericana de Direitos Humanos, à aplicação do sistema de petições individuais regulado pela Convenção Americana sobre Direitos Humanos. E um desses direitos é o da educação[48].

---

45 RAMOS, André de Carvalho. *Teoria geral dos direitos humanos na ordem internacional*. 3. ed. São Paulo: Saraiva, 2013, p. 85.

46 MORAIS, José Luis Bolzan de. Direitos humanos, direitos sociais e justiça – uma visão contemporânea. In: KOZEN, Afonso Armando et al. (Coord.). *Pela justiça na educação*. Brasília: Fundescola/MEC, 2000, p. 75-76.

47 O Brasil aderiu ao referido Protocolo, concluído em 1988 (em El Salvador) e em vigor internacional a partir de 1999, por meio do Decreto n. 3. 321/99.

48 Previsão que consta no art. 19, item 6, do Protocolo de San Salvador.

O Programa das Nações Unidas para o Desenvolvimento (PNUD)[49], criado pela ONU para contribuir com assuntos que digam sobre o desenvolvimento dos Estados, originou os Objetivos de Desenvolvimento do Milênio (ODM) para implementar seus projetos, aprovados na Cúpula do Milênio em setembro de 2000 por 189 nações representadas no evento, inclusive o Brasil. Entre os oito objetivos aprovados, o segundo deles trata de atingir o ensino básico universal até o ano de 2015. No entanto, o próprio PNUD reconhece que não atingirá a meta[50].

A Organização das Nações Unidas para a Educação, a Ciência e a Cultura (Unesco), é incumbida de cuidar da educação em nível mundial. Sua representação no Brasil foi estabelecida em 1964, mas seu escritório efetivamente iniciou as atividades em 1972. De acordo com Maria Tereza Uille Gomes, "em 1993 foi assinado o primeiro plano de trabalho com o MEC, com vistas a auxiliar a decisão do Governo Brasileiro na elaboração do Plano Decenal de Educação para Todos"[51].

Ainda, segundo a autora, não só a Declaração Mundial sobre Educação para Todos, de 1990, como todas as seguintes, bem como as recomendações das Conferências Gerais da Unesco, serviram para o MEC (em parceria com a agência) elaborar o Plano Nacional de Educação (PNE), também exigido pela Lei de Diretrizes e Bases (LDB, Lei n. 9.394/96), cuja finalidade era fixar diretrizes e metas para o decênio seguinte[52].

---

[49] No Brasil, para saber mais, há um *site* oficial em português: <http://pnud.Org.br/>.

[50] "A universalização da educação primária é uma meta que o mundo não alcançará até 2015. Segundo o Relatório de Desenvolvimento do Milênio 2013 da ONU, a garantia de que todos os meninos e meninas tenham oportunidade de terminar o ensino primário não será atingida, devido ao lento ritmo de expansão educacional e também por conta das significativas disparidades ainda existentes, principalmente em prejuízo das meninas e das crianças das zonas rurais" (Disponível em: <http://pnud.Org.br/ODM2.aspx>. Acesso em: 11 nov. 2015).

[51] GOMES, Maria Tereza Uille. *Direito humano à educação e políticas públicas*. Curitiba: Juruá, 2009, p. 120.

[52] O PNE aprovado mais recente está fundamentado pela Lei n. 13.005/2014, com prazo também de dez anos a contar da publicação dessa lei. Como comprova o texto, as diretrizes são praticamente as mesmas do PNE anterior, ou seja, há

Também a Unesco, com o MEC e a Secretaria Especial dos Direitos Humanos (SEDH), colaborou para elaborar o Plano Nacional de Educação em Direitos Humanos (PNEDH) lançado em dezembro de 2003, cujas linhas gerais de ação são educação básica, educação superior, educação não formal, educação dos profissionais dos sistemas de justiça e segurança e educação e mídia[53]. Conforme Maria Tereza Uille Gomes:

> O MEC, com o compromisso maior de promover a educação de qualidade para todos com vistas à melhoria da qualidade social de vida, e a SEDH tendo como princípio o combate à discriminação, a promoção da igualdade entre as pessoas e a afirmação de que os direitos humanos são universais, indivisíveis e interdependentes[54].

Outro organismo internacional preocupado com o direito humano à educação é o Banco Mundial. De acordo com Maria Tereza Uille Gomes, o investimento do Banco Mundial, liderado pelo Banco Internacional para Reconstrução e Desenvolvimento (Bird), na área educacional no Brasil passou de 2%, de 1987 a 1990, para 29%, de 1991 a 1994[55]. Portanto, esse forte comprometimento em apoio à educação, afirma a autora, "visa a reduzir a pobreza com vistas à equidade, mas, também, à formação de capital humano adequado aos novos requisitos do novo padrão econômico de acumulação"[56].

Concluindo, a referência destacada que se dá ao direito à educação como direito humano se deve à distinção, precisamente, de acordo com Flávia Piovesan, "em defesa dos ostensivamente mais fracos. Nas relações entre desiguais, posiciona-se em favor dos mais necessitados de proteção. Não busca obter um equilíbrio abstrato entre as partes, mas remediar os efeitos do desequilíbrio e das

---

muito o que fazer, por exemplo, a erradicação do analfabetismo (art. 2º, 1) (GOMES, Maria Tereza Uille. *Direito humano à educação e políticas públicas*. Curitiba: Juruá, 2009, p. 120-121).
53   Disponível em: <http://www.dhnetOrg.br/educar/pnedh/integral/index.htm>. Acesso em: 11 nov. 2015.
54   GOMES, Maria Tereza Uille. *Direito humano à educação e políticas públicas*. Curitiba: Juruá, 2009, p. 121.
55   Idem, p. 125.
56   Idem, p. 126.

disparidades"[57]. Sendo assim, adjetivar o direito à educação como direito humano oferece maior proteção, angariada pelos diplomas internacionais.

1.3.5 A educação inclusiva

De acordo com o texto do art. 205 da Lei Fundamental, "a educação, direito de todos e dever do Estado e da família, será promovida e incentivada com a colaboração da sociedade, visando ao pleno desenvolvimento da pessoa, seu preparo para o exercício da cidadania e sua qualificação para o trabalho". Portanto, a educação é direito de todos como também o são a saúde (art. 196, CRFB), os direitos culturais (art. 215, CRFB) e o meio ambiente ecologicamente equilibrado (art. 225, *caput*, CRFB). Ademais, entre os objetivos fundamentais da República Federativa do Brasil, está promover o bem de todos, sem preconceitos de origem, raça, sexo, cor, idade e quaisquer outras formas de discriminação (art. 3º, IV, CRFB).

Nesse sentido, José Afonso da Silva contribui ao afirmar que a educação como "processo de reconstrução da experiência é atributo da pessoa humana, e, por isso, tem que ser comum a todos. É essa concepção que a Constituição agasalha nos arts. 205 a 214, quando declara que ela é um *direito de todos e dever do Estado*"[58]. Entretanto, para alcançar a "todos" não bastam políticas universalistas, é necessário que a proteção seja especialista em grupos de pessoas vulneráveis, como as pessoas com deficiência, para que o direito seja realmente efetivado. Nas palavras de Flávia Piovesan:

> Torna-se, contudo, insuficiente tratar o indivíduo de forma genérica, geral e abstrata. Faz-se necessária a especificação do sujeito de direito, que passa a ser visto em sua peculiaridade e particularidade. Nessa ótica, determinados sujeitos de direitos, ou determinadas violações de direitos, exigem uma resposta específica e diferenciada. Em tal cenário

---

57 PIOVESAN, Flávia. *Direitos humanos e o direito constitucional internacional*. 13. ed. São Paulo: Saraiva, 2012, p. 51-52.
58 O autor ainda considera que tal concepção importa em "[...] elevar a educação à categoria de serviço público essencial que ao Poder Público impende possibilitar a todos" (SILVA, José Afonso da. *Curso de direito constitucional positivo*. 25. ed. São Paulo: Malheiros, 2005, p. 837-838).

as mulheres, as crianças, a população afrodescendente, os migrantes, as pessoas com deficiência, entre outras categorias vulneráveis, devem ser vistas nas especificidades e peculiaridades de sua condição social[59].

A Declaração Mundial sobre Educação para Todos (Conferência de Jomtien, Tailândia), realizada em março de 1990, promove um plano de ação para satisfazer as necessidades básicas de aprendizagem diante de uma realidade difícil de encarar de forma isolada[60]. É possível destacar entre seus inúmeros objetivos, para o enfoque do presente trabalho, "universalizar o acesso à educação e promover a equidade" (art. 3º). O § 5º é expresso: "as necessidades básicas de aprendizagem das pessoas portadoras de deficiências requerem atenção especial. É preciso tomar medidas que garantam a igualdade de acesso à educação aos portadores de todo e qualquer tipo de deficiência, como parte integrante do sistema educativo".

O art. 206 da Constituição Federal elenca um rol de princípios estabelecidos ao direito à educação e o primeiro estabelece a igualdade de condições para o acesso e permanência na escola (inciso I). Sem ainda aprofundar o tema da igualdade, reservado para o próximo item, não é possível admitir, baseada nesse princípio, a exclusão do educando com deficiência por qualquer motivo, seja pelas escolas públicas, seja pelas privadas. Se a educação é para todos, as escolas também deverão ser para todos.

Logo, a inclusão da pessoa com deficiência implica a realização da educação como direito de todos e dever do Estado e também da família. Quanto ao dever do Estado, ressalta-se a garantia instituída no inciso III do art. 208 da Lei Maior quando exige a prestação especializada aos alunos com deficiência, para que de fato possa ser concretizado o direito à educação para todos, criando condições para alcançar uma igualdade material. Ademais, é garantido o direito

---

59 PIOVESAN, Flávia. *Direitos humanos e o direito constitucional internacional*. 13. ed. São Paulo: Saraiva, 2012, p. 61.
60 Para ilustrar essa triste realidade, segundo o preâmbulo da referida Declaração, mais de 100 milhões de crianças, das quais pelo menos 60 milhões são meninas, não têm acesso ao ensino primário e mais de 960 milhões de adultos são analfabetos – dois terços dos quais são mulheres. Disponível em: <http://www.unicef.org/brazil/pt/resources_10230.htm>. Acesso em: 13 nov. 2015.

público subjetivo consagrado quanto ao acesso ao ensino obrigatório e gratuito sem discriminações (art. 208, § 1º, CRFB). A Lei n. 7.853/89, que dispôs sobre o apoio às pessoas com deficiência, também não deixa dúvida sobre o acesso à educação, quando impõe que este deve se estender aos benefícios conferidos aos demais educandos, inclusive material escolar, merenda escolar e bolsas de estudo (art. 2º, I, "e"). E a recusa ou cobrança de valores adicionais, bem como suspender, procrastinar, cancelar ou fazer cessar inscrição de aluno em estabelecimento de ensino de qualquer curso ou grau, público ou privado, em razão de sua deficiência, é crime punível com reclusão de dois a cinco anos e multa (art. 8º, I, com alterações do Estatuto da Pessoa com Deficiência – Lei n. 13.146/2015).

Ao lado do direito à igualdade, observa Flávia Piovesan, há também o direito fundamental à diferença, pois, para se providenciarem os direitos humanos, são necessários a universalidade e a indivisibilidade deles, acrescido do valor da diversidade. Assim, a autora destaca "três vertentes" quanto à concepção da igualdade, a saber:

a) a igualdade formal, reduzida à fórmula "todos são iguais perante a lei" (que, ao seu tempo, foi crucial para a abolição de privilégios); b) a igualdade material, correspondente ao ideal de justiça social e distributiva (igualdade orientada pelo critério socioeconômico); e c) a igualdade material, correspondente ao ideal de justiça enquanto reconhecimento de identidades (igualdade orientada por critérios como gênero, orientação sexual, idade, raça e etnia)[61].

A igualdade formal está insculpida no texto constitucional (art. 5º, *caput*) quando afirma que todos são iguais perante a lei. A igualdade material, por sua vez, é vista quando propõe garantir o atendimento educacional especializado aos portadores de deficiência, preferencialmente na rede regular de ensino (art. 208, III). Importa observar que a expressão "preferencialmente" não deve ser entendida como uma escolha das escolas em aceitar ou não educandos com deficiência, o que resultaria em segregação.

---

61 PIOVESAN, Flávia. *Direitos humanos e o direito constitucional internacional*. 13. ed. São Paulo: Saraiva, 2012, p. 61-62.

Quando o constituinte propõe atendimento especial na perspectiva de acesso à rede regular de ensino, busca alcançar condições de igualdade entre os alunos numa mesma sala de aula. Praticamente, até o início do século XIX, as crianças cegas ou surdas, por exemplo, não tinham qualquer orientação educacional, portanto eram ignoradas e ignorantes. Depois se adotou a ideia de salas especiais em escolas regulares para as crianças com deficiência, para que, depois, estabelecimentos educacionais especiais se tornassem o destino delas. Ocorre, segundo Eduardo de Paula Machado, que tais modelos se tornaram questionáveis, pois esse isolamento serviu para o afastamento do convívio social[62].

A inclusão social é manifestação do princípio da igualdade material e, para tanto, a escola regular é o melhor lugar para as pessoas com deficiência desde que a rede escolar esteja preparada para oferecer e respeitar as condições peculiares de cada uma delas. Assim, não basta estar com as portas abertas para receber qualquer criança, pois estaria nessas condições ampliando as diferenças e promovendo a desigualdade.

Reporta ainda em afirmar que o princípio da igualdade, que tem como destinatário o legislador, porque é responsável por legislar conforme a isonomia, segundo Juliana Segalla e Taís Nader Marta, permite a discriminação positiva, juridicamente admissível, pois "consiste justamente em conferir um tratamento diferenciado às minorias e grupos vulneráveis com vistas ao equilíbrio das relações e à inclusão social"[63].

No tocante à dignidade da pessoa humana, é um dos fundamentos do Estado Democrático de Direito (art. 1º, III, CRFB). De acordo com Ingo Wolfgang Sarlet, a dignidade da pessoa humana é:

> A qualidade intrínseca e distintiva reconhecida em cada ser humano que o faz merecedor do mesmo respeito e consideração por parte do Estado e da comunidade, implicando, neste sentido, um complexo de

---

62 MACHADO, Eduardo de Paula. Educação inclusiva e o direito à convivência comunitária. In: ALMEIDA, Gregório Assagra de et al. (Coord.). *Direitos das pessoas com deficiência e dos idosos*. Belo Horizonte: Del Rey, 2013, p. 155.
63 SEGALLA, Juliana Izar Soares da Fonseca; MARTA, Taís Nader. *Direito à educação inclusiva*: um direito de TODOS. São Paulo: Verbatim, 2013, p. 36-37.

direitos e deveres fundamentais que assegurem a pessoa tanto contra todo e qualquer ato de cunho degradante e desumano, como venham a lhe garantir as condições existenciais mínimas para uma vida saudável, além de propiciar e promover sua participação ativa e corresponsável nos destinos da própria existência e da vida em comunhão com os demais seres humanos, mediante o devido respeito aos demais seres que integram a rede da vida[64].

Conclui-se, portanto, que os direitos fundamentais sociais, de cunho prestacional, estão integrados ao conceito de dignidade humana proposto por Ingo Wolfgang Sarlet quando se sustenta que há uma dimensão dúplice e simultânea, por gerar direitos fundamentais negativos contra atos violadores e por assegurá-la por medidas positivas (ou prestacionais) para construir a igualdade e a liberdade material como forma de promoção[65]. Quanto ao direito à educação, conforme destaca Denise Souza Costa, é possível projetar uma dupla dimensão ao seu conteúdo em dignidade, cuja consciência de ambas está diretamente vinculada à educação[66].

Eduardo Bittar adverte:

> Deve-se recobrar o sentido das práticas educacionais, especialmente quando o tema é o da preparação para uma cultura centrada no

---

64 SARLET, Ingo Wolfgang. *Dignidade (da pessoa) humana e direitos fundamentais na Constituição Federal de 1988*. 10. ed. Porto Alegre: Livraria do Advogado, 2015, p. 70-71.

65 De acordo com o autor, a "[...] dignidade da pessoa humana é simultaneamente limite e tarefa dos poderes estatais e, no nosso sentir, da comunidade em geral, de todos e de cada um, condição dúplice esta que também aponta para uma paralela e conexa dimensão defensiva e prestacional da dignidade" (SARLET, Ingo Wolfgang. As dimensões da dignidade da pessoa humana: construindo uma compreensão jurídico-constitucional necessária e possível. In: _____ (Org.). *Dimensões da dignidade*. 2. ed. Porto Alegre: Livraria do Advogado, 2013. p. 32).

66 Segundo a autora, "em relação ao direito à educação, identifica-se uma dupla dimensão no seu conteúdo em dignidade. A primeira é a capacidade individual de reconhecer e exigir a proteção da sua dignidade, vista como qualidade intrínseca da pessoa, que não pode ser concedida nem retirada, podendo, porém, ser violada. A segunda dimensão seria a de reconhecer e respeitar a dignidade do outro, inserido dentro da sociedade, como cidadão de um Estado Social Democrático, uma vez que todos têm dignidade, e sua preservação é condição da democracia" (COSTA, Denise Souza. *Direito fundamental à educação, democracia e desenvolvimento sustentável*. Belo Horizonte: Fórum, 2011, p. 95).

convívio plural e na aceitação da diversidade, no respeito à dignidade da pessoa humana e na preocupação com a justiça social, e quando se quer acentuar a luta pela conquista de direitos humanos, mergulhados que estão na maré da indiferença estatal e da ineficácia da legislação[67].

A educação, conforme aduz Sergio Alves Gomes, sob o prisma da dignidade da pessoa, "é capaz de libertar o indivíduo e os povos das amarras da ignorância a respeito de seus próprios direitos, valores e dignidade, bem como sobre os direitos, valores e a dignidade do outro, de modo a ver neste um semelhante e não um inimigo"[68].

Assim, a educação forja a personalidade do cidadão, abrindo janelas e portas para uma vida digna, cuja liberdade está na possibilidade de escolher o seu caminho. Se a educação de qualidade é quase uma utopia para grande maioria da sociedade, pior situação está quem precisa superar suas deficiências, é como fosse *bis in idem* sobre a dignidade da pessoa humana.

1.4 A qualidade como natureza jurídica da educação

Praticamente, foram alcançadas as metas para atender a uma demanda educacional reprimida por décadas, ampliando, desse modo, o acesso à educação básica obrigatória e gratuita num período bastante reduzido. Segundo Paulo Renato Souza, em sete anos de seu mandato como Ministro da Educação (1995-2002), o acesso à educação para crianças de 7 a 14 anos saltou de 88% para 97% de alunos em sala de aula[69].

A inclusão acelerada não é apenas desse período, mas constatada desde a década de 1960, como reconhece o próprio educador, o que originou a queda de qualidade da educação[70]. Complementa

---

67 BITTAR, Eduardo C. B. *Democracia, justiça e direitos humanos*. São Paulo: Saraiva, 2011, p. 44.
68 GOMES, Sérgio Alves. O princípio constitucional da dignidade da pessoa humana e o direito fundamental à educação. *Revista de Direito Constitucional e Internacional*, São Paulo, v. 51, p. 53, abr. 2005.
69 SOUZA, Paulo Renato. *A revolução gerenciada*. São Paulo: Prentice Hall, 2005, p. 113.
70 De acordo com Paulo Renato Souza, "a partir dos anos 60, o país expandiu e diversificou o sistema, mas perdeu qualidade na educação básica, o que nos leva

Darcy Ribeiro que o problema não se apresentou apenas nas dimensões da máquina educacional, mas também "no caráter deformado de seu crescimento"[71]. Portanto, superamos a dificuldade de abrir escolas. A quantidade não é mais a natureza jurídica da educação, mas a qualidade.

1.4.1 Referências constitucionais à qualidade da educação

O art. 6º da Constituição Federal[72], que inaugura o Capítulo II "Dos Direitos Sociais" pertencente ao Título "Dos Direitos e Garantias Fundamentais", afirma que são direitos sociais a educação, a saúde, a alimentação, o trabalho, a moradia, o lazer, a segurança, a previdência social, a proteção à maternidade e à infância e a assistência aos desamparados.

A lição de Ingo Wolfgang Sarlet é oportuna a respeito da posição "topográfica"[73] que o constituinte de 1988 empregou, pois, pela

---

a lembrar com muita saudade da escola pública dos anos 50 e 60. Ao falarmos na nossa velha e boa escola pública, contudo, quase nunca lembramos que, naquele tempo, apenas os filhos das classes média e alta tinham acesso a ela" (A revolução gerenciada. São Paulo: Prentice Hall, 2005, p. 26).

71 Segundo o autor, o "nosso sistema educacional saltou de seis milhões de pessoas em 1950 para dez milhões em 1960, dezenove milhões em 1970 e para trinta milhões, hoje em dia [1980]. [...] Na verdade, nossa escola não cresceu onde devia, nem como devia. Ela cresceu, em grande parte, como uma deterioração, quebrando padrões de educação melhores, ainda que precários, alcançados no passado. O que se obteve com esse crescimento meramente quantitativo foi uma escola de mentira, incapaz de atender à clientela popular que a ela acorre" (RIBEIRO, Darcy. Nossa escola é uma calamidade. Rio de Janeiro: Salamandra, 1984, p. 12).

72 A legislação infraconstitucional está prevista, principalmente, nos seguintes diplomas: Lei n. 9.394/96 (LDB – Lei das Diretrizes e Bases da Educação Nacional), Lei n. 10.172/2001 (PNE – Plano Nacional da Educação); Lei n. 8.069/90 (ECA – Estatuto da Criança e do Adolescente) etc.

73 Para nós, não há dúvida de que os direitos sociais são direitos fundamentais, especialmente em relação ao critério topográfico assimilado pelo constituinte. No entanto, há quem discorde dessa designação, como Ricardo Lobo Torres que afirma que esse critério, por si só, "não autoriza a assimilação dos direitos sociais pelos fundamentais", e, embora diferentes, exibem características complementares (SARLET, Ingo Wolfgang. A cidadania multidimensional na era dos direitos. In: TORRES, Ricardo Lobo (Org.). Teoria dos direitos fundamentais. Rio de Janeiro: Renovar, 1999, p. 279-280).

primeira vez em Constituições brasileiras, os direitos e garantias fundamentais estão logo após o preâmbulo e os princípios fundamentais (arts. 1º ao 4º), destacando maior rigor lógico, uma vez que tais direitos constituem parâmetro hermenêutico e são valores superiores de toda ordem constitucional e jurídica, bem como a "acolhida dos direitos fundamentais sociais em capítulo próprio no catálogo dos direitos fundamentais ressalta, por sua vez, de forma incontestável sua condição de autênticos direitos fundamentais"[74].

No que tange ao direito à educação, o constituinte tratou do tema ainda no Título "Da Ordem Social" nos arts. 205 a 214 (seção "Da Educação" integrante do capítulo "Da Educação, da Cultura e do Desporto"), regulando seus objetivos, princípios, garantias, condições, conteúdos mínimos, organização estatal e a vinculação de receitas tributárias. De acordo com Ingo Wolfgang Sarlet, dessa seção, configuram os arts. 205 a 208 legítimos integrantes da essência do direito fundamental social à educação, pois, além da fundamentalidade formal, está presente a material[75]. Assim, o trabalho será dedicado a esses dispositivos por se concordar com essa distinção dentro das perspectivas do tema.

Ao comentar o art. 205 da CRFB de 1988, José Afonso da Silva defende:

> A consecução prática dos objetivos da educação, consoante o art. 205 – pleno desenvolvimento da pessoa, seu preparo para o exercício da cidadania e sua qualificação para o trabalho –, requer que o Poder Público organize os sistemas de ensino público, para cumprir com o

---

74 SARLET, Ingo Wolfgang. *A eficácia dos direitos fundamentais*. 12. ed. Porto Alegre: Livraria do Advogado, 2015, p. 67.

75 Resumidamente, de acordo com Ingo Wolfgang Sarlet, "intrínseca à noção de direitos fundamentais está, justamente, a característica da fundamentalidade, que de acordo com a lição do jusfilósofo alemão Robert Alexy, recepcionada na doutrina lusitana por Gomes Canotilho, 'aponta para a especial dignidade e protecção dos direitos num sentido formal e num sentido material' [CANOTILHO, José Joaquim Gomes. *Direito constitucional*. 5. ed. Coimbra: Livraria Almedina, 1992, p. 509]. A fundamentalidade formal encontra-se ligada ao direito constitucional positivo [...]. A fundamentalidade material, por sua vez, decorre da circunstância de serem os direitos fundamentais elemento constitutivo da Constituição material" (*A eficácia dos direitos fundamentais*. 12. ed. Porto Alegre: Livraria do Advogado, 2015, p. 75-76 e 348).

seu dever constitucional para com a educação mediante prestações estatais que garantam, no mínimo, os serviços consignados no art. 208. Este dever estatal com a educação implica que a União, os Estados, o Distrito Federal e os Municípios, cada qual com seu sistema de ensino, em regime de colaboração mútua e recíproca, destinem, anualmente, recursos específicos para o financiamento dos serviços educacionais, num mínimo não inferior às percentagens previstas no art. 212 da CF[76].

Esse artigo, por si só, não estaria reconhecendo um direito subjetivo, que exija uma cobrança em face do Estado na falta da concretização do direito à educação; apesar de impositiva de tarefas e objetivos aos órgãos públicos (e ao legislador), a norma tem feição programática e eficácia limitada, estabelecendo fins genéricos e diretrizes a serem alcançadas e respeitadas pelo Estado, como parâmetro obrigatório a ser aplicado e interpretado[77].

O art. 206 da CRFB elenca um rol de princípios constitucionais do ensino, entre os quais se destacam a igualdade de condições para o acesso e permanência na escola (inciso I), como princípio derivativo da isonomia, a gratuidade do ensino público em estabelecimentos oficiais (inciso IV), que esteve presente em todas as nossas Constituições, exceto pela Constituição de 1891, e a garantia de padrão de qualidade (inciso VII). Consoante Marcos Augusto Maliska, referente ao primeiro princípio:

> O acesso e a permanência na escola devem ser vistos sob a perspectiva das diferenças, e isso significa, por exemplo, que o acesso de pessoas com deficiência física aos prédios deve ser garantido mediante rampas de acesso, que o indígena tem o direito de utilizar-se da sua língua materna e dos seus processos próprios de aprendizagem no ensino fundamental, que a identificação de elementos de discriminação que acabam por impedir o acesso e a permanência de grupos da sociedade na Universidade merecem tratamento diferenciado, enfim, que sem desprestigiar o tratamento isonômico, os elementos de caráter não pessoal que possuem fundamento constitucional, aqui o direito à

---

[76] SILVA, José Afonso da. *Curso de direito constitucional positivo*. 25. ed. São Paulo: Malheiros, 2005, p. 784.
[77] SARLET, Ingo Wolfgang. *A eficácia dos direitos fundamentais*. 12. ed. Porto Alegre: Livraria do Advogado, 2015, p. 348-349.

diferença e o direito ao pluralismo também devem ser levados em conta[78].

Diante do segundo princípio mencionado, o acesso à gratuidade do ensino público[79], ele está garantido expressamente como direito público subjetivo no § 1º do art. 208 da CRFB, bem como nos incisos I e II do próprio artigo em comento[80]. Não há outro direito fundamental que tenha recebido tal distinção textual na Constituição Federal. Essa condição municia, por si só, a exigência de cumprimento do que se estabelece com o direito à educação em relação à gratuidade da sua prestação nos termos propostos pelo constituinte. Caso a prestação seja deficiente, a Lei Fundamental não deixa dúvidas que o não oferecimento do ensino obrigatório pelo Poder Público, ou sua oferta irregular, importa responsabilidade da autoridade competente (art. 208, § 2º).

Por seu turno, o art. 207 da CRFB prevê autonomia às universidades, e como também o artigo anterior são dispositivos diretamente aplicáveis e dotados de plena eficácia[81]. Como forma ilustrativa dessa

---

78 MALISKA, Marcos Augusto. Comentário ao art. 206. In: CANOTILHO, J. J. Gomes et al. (Coord.). *Comentários à Constituição do Brasil*. São Paulo: Saraiva, 2013; Almedina, 2013, p. 1966.

79 A Declaração Universal dos Direitos do Homem, de 1948, reforça a gratuidade conforme prevê no item 1 do art. 26 que "[...] toda a pessoa tem direito à educação. A educação deve ser gratuita, pelo menos a correspondente ao ensino elementar fundamental. O ensino elementar é obrigatório. O ensino técnico e profissional dever ser generalizado; o acesso aos estudos superiores deve estar aberto a todos em plena igualdade, em função do seu mérito".

80 "Art. 208. O dever do Estado com a educação será efetivado mediante a garantia de: I – educação básica obrigatória e gratuita dos 4 (quatro) aos 17 (dezessete) anos de idade, assegurada inclusive sua oferta gratuita para todos os que a ela não tiveram acesso na idade própria; II –progressiva universalização do ensino médio gratuito; [...]. § 1º O acesso ao ensino obrigatório e gratuito é direito público subjetivo. [...]" (BRASIL. Constituição (1988). *Constituição da República Federativa do Brasil*. Brasília, DF: Senado Federal, 1988. Disponível em: <http://www.planalto.gov.br/ccivil_03/Constituicao/ConstituicaoCompilado.htm> Acesso em: 12 maio 2016).

81 Nesse sentido, o STJ decidiu, em sede de recurso especial, que "a extinção antecipada de curso superior, ainda que por razões de ordem econômica, encontra amparo no art. 207 da Constituição Federal e na Lei n. 9.394/1996, que asseguram autonomia universitária de ordem administrativa e financeira, motivo pelo qual a indenização por dano moral será cabível tão somente se configurada a

autonomia, de acordo com o Censo da Educação Superior de 2014, 32.878 cursos de graduação foram ofertados em 2.368 instituições de educação superior no Brasil, e 87,4% dessas instituições são privadas. Ressalta-se, ainda, que em 2014 a matrícula na educação superior (graduação e sequencial) superou 7,8 milhões de alunos[82].

Quanto ao direito à educação de qualidade, como bem alude Rodrigo Albuquerque de Victor, "não é pelo número de creches e escolas construídas que se mede a educação de um povo"[83], mas pelo papel fundamental que exercem o transporte escolar, a merenda e os programas de assistência social[84]. O texto constitucional é rico em referências à qualidade como objetivo educacional.

Entre os princípios configurados para o ensino está a "garantia de padrão de qualidade" (art. 206, VII, CRFB). Novamente, o texto constitucional autoriza a defesa da qualidade do ensino quando prevê que o Poder Público vai avaliar as escolas privadas por esse parâmetro (art. 209, II, CRFB), bem como quando distribui competência à União para organizar um sistema federal de ensino, de forma a garantir um "padrão mínimo de qualidade" (art. 211, § 1º, CRFB).

---

existência de alguma conduta desleal ou abusiva da instituição de ensino". No caso concreto, "[...] a universidade teria comunicado previamente a extinção do curso, oferecido restituição integral dos valores pagos e oportunidade de transferência, o que demonstra transparência e boa-fé, não caracterizando, por conseguinte, nenhum ato abusivo a ensejar indenização por danos morais" (BRASIL. Superior Tribunal de Justiça. Recurso Especial n. 1155866/RS. Relator: Min. Ricardo Villas Bôas Cueva. *Diário de Justiça Eletrônico*, Brasília, 18 fev. 2015).

82 Disponível em: <http://download.inep.gov.br/educacao_superior/censo_superior/documentos/2015/notas_sobre_o_censo_da_educacao_superior_2014.pdf>. Acesso em: 11 nov. 2016.

83 O autor ainda exemplifica ao referir, oportunamente, que "[...] crianças de tenra idade exigem cuidados especiais. De pouco adianta garantir acesso a creches e pré-escolas mal aparelhadas para estimular e educar o menor" (VICTOR, Rodrigo Albuquerque de. *Judicialização de políticas públicas para a educação infantil*. São Paulo: Saraiva, 2011, p. 84 e 70).

84 "A merenda é um imperativo do nosso sistema socioeconômico que, não assegurando emprego, nem pagando salários correspondentes às necessidades mínimas da população, exige este paliativo. Ela não é nenhum procedimento pedagógico, é tão só uma prática assistencial compensatória da extrema pobreza da população brasileira" (RIBEIRO, Darcy. *Nossa escola é uma calamidade*. Rio de Janeiro: Salamandra, 1984, p. 59).

Por fim, o constituinte exige que a distribuição de recursos para financiar a educação, por parte da União, deverá assegurar, entre outros, a garantia de padrão de qualidade e equidade (art. 212, § 3º, CRFB) e que o PNE, a ser estabelecido em lei, entre diversos objetivos, deverá conduzir a melhoria da qualidade de ensino (art. 214, III, CRFB). Portanto, a "qualidade" que se propugna na educação não é casual,[85] mas evidente e necessária para alcançar os fins que se buscam com esse direito fundamental. Nas palavras de Eduardo Cambi e Giovana Zaninelli, "a educação de qualidade, em todos os níveis e modalidades, para todos, é um direito humano essencial"[86].

No entanto, mesmo diante de uma densidade normativa, Pontes de Miranda, ao seu tempo, já criticava a falta de conexão entre o discurso constitucional e legislativo com o direito da educação e a prática posta pelo Poder Público:

> A ingenuidade ou a indiferença ao conteúdo dos enunciados com que os legisladores constituintes lançam a regra "a educação é direito de todos" lembra-nos aquela Constituição espanhola em que se decretava que todos "os Espanhóis seriam", desde aquele momento, "buenos". A educação somente pode ser direito de todos se *há* escolas em número suficiente e se *ninguém* é excluído delas; portanto, se há direito público subjetivo à educação e o Estado pode e tem de entregar a prestação educacional. Fora daí, é iludir o povo com artigos de Constituição ou

---

85 Segundo Bruno Fraga Pistinizi, "[...] deve-se mencionar que o acesso ao ensino de qualidade não se vincula apenas à destinação de verbas para seu custeio ou princípios, cuja intenção primordial é consagrar o direito evidenciado como um importante postulado merecedor da tutela constitucional" (PISTINIZI, Bruno Fraga. O direito à educação nas Constituições brasileiras. *Revista de Direito Educacional*, São Paulo: RT, v. 2, p. 63, jul. 2010).

86 De acordo com os autores, "[...] a discussão a respeito da qualidade do ensino pode envolver diversos aspectos acerca de qual é o melhor método pedagógico, o tipo de escola, os insumos, os conteúdos, a forma de organização do tempo e do espaço de aprendizagem etc. É necessário refletir como e quais as melhores estratégias do poder público para aprimorar o ensino ofertado, bem como a mais adequada forma de financiamento, a estruturação da carreira docente, a divisão dos papéis na estrutura federativa etc." (CAMBI, Eduardo; ZANINELLI, Giovana. Direito fundamental à educação, exclusão social e cidadania. *Revista de Direito Privado*, São Paulo v. 59, p. 29-54, jul.-set. 2014).

de leis. Resolver o problema da educação, não é fazer leis, ainda excelentes; é abrir escolas, tendo professores e admitindo os alunos[87].

A questão da qualidade da educação como direito público subjetivo também está diretamente ligada à permanência dos alunos nas escolas (art. 206, I, *in fine*). Com um ambiente hostil e precário, é improvável que haja condições de aprendizado. Nesse sentido, Eduardo Cambi e Giovana Zaninelli apresentam dados recentes do censo escolar sobre a precariedade escolar:

> No Brasil, conforme dados do Pnad de 2009, apenas 32% das escolas estão ligadas à rede pública de esgoto e 62% utilizavam fossas sépticas. Um total de 7,4% das escolas públicas não estavam conectadas nem à rede de esgotos nem possuía fossas sépticas. Quanto ao abastecimento de energia elétrica, cerca de 15,3 mil escolas públicas (9,4% do total), que atendiam a 514,7 mil alunos, não estavam conectadas à rede de distribuição ou possuíam alguma alternativa para a geração de eletricidade. Pelo Censo Escolar de 2009, 10% do total de escolas públicas não possuíam cozinhas, para o preparo da merenda escolar. Além disso, três quartos das escolas públicas no Brasil não possuíam laboratórios de informática (66% não tinham acesso à internet e 74% não dispunham de tecnologia de banda larga), quadras de esporte nem uma simples máquina fotocopiadora; apenas 7% tinham laboratórios de ciências; 74% das escolas públicas não possuíam bibliotecas; 10.385 escolas públicas em todo o Brasil (6,4% do total), onde estudam cerca de 700 mil alunos, não possuíam sequer banheiros, dentro ou fora do prédio escolar[88].

É importante observar que não só elementos materiais podem permear a questão, como também a própria instrução que deve ser levada para sala de aula, pois a partir dela se justificará o aparelhamento das escolas, por exemplo, a inclusão digital na educação como dever estatal[89], e a educação inclusiva em respeito aos alunos com

---

87 PONTES DE MIRANDA, Francisco Cavalcanti. *Comentários à Constituição de 1967*. 2. ed. São Paulo: RT, 1972, t. 6, p. 348.
88 CAMBI, Eduardo; ZANINELLI, Giovana. Direito fundamental à educação, exclusão social e cidadania. *Revista de Direito Privado*, São Paulo v. 59, p. 29-54, jul.-set. 2014.
89 Referência que não se pode ignorar diante dos benefícios como instrumento de aprendizagem o uso da internet, de acordo com Catarine Gonçalves Acioli, em

deficiência[90]. De acordo com as concepções da Unesco, "a educação de qualidade para todos, como direito humano fundamental, está associada a três dimensões básicas: a equidade, a relevância e a pertinência"[91].

Sinteticamente, a equidade está na intenção de buscar uma educação ajustada às necessidades de cada um, observadas as capacidades individuais, para garantir o direito à igualdade de oportunidades, gerando condições para aproveitá-las. Em outras palavras, é oferecer mais para quem precisa mais e não apenas dispensar tratamento homogêneo, tendo em vista as desigualdades com que as crianças chegam às escolas. A relevância e a pertinência são dimensões estreitamente relacionadas entre si, pois a educação será relevante quando promover uma aprendizagem significativa, buscando alcançar as finalidades a que se propõe, e pertinente, quando é flexível o suficiente ao considerar as necessidades e as características dos estudantes no contexto da sociedade de que participam.

Reforça-se que entre os princípios constitucionais do ensino no Brasil, designação emprestada de Lélio Maximino Lellis, o "princípio do adequado padrão de qualidade do ensino" ganha destaque, cujo

dissertação de mestrado de direito para PUC-RS, "as políticas públicas de inclusão digital, devido sua estrita vinculação com os direitos fundamentais à informação, educação e igualdade, além de consistirem em parte da dimensão objetiva daquele primeiro, concernem relevantes instrumentos para realização prática da dignidade humana na Sociedade da Informação, ao caracterizarem formas de as pessoas desenvolverem sua autonomia no meio eletrônico" (*A educação na sociedade de informação e o dever fundamental estatal de inclusão digital*. 2014. Dissertação (Mestrado) – PUC-RS, Porto Alegre, p. 117).

90 Vivianne Rigoldi muito bem observa que a "[...] educação especial é a única maneira de o Estado assegurar à pessoa com deficiência o direito à educação, uma vez que, para cumprir os preceitos constitucionais relativos ao direito à cidadania (que se traduz pelo direito à educação), é necessária a dotação das salas de aula, da rede pública de ensino, de recursos materiais e humanos voltados para educar e preparar o deficiente, objetivando sua integração, se adequado, na rede regular de ensino" (Atendimento educacional especializado: do direito à educação especial à educação inclusiva. In: AGOSTINHO, Luis Otávio Vincenzi de (Org.); HERRERA, Luiz Henrique Martim (Coord.). *Tutela dos direitos humanos e fundamentais*. Birigui: Boreal, 2011, p. 307-330).

91 ORGANIZAÇÃO DAS NAÇÕES UNIDAS PARA A EDUCAÇÃO, A CIÊNCIA E A CULTURA. *Educação de qualidade para todos*: um assunto de direitos humanos. Brasília: Unesco, 2007, p. 56.

conteúdo essencial está previsto na Lei Fundamental, a saber: a) oferecimento contínuo de educação escolar básica gratuita e de frequência obrigatória (art. 208, caput, I e § 3º); b) cumprimento das normas gerais da educação escolar nacional e de autorização e avaliação de qualidade pelo Poder Público (art. 209); c) fixação de conteúdos mínimos para o ensino fundamental (art. 210, caput, §§ 1º e 2º); d) valorização dos profissionais da educação escolar (art. 206, V e VIII); e) reconhecimento e estímulo ao mérito docente, discente e institucional (arts. 206, V, 208, V, 209, II, 212, § 6º, e 213, § 2º); f) auxílio econômico ao educando (art. 208, caput, VII); g) destinação dos recursos previstos na Constituição para o custeio da educação básica (art. 212, caput e parágrafos)[92].

1.4.2 Referências legislativas à qualidade da educação

O Estatuto da Criança e do Adolescente – ECA (Lei n. 8.069/90) trata no art. 53 sobre o direito à educação e assegura em seus incisos diversos critérios que deverão ser atendidos pelo Estado, cujo dever se estende nos incisos do art. 54 (que repete o art. 208 da CRFB). Assim, quando o ECA afirma que a criança e o adolescente têm direito à educação, visando ao pleno desenvolvimento de sua pessoa, preparo para o exercício da cidadania e qualificação para o trabalho (caput do art. 53), não há outra conclusão a não ser a exigência de uma prestação estatal que vise a qualidade do serviço público educacional.

A justificativa é que o objetivo do legislador era garantir uma educação que alcance a cidadania e qualificação para o trabalho e, para tanto, só poderá ser de qualidade para tais fins. Segundo Paulo Lúcio Nogueira, essas disposições não passam de "letras mortas"[93]. Por sua vez, o Estado está comprometido também a assegurar à

---

92 LELLIS, Lélio Maximino. *Princípios constitucionais do ensino*. São Paulo: Lexia, 2011, p. 198-202.
93 "Muitas das disposições constitucionais e estatutárias quanto ao dever do Estado para com a educação não passam de letras mortas, já que o Estado não tem dado a devida atenção à educação, a qual continua entregue muitas vezes a particulares que procuram fazer verdadeiro comércio do ensino em todos os seus níveis, sem que haja a devida fiscalização e moralização, o que tem contribuído sensi-

criança e ao adolescente o acesso aos níveis mais elevados do ensino, conforme estabelece o inciso V do art. 54 do ECA.

A questão de permanência na escola, preocupação explícita do ECA (arts. 53, I, e 56, II), deve ser abordada igualmente como reflexo da educação de qualidade[94], pois a evasão escolar em grande parte é consequência da falta de estruturas curriculares e didáticas, de transporte escolar, de professores estimulados (em razão da baixa remuneração) e de apoio da própria instituição de ensino[95]. Nesse sentido, Roberto João Elias:

> Algo que realmente preocupa é a evasão das salas de aula, sendo certo que uma grande parcela da população em idade escolar não chega a concluir sequer o primeiro grau. É claro que este direito está vinculado a muitos outros, não bastando que haja vagas nas escolas, mas, também, que as famílias mais carentes tenham condições de mandar seus filhos a elas[96].

Importa destacar ainda a proteção judicial que o ECA estabelece em relação ao direito à educação nos cinco primeiros incisos no seu art. 208. Assim, serão regidas pelo referido Estatuto as ações de responsabilidade por ofensa aos direitos assegurados à criança e ao adolescente, concernentes ao não oferecimento ou oferta irregular:

I – do ensino obrigatório; II – de atendimento educacional especializado aos portadores de deficiência; III – de atendimento em creche e

---

velmente para sua baixa qualidade" (NOGUEIRA, Paulo Lúcio. *Estatuto da Criança e do Adolescente comentado*. 3. ed. São Paulo: Saraiva, 1996, p. 87).

94 De acordo com Andréa Rodrigues Amin, a "Permanência em sala de aula é alcançada como ensino de qualidade, ministrado por bons profissionais, instalações físicas adequadas, material didático, alimentação. [...]. A *evasão escolar* tem sido severamente combatida em todo o Brasil" (Dos direitos fundamentais. In: MACIEL, Kátia Reina Ferreira Lobo Andrade (Coord.). *Curso de direito da criança e do adolescente*. 6. ed. São Paulo: Saraiva, 2013, p. 99).

95 "A própria concepção da evasão escolar está impregnada dessa consciência pedagógica distorcida. Assim é, visivelmente, quando se fala de alunos evadidos, como se se tratasse de malandros desertores, que fugiram da escola. Uma visão mais objetiva olharia a evasão como resultante da rejeição do aluno pela escola" (RIBEIRO, Darcy. *Nossa escola é uma calamidade*. Rio de Janeiro: Salamandra, 1984, p. 57).

96 ELIAS, Roberto João. *Comentários ao Estatuto da Criança e do Adolescente*. 4. ed. São Paulo: Saraiva, 2010, p. 72.

pré-escola às crianças de zero a cinco anos de idade; IV – de ensino noturno regular, adequado às condições do educando; V – de programas suplementares de oferta de material didático-escolar, transporte e assistência à saúde do educando do ensino fundamental; [...].

Portanto, nessas situações o Poder Executivo poderá ser cobrado judicialmente a prestar essas obrigações legais, a qual se destaca, em razão desse tópico, o inciso V, visto que trata do transporte escolar e do material didático, aspectos considerados relevantes para um direito à educação de qualidade.

A Lei n. 9.394/96 estabelece as diretrizes e bases da educação nacional do que veio a se tornar conhecida como a Lei de Diretrizes e Bases da Educação (LDB). O art. 3º apresenta os princípios como base do ensino e entre eles está a garantia de padrão de qualidade (inciso IX). O art. 4º trata dos deveres do Estado com a educação escolar pública e, entre eles, expressamente, disposta no inciso IX está a garantia de padrões mínimos de qualidade de ensino, definidos como a variedade e quantidade mínimas, por aluno, de insumos indispensáveis ao desenvolvimento do processo de ensino-aprendizagem.

A LDB também regulamenta o ensino privado, observadas determinadas condições, como a avaliação de qualidade pelo Poder Público (art. 7º, II). Diante da organização da educação nacional, a LDB destaca papéis específicos para União, Estados, Distrito Federal e Municípios, reservando para a União, além de outros, assegurar o processo nacional de avaliação do rendimento escolar no ensino fundamental, médio e superior, em colaboração com os sistemas de ensino, objetivando a definição de prioridades e a melhoria da qualidade do ensino (art. 9º, VI).

Ressalta-se, ainda, que a União, em colaboração com os Estados, o Distrito Federal e os Municípios, estabelecerá padrão mínimo de oportunidades educacionais para o ensino fundamental, baseado no cálculo do custo mínimo por aluno, capaz de assegurar ensino de qualidade (art. 74). Mesmo que os Municípios tenham dificuldades de atingir essas metas, garante o art. 75 que possível ação supletiva e redistributiva da União e dos Estados será exercida de modo a corrigir, progressivamente, as disparidades de acesso e garantir o padrão mínimo de qualidade de ensino.

Portanto, uma educação de qualidade, seja pública ou privada, não é apenas um anseio solitário da sociedade, mas um direito conquistado e previsto na legislação específica, estendido a todos os educandos, identificado como dever do Estado de impor condições para alcançar nas redes escolares públicas e fiscalizar o atendimento a essa garantia nas redes de ensino particular.

1.4.3 Referencial jurisprudencial à qualidade da educação

A educação é um dos direitos fundamentais mais desrespeitados pelos governantes, devendo, assim, estar no topo das pretensões de defesa da ordem constitucional. A Ministra presidente do Supremo Tribunal Federal (STF) e do Conselho Nacional de Justiça (CNJ), Cármen Lúcia, declarou que: "Um preso no Brasil custa R$ 2,4 mil por mês e um estudante do ensino médio custa R$ 2,2 mil por ano. Alguma coisa está errada na nossa Pátria amada". E lembrou: "Darcy Ribeiro fez em 1982 uma conferência dizendo que, se os governadores não construíssem escolas, em 20 anos faltaria dinheiro para construir presídios. O fato se cumpriu. Estamos aqui reunidos diante de uma situação urgente, de um descaso feito lá atrás"[97].

Em razão desse quadro, é possível imaginar que o Judiciário esteja enfrentando um volume progressivo de demandas educacionais, e consultas jurisprudenciais indicam para esse caminho. Em face dos aspectos que poderiam ser cobrados em relação ao direito da educação, atente-se à temática da qualidade. Com base nessa premissa, ilustra-se o seguinte caso. O Ministério Público do Estado da Paraíba ajuizou ação civil pública objetivando a reforma da quadra escolar e na construção de sua cobertura de uma escola estadual paraibana.

---

97 A constatação foi feita, de acordo com a matéria do CNJ, no dia 10-11-2016, no 4º Encontro do Pacto Integrador de Segurança Pública Interestadual e da 64ª Reunião do Colégio Nacional de Secretários de Segurança Pública (Consesp), em Goiânia/GO. Disponível em: <http://www.cnj.jus.br/noticias/cnj/83819-
-carmen-lucia-diz-que-preso-custa-13-vezes-mais-do-que-um-estudante-no-
-brasil>. Acesso em: 12 nov. 2016

Com fundamento no princípio constitucional do padrão de qualidade no direito à educação, a sentença julgou procedente o pedido para determinar que o Estado da Paraíba realizasse as obras e reparos necessários sob pena de multa no valor de quinze mil reais por mês de atraso. O Ente Público apelou, defendendo o princípio da separação dos Poderes, a autonomia administrativa e orçamentária da Fazenda Pública Estadual (Plano Plurianual), o juízo de oportunidade e conveniência do Administrador Público, bem como a observância da cláusula da reserva do possível[98].

O Tribunal de Justiça da Paraíba negou provimento[99]. Inconformado, o Estado interpôs recurso extraordinário contra esse

---

98 PARAÍBA. Tribunal de Justiça. Apelação Cível e Remessa Necessária n. 0095744-16.2012.815.2004. Relator: Des. José Ricardo Porto. Disponível em: <http://tjpb-jurisprudencia.tjpb.jus.br/5-45-0054500.pdf>. Acesso em: 5 maio 2016.
99 "REMESSA NECESSÁRIA E APELAÇÃO CÍVEL. AÇÃO CIVIL PÚBLICA. REFORMA DE QUADRA DE ESPORTES DE ESCOLA ESTADUAL EM SITUAÇÃO PRECÁRIA. RISCO À SAÚDE E À INCOLUMIDADE FÍSICA DO CORPO DOCENTE E DISCENTE. EDUCAÇÃO DE QUALIDADE. DIREITO SOCIAL GARANTIDO PELA CONSTITUIÇÃO CIDADÃ. DEVER DO ESTADO. NECESSIDADE DE OBSERVÂNCIA À DIGNIDADE DA PESSOA HUMANA. OFENSA AO PRINCÍPIO DA SEPARAÇÃO DOS PODERES. INOCORRÊNCIA. POSTULADO DA RESERVA DO POSSÍVEL AFASTADO. DESPROVIMENTO DE AMBAS AS IRRESIGNAÇÕES. Assim como a saúde e a segurança pública (arts. 196 e 144 da CF), a educação é direito de todos e dever do Estado (artigo 205 da CF), devendo, pela essencialidade do seu objeto, ser prestada, acima de tudo, de forma eficiente. Se o Poder Público não proporciona as condições físicas básicas ao adequado funcionamento das suas escolas, está em falta com seu dever constitucional. [...]. Não há falar em afronta ao princípio da separação dos poderes quando o Judiciário limita-se a determinar ao Estado o cumprimento de mandamento constitucional, impregnado de autônoma força normativa. [...]. Tratando-se de pleito que visa propiciar condições minimamente decentes aos usuários de estabelecimento de ensino, estando a pretensão dentro do limite do razoável, já que garantir a dignidade humana é um dos objetivos principais do Estado Democrático de Direito, o princípio da reserva do possível não pode ser oposto ao postulado do mínimo existencial. [...]. Prevalece o entendimento de que é possível o controle judicial de políticas públicas, quando estiverem em perigo direitos fundamentais. A escola sem estrutura apropriada para acolher as crianças e realizar as atividades escolares adequadamente, reduz-se a qualidade do ensino e do aprendizado, além de contribuir para o desinteresse do aluno e fomentar a evasão escolar. Com isso, impor obrigação de fazer não é interferência de um poder no outro, mas sim uma oportunidade de garantir aos filhos de uma sociedade carente o direito à educação, comum mínimo de qualidade. [...]"

acórdão ao STF, que confirmou a decisão recorrida, pois, segundo seu relator, o Ministro Luís Roberto Barroso:

> [...] O acórdão recorrido se alinha à jurisprudência do Supremo Tribunal Federal, que já assentou a possibilidade, em casos emergenciais, de implementação de políticas públicas pelo Judiciário, ante a inércia ou morosidade da Administração, como medida assecuratória de direitos fundamentais. Não se trata, aqui, de interferir na competência do Poder Executivo quanto à conveniência e oportunidade para a realização de políticas públicas – e a consequente disposição de recursos para tal fim – mas, sim, de assegurar a proteção do direito fundamental à educação[100].

Esse caso, como outros apresentados neste trabalho, indica que a educação não se resume à mera instrução ou à aula ministrada por um professor. O processo educacional é muito mais amplo e abrangente, com metas e garantias que vão desde o transporte até a alimentação, incluindo segurança e saúde do educando. José Celso de Mello Filho resume com propriedade esses aspectos da educação, pois:

> É mais compreensivo e abrangente que o da mera instrução. A educação objetiva propiciar a formação necessária ao desenvolvimento das aptidões, das potencialidades e da personalidade do educando. O processo educacional tem por meta: *a)* qualificar o educando para o trabalho; e *b)* prepará-lo para o exercício consciente da cidadania. O acesso à educação é uma das formas de realização concreta do ideal democrático. A educação, processo contínuo e complexo que é, deve ser vista e analisada como um exercício de liberdade, na medida em que, desenvolvendo e ampliando a capacidade do educando, qualifica-o a compreender e avaliar, criticamente, as experiências ministradas pela realidade social. A aquisição de conhecimentos e a formação de uma consciência crítica integram-se no conceito global de educação[101].

(STF, Recurso Extraordinário 864.509, *Diário de Justiça Eletrônico*, n. 32, 18 fev. 2015).

100 Ibidem.

101 MELLO FILHO, José Celso de. *Constituição Federal anotada*. São Paulo: Saraiva, 1984, p. 418.

Oportuno, então, concluir que a educação não é mera instrução ou, simplesmente, aprendizado. A qualidade também não está apenas na oferta de sala de aula, de um professor e uma turma de alunos presentes, de um quadro e carteiras[102]. Se assim o fosse, contêineres seriam a solução da falta de infraestrutura das escolas públicas[103], ou que qualquer espaço fosse o suficiente para montar uma sala de aula, como um bar[104], ou oferecer guarda-chuvas aos alunos em razão das goteiras do teto da escola[105]. Digna é uma educação com qualidade.

1.5 A educação digna como modelo a ser perseguido

Quando se destaca que a educação serve para que o indivíduo alcance a cidadania, necessariamente é preciso pensá-la como um processo de aprendizagem que ofereça todas as condições para que o educando de forma efetiva se torne um cidadão apto a participar da

---

102 "É notório que um edifício escolar decente, bem conservado e dotado de equipamentos de boa qualidade ajuda muito. Isso é o que toda nação deve à sua infância. É também certo que ninguém faz nada bem estando com fome. Inclusive não aprender a ler. [...] Nada disso, porém, nos autoriza a supor que tão só construindo bons edifícios escolares e fornecendo merendas abundantes tudo esteja resolvido. Nosso problema educacional passa por aí, mas não é redutível a isto. Seus desafios maiores estão é nas próprias práticas docentes, inclusive num pedagogismo inexplícito que orienta com mãos de ferro a vida escolar de uma grande parte da rede pública" (RIBEIRO, Darcy. *Nossa escola é uma calamidade*. Rio de Janeiro: Salamandra, 1984, p. 59).

103 A imprensa já noticiou diversas situações em que os alunos precisaram ser transferidos para contêineres para continuar suas rotinas de estudos em razão da falta de infraestrutura de suas escolas. Disponível em: <http://g1.globo.com/sp/vale-do-paraiba-regiao/noticia/2016/04/com-escola-em-reforma-alunos-de-s--sebastiao-tem-aulas-em-conteiner.html>. Acesso em: 12 nov. 2016.

104 De acordo com a reportagem do canal G1, a sala de aula foi improvisada dentro de um espaço de um bar, porque a escola pública estava com infiltrações nas paredes, com as janelas quebradas, o forro caiu e a instalação elétrica era precária. Disponível em: <http://g1.globo.com/bahia/noticia/2015/07/com-escola--em-condicoes-precarias-alunos-assistem-aulas-em-bar-na-ba.html>. Acesso em: 12 nov. 2016.

105 Segundo o Jornal do SBT, alunos precisam abrir guarda-chuva dentro da sala de aula quando chove devido as goteiras do teto da escola. Disponível em: <http://m.sbt.com.br/jornalismo/jornaldosbt/noticias/34349/Alunos-tem-que--assistir-aulas-com-guarda-chuva-em-Itaituba-(PA).html>. Acesso em: 12. nov. 2016.

sociedade e compreender seus deveres e direitos. Para tanto, a educação deve ser digna não como um limite raso ou mínimo dos mínimos, mas compreensível no sentido de atender as melhores expectativas do que se enseja para sua realização. Sem qualidade na educação não haverá dignidade humana.

1.5.1 A dignidade da pessoa humana como tarefa prestacional

O Estado Democrático de Direito comporta diversos fundamentos, entre eles, a dignidade da pessoa humana (art. 1º, III, da CRFB). Inicialmente, é importante posicionar um conceito sobre o que seja dignidade da pessoa humana e, apesar das dificuldades que possa oferecer em razão também do seu caráter multidimensional, como observa Ingo Wolfgang Sarlet, ele a define como:

> A qualidade intrínseca e distintiva reconhecida em cada ser humano que o faz merecedor do mesmo respeito e consideração por parte do Estado e da comunidade, implicando, neste sentido, um complexo de direitos e deveres fundamentais que assegurem a pessoa tanto contra todo e qualquer ato de cunho degradante e desumano, como venham a lhe garantir as condições existenciais mínimas para uma vida saudável, além de propiciar e promover sua participação ativa e corresponsável nos destinos da própria existência e da vida em comunhão com os demais seres humanos, mediante o devido respeito aos demais seres que integram a rede da vida[106].

Por essa definição é possível concluir que a dignidade da pessoa humana, como se pode encontrar nos direitos fundamentais, é de forma simultânea um limite (direitos de defesa, negativos), em defesa da liberdade e humanidade individual, como também uma tarefa (direitos de prestação, positivos), no sentido de prestação de medidas positivas estatais para promover o bem-estar social[107].

---

106 SARLET, Ingo Wolfgang. *Dignidade (da pessoa) humana e direitos fundamentais na Constituição Federal de 1988*. 10. ed. Porto Alegre: Livraria do Advogado, 2015, p. 70-71.
107 Segundo Ingo Wolfgang Sarlet, espelhado na lição de Adalbert Podlech, a dignidade da pessoa humana "como tarefa (prestação) imposta ao Estado, a dignidade da pessoa reclama que este guie as suas ações tanto no sentido de preservar a dignidade existente quanto objetivando a promoção da dignidade, especialmen-

Portanto, é patente a relação da dignidade da pessoa humana com os direitos fundamentais sociais, de cunho prestacional, como é o caso do direito à educação, pois envolve sintonia ao cobrar do Estado deveres para entregar uma "vida com dignidade" ou do que se tem como uma "vida boa"[108]. Esse vínculo para alguns pode se assemelhar à garantia do mínimo existencial.

Apesar de não ter referência constitucional, o postulado do mínimo existencial se impõe dentro da temática[109]. De acordo com Ricardo Lobo Torres, integra a própria ideia de liberdade, igualdade e de dignidade humana, pois exige condições básicas de existência do homem, que não podem retroceder aquém de um mínimo, abrangendo, assim, qualquer direito ainda que originariamente não fundamental. Sintetiza o autor:

> O mínimo existencial, portanto, como direito às condições da liberdade, exibe o *status positivus libertatis*. A sua proteção positiva se realiza de diversas formas. Primeiramente pela entrega de prestações de serviço público específico e divisível, que serão gratuitas pela atuação do mecanismo constitucional da imunidade das taxas e dos tributos

---

te, criando condições que possibilitem o pleno exercício e fruição da dignidade [...]" (SARLET, Ingo Wolfgang. As dimensões da dignidade da pessoa humana: construindo uma compreensão jurídico-constitucional necessária e possível. In: _____ (org.). *Dimensões da dignidade*. 2. ed. Porto Alegre: Livraria do Advogado, 2013, p. 33).

108 Nas palavras de Ingo Wolfgang Sarlet, "[...] os direitos sociais de cunho prestacional (especialmente compreendidos como direitos a prestações fáticas) encontram-se, por sua vez, a serviço da igualdade e da liberdade material, objetivando, em última análise, a proteção da pessoa contra as necessidades de ordem material, mas especialmente (e além disso), buscando assegurar uma existência com dignidade, constatação esta que, em linhas gerais, tem servido para justificar um direito fundamental (mesmo não expressamente positivado, como já demonstrou a experiência constitucional estrangeira) a um mínimo existencial [...]" (*Dignidade (da pessoa) humana e direitos fundamentais na Constituição Federal de 1988*. 10. ed. Porto Alegre: Livraria do Advogado, 2015, p. 136-137).

109 De acordo com Rodrigo Albuquerque de Victor, "[...] o direito à educação tem pelo menos dois bons motivos para figurar no rol de direitos minimamente exigíveis. A uma porque se revela direito basilar e essencial para o atingimento da personalidade e dignidade humana. A duas porque serve de ponte para uma plêiade de outros direitos igualmente essenciais para a dignidade do ser humano" (*Judicialização de políticas públicas para a educação infantil*. São Paulo: Saraiva, 2011, p. 98).

contraprestacionais, como ocorre na prestação jurisdicional, educação primária, saúde pública etc. [...] A retórica do mínimo existencial não minimiza os direitos sociais, senão que os fortalece extraordinariamente na sua dimensão essencial, dotada de plena eficácia, e os deixa incólumes ou até os maximiza na região periférica, em que valem sob a reserva de lei[110].

Em obra sinônima, o autor expressa que não é qualquer direito que pode ser transformado em mínimo existencial, mas somente um "[...] direito a situações existenciais dignas"[111]. Reflete – ainda que não seja um valor nem um princípio, mas o conteúdo essencial dos direitos fundamentais – uma regra, visto que se aplicaria por subsunção, constituindo direitos definitivos e não se sujeitando a ponderações.

Quanto ao direito à educação, em especial, como observa Denise Souza Costa, é possível abordá-lo por meio de uma dupla dimensão no seu conteúdo em dignidade, cuja consciência de ambas está diretamente vinculada à educação:

> Em relação ao direito à educação, identifica-se uma dupla dimensão no seu conteúdo em dignidade. A primeira é a capacidade individual de reconhecer e exigir a proteção da sua dignidade, vista como qualidade intrínseca da pessoa, que não pode ser concedida nem retirada, podendo, porém, ser violada. A segunda dimensão seria a de reconhecer e respeitar a dignidade do outro, inserido dentro da sociedade, como cidadão de um Estado Social Democrático, uma vez que todos têm dignidade, e sua preservação é condição da democracia[112].

---

110 TORRES, Ricardo Lobo. A cidadania multidimensional na Era dos Direitos. In: _____ (Org.). *Teoria dos direitos fundamentais*. Rio de Janeiro: Renovar, 1999, p. 263.

111 Complementa o autor: "[...] só os direitos da pessoa humana, referidos a sua existência em condições dignas, compõem o mínimo existencial [...]. O mínimo existencial é direito de dupla face: a) aparece como direito subjetivo e também como norma objetiva; b) compreende os direitos fundamentais originários (direitos da liberdade) e os direitos fundamentais sociais, todos em sua expressão essencial, mínima e irredutível" (TORRES, Ricardo Lobo. *O direito ao mínimo existencial*. Rio de Janeiro: Renovar, 2009, p. 36-37).

112 COSTA, Denise Souza. *Direito fundamental à educação, democracia e desenvolvimento sustentável*. Belo Horizonte: Fórum, 2011, p. 95.

Posiciona-se também sob as dimensões da dignidade Sergio Alves Gomes, tendo em vista que a educação "é capaz de libertar o indivíduo e os povos das amarras da ignorância a respeito de seus próprios direitos, valores e dignidade, bem como sobre os direitos, valores e a dignidade do outro, de modo a ver neste um semelhante e não um inimigo"[113]. Assim, a dignidade da pessoa humana não deve ser tratada de forma passiva, mas por meio de tarefas prestacionais para entregar a cada indivíduo.

1.5.2 Proposta de uma educação digna

O tema sobre os direitos fundamentais sociais é, possivelmente, um dos mais debatidos na doutrina e jurisprudência constitucional brasileira em virtude da problemática da sua eficácia e efetividade[114].

Quanto à eficácia, parece que não há dúvidas para doutrina majoritária de que os direitos sociais têm aplicabilidade imediata[115]. Ocorre

---

113 GOMES, Sérgio Alves. O princípio constitucional da dignidade da pessoa humana e o direito fundamental à educação. *Revista de Direito Constitucional e Internacional*, São Paulo, n. 51, p. 53, abr. 2005.

114 Ingo Wolfgang Sarlet trouxe essa questão quando da comemoração dos 20 anos da promulgação da Constituição Federal (Os direitos fundamentais sociais: algumas notas sobre seu conteúdo, eficácia e efetividade nos vinte anos da Constituição Federal de 1988. In: AGRA, Walber de Moura (Coord.). *Retrospectiva dos 20 anos da Constituição Federal*. São Paulo: Saraiva, 2009, p. 253). Em texto mais antigo, o autor comentou que "cada vez mais se torna perceptível que a crise dos direitos fundamentais não se restringe a uma crise de eficácia e efetividade, mas se revela também como uma crise na esfera do próprio reconhecimento e da identidade dos direitos fundamentais, ainda que esta se encontre diretamente vinculada à crise da efetividade" (Os direitos fundamentais sociais na Constituição de 1988. *Revista Diálogo Jurídico,* Salvador, ano I, v. I, n. 1, abr. 2001).

115 Se há consenso entre a doutrina e operadores do direito, são que os direitos sociais estão sendo cada vez mais judicializados, em especial, saúde e educação. No entanto, é somente majoritária quando se apoia na aplicabilidade imediata dos direitos fundamentais previstos no art. 5º da CRFB, mas também das disposições entre os art. 6º ao 17, por força do § 1º do próprio art. 5º da CRFB, bem como de outros direitos localizados no texto constitucional e em tratados internacionais (SARLET, Ingo Wolfgang. Os direitos fundamentais sociais: algumas notas sobre seu conteúdo, eficácia e efetividade nos vinte anos da Constituição Federal de 1988. In: AGRA, Walber de Moura (Coord.). *Retrospectiva dos 20 anos da Constituição Federal*. São Paulo: Saraiva, 2009, p. 263).

que, quanto à efetivação própria desses direitos, segundo Ingo Wolfgang Sarlet, há muitas resistências como direitos subjetivos, visto que tem sido responsável pela maioria das discussões, que vão desde "[...] a delimitação do conteúdo em si da reserva do possível, até os limites da atuação jurisdicional nesta matéria, designadamente quando esta esbarra em escassez de recursos, limitações orçamentárias e de outra natureza"[116].

Aceitando a posição de que o direito à educação é um direito fundamental social prestacional (ou a prestações)[117], maior relevância dever ser creditada a um "custo" para que a garantia possa ser efetivada. Portanto, questões como a reserva do possível são largamente defendidas para justificar a ineficiência da aplicação dos recursos necessários ao bem fundamental garantido pelo constituinte. A "má administração" não pode contornar direitos consignados expressamente na Lei Fundamental nem restringir a dignidade da pessoa humana à mera disposição de sobrevivência caótica e irracional[118].

Em contrapartida, há campanhas de interesse público, como a "Campanha Nacional pelo Direito à Educação", que buscam quantificar o custo do direito à educação pública de qualidade, propondo equações (como chamam de CAQi – Custo Aluno-Qualidade

---

[116] SARLET, Ingo Wolfgang. Os direitos fundamentais sociais: algumas notas sobre seu conteúdo, eficácia e efetividade nos vinte anos da Constituição Federal de 1988. In: AGRA, Walber de Moura (Coord.). *Retrospectiva dos 20 anos da Constituição Federal*. São Paulo: Saraiva, 2009, p. 268.

[117] A distinção dos direitos fundamentais quanto às dimensões negativa e positiva é tema que requer maior espaço. Sendo assim, vamos apenas posicionar o direito à educação, pois tem como objeto prestações do Estado que visam "tarefas de melhoria, distribuição e redistribuição dos recursos existentes, bem como à criação de bens essenciais não disponíveis para todos os que deles necessitem" (SARLET, Ingo Wolfgang. *A eficácia dos direitos fundamentais*. 12. ed. Porto Alegre: Livraria do Advogado, 2015, p. 292).

[118] Em contrariedade ao direito fundamental à boa Administração, cujo defensor, Juarez Freitas, conceitua como o "direito fundamental à administração pública eficiente e eficaz, proporcional cumpridora de seus deveres, com transparência, sustentabilidade, motivação proporcional, imparcialidade e respeito à moralidade, à participação social e à plena responsabilidade por suas condutas omissivas e comissivas" (*Direito fundamental à boa administração pública*. 3. ed. São Paulo: Malheiros, 2014, p. 21).

Inicial) para ampliar não somente os gastos com educação, mas também buscar um controle eficiente e adequado da aplicação desses recursos[119].

As conquistas com a Constituição Federal de 1988, em especial os direitos fundamentais, não devem ser relegadas ao plano da discricionariedade estatal sob o argumento das "escolhas dramáticas" ou de construções dogmáticas datadas de 1748. Especificamente ao direito da educação, conforme bem aponta Ana Paula Barcellos:

> É possível afirmar que o Estado brasileiro está obrigado a, prioritariamente, oferecer educação fundamental a toda a população, sem qualquer custo para o estudante (CF, art. 208, I). Os recursos públicos disponíveis, portanto, devem ser investidos em políticas capazes de produzir esse resultado até que ele seja efetivamente atingido. Enquanto essa meta concreta não houver sido alcançada, outras políticas públicas não prioritárias do ponto de vista constitucional terão de aguardar[120].

Segundo um mapeamento sobre as decisões do STF quanto ao direito à educação a partir da promulgação da Constituição Federal vigente até o ano de 2011[121], a maioria tratava de vagas pleiteadas para crianças em creches e pré-escolas (36%) e, em segundo lugar, a inclusão de menor, vítima de violência sexual, em programa social (10%). O restante é dividido por diversas causas que não

---

119 Segundo a Campanha, o "custo aluno-qualidade até hoje nunca saiu do papel, nunca foi definido pelos governos, apesar de suas bases estarem previstas na Constituição Federal (1988), na LDB (Lei de Diretrizes e Bases da Educação Nacional, de 1996), na Lei do Fundef (Fundo de Manutenção e Desenvolvimento no Ensino Fundamental e de Valorização do Magistério), no Plano Nacional de Educação (de 2001) e na Lei do Fundeb (Fundo de Manutenção e Desenvolvimento da Educação Básica e de Valorização dos Profissionais de Educação)" (Vários colaboradores. *Educação pública de qualidade*: quanto custa esse direito? 2. ed. São Paulo: Campanha Nacional pelo Direito à Educação, 2011).
120 BARCELLOS, Ana Paula de. Neoconstitucionalismo, direitos fundamentais e controle das políticas públicas. *Revista Diálogo Jurídico*, Salvador, n. 15, jan.-mar. 2007.
121 Segundo ainda o levantamento, 157 demandas educacionais foram julgadas nesse período, cujo campeão de relatoria/julgamento monocrático foi o Min. Celso de Mello (18, 4%) (VIECELLI, Roberto Del Conte. A efetividade do direito à educação e a justiciabilidade das políticas públicas na jurisprudência do STF (1988-2011). *Revista de Direito Educacional*, v. 5, p. 211, jan. 2012).

ultrapassam 6%, entre elas, destaca-se a carência de professores (4%), transporte para estudantes da rede pública (3%), acessibilidade de deficientes e o direito à educação (1%) etc.

Ademais, não é possível creditar ao Poder Judiciário todas as respostas ou ações prestacionais ou, como ilustra José Maria Rosa Tesheiner, converter o princípio da inafastabilidade do Judiciário em "princípio da onipresença do Judiciário"[122]. Nesse sentido, Luís Roberto Barroso pondera por uma excessiva judicialização, visto que "[...] o juiz é um ator social que observa apenas os casos concretos, a microjustiça, ao invés da macrojustiça, cujo gerenciamento é mais afeto à Administração Pública"[123].

Mesmo com essas ponderações, Mauro Cappelletti tem razão quando aponta que a legislação com finalidade social é muito diferente daquela tradicional, limitada às funções de proteção e repressão, pois os direitos sociais pedem para sua execução "[...] a intervenção *ativa* do estado, frequentemente [sic] *prolongada no tempo* [...]. Exigem eles, ao contrário, permanente ação do estado, [...] enfim, promover a realização dos programas sociais"[124], cujas novas implicações impõem-se aos juízes. E o que eles podem fazer? De pleno acordo com o jurista italiano, controlar e exigir o cumprimento do dever do Estado de intervir na esfera social, cujos direitos já estão previstos textualmente na Constituição Federal e na legislação infraconstitucional, como se demonstrou.

Diante da atividade de impor a promoção de programas sociais, tem-se o papel das medidas estruturantes, expressão cunhada do

---

122 E complementa: "é de se perguntar até que ponto se justifica a intromissão do Judiciário na vida de associações, escolas, entidades esportivas e igrejas, para manter ou excluir associados, para aprovar ou reprovar alunos, para dizer quem é padre ou quem é bispo, para determinar quem pode ou não pode disputar a 'Copa Brasil' [...]" (TESHEINER, José Maria Rosa. *Elementos para uma teoria geral do processo*. São Paulo: Saraiva, 1993, p. 33).
123 BARROSO, Luís Roberto. Da falta de efetividade à judicialização excessiva: direito à saúde, fornecimento gratuito de medicamentos e parâmetros para a atuação judicial. In: MOREIRA, Eduardo Ribeiro; PUGLIESI, Marcio (Coord.). *20 anos da Constituição brasileira*. São Paulo: Saraiva, 2009, p. 186.
124 CAPPELLETTI, Mauro. *Juízes legisladores?*. Tradução de Carlos Alberto Alvaro de Oliveira. Porto Alegre: Fabris, 1993, p. 41.

poder de *adjutication*, cujo objetivo especial é dar maior concretude às decisões judiciais dentro das burocracias estatais ao enfrentá-las para eliminar qualquer obstáculo de não realizá-las[125].

A arbitrariedade por omissão pela Administração Pública, como vício da discricionariedade insuficiente, segundo Juarez Freitas, reflete não somente na falta de escolas públicas, mas também na ausência de controle de qualidade da educação oferecida, exemplificadas nos casos apontados neste trabalho[126]. Logo, inevitavelmente, seguirá o STF administrando a educação de qualidade, cuja competência originária deveria ser do Poder Público.

---

125 As medidas estruturantes são baseadas na doutrina de Owen Fiss, um dos grandes pensadores da teoria geral do processo civil nos Estados Unidos da América. Para saber mais: JOBIM, Marco Félix. *Medidas estruturantes*: da Suprema Corte estadunidense ao Supremo Tribunal Federal. Porto Alegre: Livraria do Advogado, 2013.

126 O autor exemplifica também caso comissivo quando a Administração Pública decida "começar uma escola em vez de dar prioridade a escolas inacabadas, provavelmente configurar-se-á arbitrariedade por excesso, com vício comissivo de descomedimento e antieconomicidade" (FREITAS, Juarez. *Direito fundamental à boa administração pública*. 3. ed. São Paulo: Malheiros, 2014, p. 27-28 e p. 85).

2

A crise da efetivação das políticas educacionais

As políticas públicas educacionais devem atender ao direito à educação mediante a garantia de cumprir com os deveres do Estado previstos na Constituição Federal e na legislação infraconstitucional, em particular, ao diploma que estabelece as diretrizes e bases da educação nacional, Lei n. 9.394/96. No entanto, a previsão textual está longe da realização fática pelos seus responsáveis.

2.1 A questão das políticas públicas

Julga-se que a questão das políticas públicas é um tema muito caro para o administrador, pois o seu objetivo maior é fazer cumpri-las conforme propõem a Constituição e a respectiva legislação. Mesmo assim, busca por meio da discricionariedade que dispõe, mesmo que cada vez mais restrita, atender a outros propósitos ou interesses que acha convenientes, como construir viadutos e não construir escolas, exemplifica Darcy Ribeiro[1].

2.1.1 Conceitos

Muito se refere às políticas públicas como uma expressão apaziguadora, ampla o suficiente para incluir todas as missões estatais reservadas pela Constituição Federal para combater desigualdades sociais ou servir de instrumento para implementar as condições

---

1   Segundo o autor, "todos nós vimos, nos últimos anos, o Brasil se reconstruir para o automóvel, que serve diretamente a apenas 6% da população. Apesar disso, vimos multiplicarem-se os trevos, as vias expressas, as pontes e os viadutos. Quem optou entre o viaduto e a escola? Aparentemente ninguém. O fato, porém, é que essa nação encontrou dinheiro para fazer os viadutos, todos que se quis fazer, e não o encontrou para fazer escolas" (RIBEIRO, Darcy. *Nossa escola é uma calamidade*. Rio de Janeiro: Salamandra, 1984, p. 24).

básicas dos administrados[2]. Já afirmara Thomas Dye, de modo *shakespeariano*, que as *public policy* eram "whatever the government chooses to do or not to do"[3].

Nem tão aberto assim, Ronald Dworkin, quando distingue princípios (*principles*) de políticas (*policies*), conceitua estas como "aquele tipo de padrão que estabelece um objetivo a ser alcançado, em geral uma melhoria em algum aspecto econômico, político ou social da comunidade"[4]. De outro modo, é possível identificar como políticas públicas as atividades ou meios que servirão para implementar os fins propostos pela Lei Maior em auxílio aos seus jurisdicionados[5].

De acordo com Maria Paula Dallari Bucci, políticas públicas podem ser definidas como "programas de ação governamental, em cuja formação há um elemento processual estruturante"[6]. O processo que se refere trata da "sucessão de etapas da 'vida institucional' de uma política pública, desde a inserção do problema na agenda política até a implementação da decisão, passando pela formulação de alternativas e a tomada da decisão, em si"[7].

---

[2] Segundo Felipe de Melo Fonte, "não é incomum que o termo políticas públicas seja usado na linguagem coloquial, designando ações estatais em sentido amplo e genérico, presente em campanhas eleitorais e em discursos políticos, o que dificulta ainda mais a tarefa de cunhar uma definição que possa servir de base para o estudo que segue" (*Políticas públicas e direitos fundamentais*. 2. ed. São Paulo: Saraiva, 2015, p. 34).

[3] DYE, Thomas. *Understanding Public Policy*. 12. ed. New Jersey: Prentice Hall, 2007, p. 5. [É um conceito vinculado às ciências políticas e criticado por ser demasiadamente amplo, porém incompleto.]

[4] DWORKIN, Ronald. *Levando os direitos a sério*. Tradução de Nelson Boeira. São Paulo: Martins Fontes, 2002, p. 36.

[5] De acordo com Ana Paula de Barcellos, "compete à Administração Pública efetivar os comandos gerais contidos na ordem jurídica e, para isso, cabe-lhe implementar ações e programas dos mais diferentes tipos, garantir a prestação de determinados serviços, etc. Esse conjunto de atividades pode ser identificado como 'políticas públicas'" (Neoconstitucionalismo, direitos fundamentais e controle das políticas públicas. *Revista Diálogo Jurídico*, Salvador, n. 15, p. 11, jan.--mar. 2007).

[6] BUCCI, Maria Paula Dallari. *Fundamentos para uma teoria jurídica das políticas públicas*. São Paulo: Saraiva, 2013, p. 109.

[7] Idem, ibidem.

Sem se distanciar da compreensão das políticas públicas como processo, Wilson Donizeti Liberati defende, segundo ele, "uma posição mista, considerando-as como um processo ou conjunto de processos que culmina na escolha racional e coletiva de prioridades, para a definição dos interesses públicos reconhecidos pelo Direito"[8]. Felipe de Melo Fonte, que fez uma pesquisa conceitual na doutrina brasileira e estrangeira sobre políticas públicas, concluindo pela incerteza da exata definição, arrisca-se a defini-las como "o conjunto de atos e fatos jurídicos que têm por finalidade a concretização de objetivos estatais pela Administração Pública"[9].

Tem-se que uma política somente será pública se as atividades ou meios propostos atenderem aos objetivos do nosso Estado. E quais seriam esses objetivos? De acordo com o art. 3º da Constituição Federal, constituem objetivos fundamentais do nosso país construir uma sociedade livre, justa e solidária; garantir o desenvolvimento nacional; erradicar a pobreza e a marginalização e reduzir as desigualdades sociais e regionais; e promover o bem de todos, sem preconceitos de origem, raça, sexo, cor, idade e quaisquer outras formas de discriminação[10].

Como se pode observar, todos os objetivos são ações ou atividades representadas por um verbo e uma meta a cumprir. Os programas que instrumentalizarão essas conquistas podem ser considerados

---

8   LIBERATI, Wilson Donizeti. *Políticas públicas no Estado constitucional*. São Paulo: Atlas, 2013, p. 85.

9   Ainda, de acordo com o autor, a política pública pode ser dividida em normas abstratas de direito, atos administrativos, habilitação orçamentária para o exercício do dispêndio público e os fatos administrativos propriamente ditos (FONTE, Felipe de Melo. *Políticas públicas e direitos fundamentais*. 2. ed. São Paulo: Saraiva, 2015, p. 57).

10 Segundo Leonel Pires Ohlweiler, "qualquer política pública, desta forma, deve estar vocacionada para fazer acontecer (*Ereignis*) os objetivos fundamentais da República Federativa do Brasil indicados no art. 3º da Constituição Federal, como já explicitado anteriormente. Tais indicações já se constituem por si em indicações de políticas públicas, sequer havendo liberdade de ação política para os Poderes Públicos desprezarem tais fundamentos" (Políticas públicas e controle jurisdicional: uma análise hermenêutica à luz do Estado Democrático de Direito. In: SARLET, Ingo Wolfgang; TIMM, Luciano Benetti (Org.). *Direitos fundamentais, orçamento e reserva do possível*. 2. ed. Porto Alegre: Livraria do Advogado, 2013, p. 296).

políticas públicas ou "mecanismos estatais de efetivação dos direitos fundamentais, mediante a satisfação espontânea dos bens da vida por eles protegidos"[11], pois o Estado, na posição de devedor do cumprimento dos objetivos fundamentais, as satisfaz mediante condutas positivas de seus agentes políticos revestidos de poder estatal.

As políticas públicas também são programas do Poder Público para Juarez Freitas, que as define como:

> Autênticos programas de Estado (mais do que de governo), que intentam, por meio de articulação eficiente e eficaz dos atores governamentais e sociais, cumprir as prioridades vinculantes da Carta, de ordem a assegurar, com hierarquizações fundamentadas, a efetividade do plexo de direitos fundamentais das gerações presentes e futuras[12].

Ainda sobre o art. 3º do texto constitucional, Lenio Luiz Streck o associa como núcleo essencial que se destina à realização de um Estado Social[13], de caráter intervencionista e que deve ser orientado por políticas públicas distributivas a fim de preencher um déficit histórico de promessas de modernidade tardia não cumpridas, ao que vem denominar nossa Constituição como "programático-dirigente-compromissária"[14].

Eduardo Appio, em outras palavras, mas compartilhando do mesmo sentimento em relação às finalidades das políticas públicas, como pretensão de planejamento social, as conceitua como:

---

11 CANELA JUNIOR, Osvaldo. *Controle judicial de políticas públicas*. São Paulo: Saraiva, 2011, p. 57-58.

12 FREITAS, Juarez. *Direito fundamental à boa administração pública*. 3. ed. São Paulo: Malheiros, 2014, p. 32.

13 Nesse sentido também, Elival da Silva Ramos quando afirma que "não permitem dúvida de que o sistema político democrático estruturado pela Constituição não é o de padrão liberal clássico, e sim o do *welfare state*: os objetivos fundamentais da República brasileira, assinalados no art. 3º [etc.]" (*Ativismo judicial*: parâmetros dogmáticos. 2. ed. São Paulo: Saraiva, 2015, p. 284).

14 Conclui o autor que a "Constituição dirigente-programática-compromissória é condição de possibilidade para a garantia do cumprimento dos direitos sociais fundamentais previstos no texto constitucional" (STRECK, Lenio Luiz. O papel da jurisdição constitucional na realização dos direitos sociais-fundamentais. In: SARLET, Ingo Wolfgang (Org.). *Direitos fundamentais sociais*: estudos de direito constitucional internacional e comparado. Rio de Janeiro: Renovar, 2003, p. 193, 198 e 200).

Instrumentos de execução de programas políticos baseados na intervenção estatal na sociedade com a finalidade de assegurar igualdade de oportunidades aos cidadãos, tendo por escopo assegurar as condições materiais de uma existência digna a todos os cidadãos[15].

Concluindo, quanto ao direito à educação, consideram-se as políticas públicas educacionais conjunto de programas sociais governamentais planejadas que visam à concretização do direito à educação, garantido no texto constitucional, como também direitos correlatos que proporcionam a qualidade digna da prestação de tal direito, tais como a segurança, a alimentação e o transporte escolar.

2.1.2 O Estado do Bem-Estar Social

Não há como dissociar as políticas públicas do *Welfare State* ou do Estado do Bem-Estar Social, marcado pelo discurso intervencionista e pela atividade positiva prestacional com intuito de realizar programas de ação governamental[16]. Mauro Cappelletti, quanto trata da legislação de *welfare*, reconhece que o Estado Social deve seguir uma técnica promocional que consiste em "prescrever programas de desenvolvimentos futuros, promovendo-lhes a execução gradual, ao invés de simplesmente escolher, como é típico da legislação clássica, entre 'certo' e 'errado', ou seja, entre o caso 'justo' e o 'injusto', *right and wrong*"[17].

---

15 APPIO, Eduardo. *Controle judicial das políticas públicas no Brasil*. Curitiba: Juruá, 2005, p. 136.

16 Defende Eduardo Appio que "as imposições constitucionais – as quais surgem com um modelo de bem-estar social – estão diretamente relacionadas com um modelo dirigente de Constituição, o qual emerge através da declaração de inúmeros deveres estatais gerais, bem como na outorga de direitos subjetivos públicos aos cidadãos" (*Controle judicial das políticas públicas no Brasil*. Curitiba: Juruá, 2005, p. 145-146).

17 O autor destaca ainda que, "tipicamente, os direitos sociais pedem para sua execução a intervenção *ativa* do estado, frequentemente *prolongada no tempo*. Diversamente dos direitos tradicionais, para cuja proteção requer-se apenas que o estado não permita a sua violação, os direitos sociais – como o direito à assistência médica e social, à habitação, ao trabalho – não podem ser simplesmente 'atribuídos' ao indivíduo. Exigem eles, ao contrário, permanente ação do estado" (CAPPELLETTI, Mauro. *Juízes legisladores?*. Tradução de Carlos Alberto Alvaro de Oliveira. Porto Alegre: Fabris, 1993, p. 40-41).

Para compreender o modelo de Estado Social, mesmo que brevemente, é necessário situar o momento anterior, o Estado Liberal e as características que marcaram essa transição. Esse período vem a ser formado pela constitucionalização das declarações de direitos no final do século XVIII[18]. Direitos à vida, à liberdade, à igualdade perante a lei (igualdade formal) e à propriedade passaram a constar nas Constituições a partir de desejos de revolução da burguesia, classe econômica que sofria com os mandos e desmandos da realeza e, respectiva, classe da nobreza.

A oposição à autoridade monárquica que imperava há séculos e que subjugava seus súditos como servos ou como escravos ganha força com a classe burguesa, representada, principalmente, por comerciantes, industriais, banqueiros e proprietários de terras. O liberalismo carrega, então, a bandeira da proteção da liberdade individual e da dos demais direitos que encontram no jusnaturalismo a fonte de inspiração.

Conforme já referido no início, tais direitos são reconhecidos doutrinariamente como "negativos" por exigirem a abstenção do Estado por parte dos poderes públicos, exceto pelo mínimo de garantia exigida na proteção dos direitos individuais do homem, denominados direitos fundamentais de primeira dimensão. Outra característica presente no Estado Liberal, influência da doutrina de Montesquieu como integrante desse período, é a Teoria da Separação dos Poderes como forma de dividir o poder estatal absolutista para fortalecer as liberdades individuais[19].

---

18 Segundo a lição de Ingo Wolfgang Sarlet, "a despeito do dissídio doutrinário sobre a paternidade dos direitos fundamentais, disputada entre a Declaração de Direitos do povo da Virgínia, de 1776, e a Declaração Francesa, de 1789, é a primeira que marca a transição dos direitos de liberdade legais ingleses para os direitos fundamentais constitucionais" (*A eficácia dos direitos fundamentais*. 12. ed. Porto Alegre: Livraria do Advogado, 2015, p. 43).

19 Nesse sentido, ensina a doutrina, quando afirma que "os pilares nos quais se apoiava o liberalismo eram a liberdade e a separação dos poderes que, como delineada por Montesquieu, era a técnica utilizada para a defesa dos indivíduos e seus direitos de liberdade. O seu objetivo era decompor o poder, mutilando-o em esferas distintas e independentes, enfraquecendo-o" (GOTTI, Alessandra. *Direitos sociais*. São Paulo: Saraiva, 2012, p. 34).

No entanto, o retrato desse panorama liberal não se sustentou por muito tempo ao repetir a tensão entre duas classes da sociedade, agora entre a burguesia e o proletariado, este último desassistido das conquistas que a primeira usufruía em relação ao período que vivia fora dos muros dos palácios e castelos. A igualdade formal não passava de uma alegoria para manter os trabalhadores com os pés nas fábricas em condições análogas às de escravidão, ou seja, aos interesses do poder incipiente capitalista burguês.

Assim, o Estado mínimo e não intervencionista, cercado por um discurso liberal de sentido único sem contemplar todos os grupos sociais, começou a ser confrontado por movimentos e conflitos operários até ser tomado por ideias revolucionárias de pensadores como Karl Marx. Traduzindo esse momento, Ingo Wolfgang Sarlet leciona:

> O impacto da industrialização e os graves problemas sociais e econômicos que a acompanharam, as doutrinas socialistas e a constatação de que a consagração formal de liberdade e igualdade não gerava a garantia do seu efetivo gozo acabaram, já no decorrer do século XIX, gerando amplos movimentos reivindicatórios e o reconhecimento progressivo de direitos, atribuindo ao Estado comportamento ativo na realização da justiça social[20].

Esse novo modelo, de um Estado do Bem-Estar Social, resultado de reivindicações sociais, traz em seu bojo os direitos considerados doutrinariamente como de segunda dimensão, entre eles, a saúde, a educação, os direitos trabalhistas, em geral, direitos que exigem prestações estatais para alcançar uma igualdade não só formal, mas substancial, ou seja, que seja realizada na prática. Essa fase dimensional de direitos encontrará guarida na Constituição do México (1917), na Declaração dos Direitos do Povo Trabalhador e Explorado na antiga União Soviética (1918), na Constituição de Weimar na Alemanha (1919) e na Espanha (1931).

Ocorre que o alcance desejado com esse novo elenco de direitos, assumindo o Estado um papel mais ativo para sociedade em geral,

---

20 SARLET, Ingo Wolfgang. *A eficácia dos direitos fundamentais*. 12. ed. Porto Alegre: Livraria do Advogado, 2015, p. 47.

tornou-se mais significativo somente a partir dos textos constitucionais pós-guerra de 1945. A reconstrução da Europa e os reflexos nos países que estavam envolvidos de forma direta ou indireta no conflito armado foram determinantes para que, de fato, fossem efetivadas políticas públicas para estruturar condições mínimas de civilidade.

No Brasil, de acordo com Paulo Bonavides[21], desde a Constituição brasileira de 1934, precocemente formulada sob o modelo do Estado Social e inspirada no constitucionalismo de Weimar, passando pela Constituição de 1946, ainda ressonante das concepções ideológicas sociais alemãs até a presente Lei Maior de 1988, segue a característica de dar preeminência ao social. Ao fim, pergunta-se: a Constituição Federal de 1988 é uma Constituição do Estado Social? Para o autor não há dúvidas de que sim, porém alerta:

> Com efeito, não é possível compreender o constitucionalismo do Estado social brasileiro contido na Carta de 1988 se fecharmos os olhos à teoria dos direitos sociais fundamentais, ao princípio da igualdade, aos institutos processuais que garantem aqueles direitos e aquela liberdade e ao papel que doravante assume na guarda da Constituição o Supremo Tribunal Federal[22].

O amplo leque de direitos fundamentais sociais previstos não só no art. 6º, mas também os objetivos fundamentais expressados no art. 3º, entre outras percepções constitucionais, são suficientes em caracterizar a Constituição em vigor num diploma representante do modelo do Estado do Bem-Estar Social, exigente de políticas públicas para concretizar as garantias conquistadas por gerações anteriores.

Assim, em razão da sua importância, as políticas públicas devem ser fiscalizadas tanto na sua ação como na omissão, e o Poder Judiciário tem sido o guardião da sua concretude, tarefa que lhe foi reservada pelo constituinte. Certo de que são, afirma Eduardo Appio que as "sentenças judiciais produzidas contra a omissão do Poder Público no atendimento das demandas sociais – em áreas como

---

21 BONAVIDES, Paulo. *Curso de direito constitucional*. 15. ed. São Paulo: Malheiros, 2004, p. 368-371.
22 Idem, p. 373.

educação e saúde pública – representam um importante avanço na recuperação de um espaço político moldado pela cidadania"[23].

Desse modo, o Estado do Bem-Estar Social por si só não elimina as discriminações, as omissões, os desvios, nem mesmo as dificuldades que o próprio sistema impõe. Apenas contemplar garantias e direitos seria promessa de que não precisariam ser cumpridas; não passaria de poesia jurídica-social para contemplar os sonhos daqueles que realmente precisam do mínimo para fazer cumprir sua dignidade humana.

2.1.3 A omissão estatal e o controle judicial

Conforme visto anteriormente, a Constituição Federal de 1988 acolheu o modelo do *Welfare State* e o compromisso de realizar seus objetivos fundamentais[24]. Segundo Ada Pelligrini Grinover, para alcançar esses objetivos previstos no art. 3º da CRFB e mais o princípio da prevalência dos direitos humanos (art. 4º, II, CRFB), o "Estado tem que se organizar no *facere* e *praestare*, incidindo sobre a realidade social. É aí que o Estado Social de direito transforma-se em Estado democrático de direito"[25].

---

23 APPIO, Eduardo. *Controle judicial das políticas públicas no Brasil*. Curitiba: Juruá, 2005, p. 69.

24 Fábio Konder Comparato reforça essa posição ao afirmar que "os objetivos indicados no art. 3º orientam todo o funcionamento do Estado e a organização da sociedade. Já a busca do pleno emprego é uma finalidade especial da ordem econômica (art. 170, VIII, CF/1988). No que diz respeito à política nacional de educação, que deve ser objeto de um plano plurianual, os seus objetivos específicos estão expostos no art. 214 da CF/1988, e a eles deve ser acrescida a progressiva extensão dos princípios da obrigatoriedade e da gratuidade do ensino médio (art. 208, II, CF/1988). As finalidades próprias da atividade de assistência social, por sua vez, vêm declaradas no art. 203 da CF/1988. Escusa lembrar que tais objetivos são juridicamente vinculantes para todos os órgãos do Estado e também para todos os detentores de poder econômico ou social, fora do Estado. A juridicidade das normas que simplesmente declararam tais fins (as *Zielnormen* dos alemães), ou que impõem a realização de determinado programa de atividades – as normas propriamente programáticas –, já não pode ser posta em dúvida nesta altura da evolução jurídica" (Ensaio sobre o juízo de constitucionalidade de políticas públicas. *Revista Doutrinas Essenciais de Direito Constitucional*, v. 5, p. 149-166, maio 2011).

25 Complementa a autora que, "nesse quadro, o Estado existe para atender ao bem comum e, consequentemente, satisfazer direitos fundamentais e, em última aná-

No entanto, como se sabe, os direitos sociais foram subentendidos, inicialmente, como mera programação à espera de uma legislação específica para dar efetividade no plano concreto, apesar de o comando do § 1º do art. 5º da Constituição apontar para direção diversa, ou seja, para aplicação imediata[26]. Nesse sentido, provoca Andreas J. Krell ao questionar se o Poder Judiciário estaria preparado para exercer um papel mais expressivo no controle das políticas públicas em razão das promessas sociais do texto constitucional, pois:

> A Constituição do Brasil sempre esteve numa relação de tensão para com a realidade vital da maioria dos brasileiros e contribuiu muito pouco para o melhoramento da sua qualidade de vida; o texto legal supremo, para muita gente, representa apenas uma "categoria referencial bem distante". Encontram-se em contradição flagrante a pretensão normativa dos Direitos Fundamentais sociais e o evidente fracasso do Estado brasileiro como provedor dos serviços essenciais para a vasta maioria da sua população[27].

No entanto, há uma questão anterior e que continua sendo deflagrada, qual seja se o Poder Judiciário pode controlar as políticas públicas. De acordo com o que vem sendo delineado neste trabalho,

---

lise, garantir a igualdade material entre os componentes do corpo social. Surge a segunda geração de direitos fundamentais – a dos direitos econômico-sociais –, complementar à dos direitos de liberdade. Agora, ao dever de abstenção do Estado substitui-se seu dever a um *dare, facere, praestare*, por intermédio de uma atuação positiva, que realmente permita a fruição dos direitos de liberdade da primeira geração, assim como dos novos direitos" (GRINOVER, Ada Pellegrini. O controle de políticas públicas pelo Poder Judiciário. *Revista de Direito Bancário e do Mercado de Capitais*, v. 42, p. 11, out. 2008).

26 Nesse sentido, afirma Ingo Sarlet que "os direitos sociais, na condição de direitos a prestações (o que se aplica aos direitos fundamentais de modo geral, naquilo em que está em causa a sua dimensão positiva), por força do disposto no art. 5º, § 1º, da CF/1988 (LGL/1988/3), vale a premissa de que não é possível reduzir as normas que os consagram a normas programáticas, de eficácia diferida, dependentes sempre e integralmente da atuação complementar do legislador infraconstitucional" (Eficácia e efetividade de direitos fundamentais, controle judicial de políticas públicas e separação de poderes. *Revista dos Tribunais*. v. 921, p. 471-492, jul. 2012).

27 KRELL, Andreas J. Controle judicial dos serviços básicos na base dos direitos fundamentais sociais. In: SARLET, Ingo Wolfgang (Org.). *A Constituição concretizada*: construindo pontes com o público e o privado. Porto Alegre: Livraria do Advogado, 2000, p. 26.

a tendência é não só consolidar o acesso ao controle judicial das políticas públicas, como também avançar em temas em que reinava a discricionariedade administrativa. Ocorre que essa evolução tem enfrentado os principais devedores das políticas públicas e que buscam artifícios para esvaziar esse controle pelos juízes, porque, "ao atuar em sede de controle de políticas públicas, o Poder Judiciário assume a função política de controle dos atos do Poder Legislativo e Executivo em face da Constituição Federal de 1988"[28], ou seja, estes não querem sofrer intervenção, justamente, nas suas funções típicas.

Conforme Lenio Luiz Streck, se há discussão acerca do papel que cumpre o Poder Judiciário na realização de direitos sociais fundamentais, é porque se deve admitir, primeiro, que a Constituição brasileira é ineficaz, e que, segundo, havendo inatividade dos Poderes Públicos "na realização/implementação de políticas públicas aptas à efetivação dos direitos sociais fundamentais assegurados pela Lei Maior, é possível (e necessária) a intervenção da justiça constitucional"[29]. Em razão disso, o *Welfare State* não teria passado de um simulacro para Constituição vigente, que não se concretizou no Brasil pela omissão da Administração Pública como prestadora de serviços.

Reforçando essa ideia de competência da Administração Pública em garantir e promover os direitos fundamentais, serve de premissa serem indispensáveis as políticas públicas para que o Estado possa, "de forma sistemática e abrangente, realizar os fins previstos na Constituição (e muitas vezes detalhados pelo legislador), sobretudo no que diz respeito aos direitos fundamentais cuja fruição direta depende de ações"[30]. Sendo assim, a ineficiência das políticas públicas

---

28 APPIO, Eduardo. *Controle judicial das políticas públicas no Brasil*. Curitiba: Juruá, 2005, p. 66.
29 STRECK, Lenio Luiz. O papel da jurisdição constitucional na realização dos direitos sociais-fundamentais. In: SARLET, Ingo Wolfgang (Org.). *Direitos fundamentais sociais*: estudos de direito constitucional internacional e comparado. Rio de Janeiro: Renovar, 2003, p. 170.
30 BARCELLOS, Ana Paula de. Constitucionalização das políticas públicas em matéria de direitos fundamentais: o controle político-social e o controle jurídico no espaço democrático. In: SARLET, Ingo Wolfgang; TIMM, Luciano Benetti (Org.). *Direitos fundamentais, orçamento e reserva do possível*. 2. ed. Porto Alegre: Livraria do Advogado, 2013, p. 106.

compromete a concretização da dignidade da pessoa humana na sua totalidade.

Não é diferente afirmar que na CRFB de 1988 o Estado assumiu o protagonismo de desenvolver as ações públicas a fim de resgatar "promessas não cumpridas da modernidade, como o combate à exclusão social, à redução das desigualdades regionais e sociais, à promoção do bem comum etc."[31]. Assim, "sem a implementação das políticas públicas, o Estado Social não existe, pois sua razão de ser está voltada para a concretude dos direitos das pessoas na comunidade onde vivem"[32].

Apoia-se, ainda, o déficit dos direitos fundamentais no histórico constitucional brasileiro, cujas "constituições eram pródigas na consagração de direitos, mas estes dependiam quase exclusivamente da boa vontade dos governantes de plantão para saírem do papel – o que normalmente não ocorria"[33]. De fato, a Constituição de 1988 rompe com os padrões estabelecidos pelos textos anteriores não só em razão do extenso rol de direitos fundamentais e da efetividade imediata dos direitos sociais[34], mas também o Poder

---

31 OHLWEILER, Leonel Pires. Políticas públicas e controle jurisdicional: uma análise hermenêutica à luz do Estado Democrático de Direito. In: SARLET, Ingo Wolfgang. TIMM, Luciano Benetti (Org.). *Direitos fundamentais, orçamento e reserva do possível.* 2. ed. Porto Alegre: Livraria do Advogado, 2013, p. 293.
32 LIBERATI, Wilson Donizeti. *Políticas públicas no Estado constitucional.* São Paulo: Atlas, 2013, p. 83.
33 Conclui Daniel Sarmento que "a nossa cultura jurídica hegemônica não tratava a Constituição como norma, mas como pouco mais do que um repositório de promessas grandiloquentes, cuja efetivação dependeria quase sempre da boa vontade do legislador e dos governantes de plantão" (O neoconstitucionalismo no Brasil: riscos e possibilidades. In: LEITE, George Salomão; SARLET, Ingo Wolfgang (Org.). *Direitos fundamentais e Estado constitucional:* estudos em homenagem a J.J. Gomes Canotilho. São Paulo: RT, 2014, p. 9-49).
34 Em outras palavras, "na nossa experiência constitucional antes restrita a Constituições garantistas que tutelavam as liberdades formais como repositórios de promessas vagas o fenômeno ocorre com a promulgação de uma Constituição dirigente voltada à promoção social e pela crescente preocupação doutrinária com a aplicabilidade direta e imediata de seus preceitos. Interrompe-se, portanto, o ciclo inicial de baixa normatividade das disposições que veiculavam os direitos fundamentais, em especial, das normas que declaravam os direitos sociais, antes remetidas à esfera programática de meras linhas diretoras aos poderes públicos e, tidas como dotadas de eficácia limitada" (MOURA, Emerson

Judiciário ganhou novas atribuições, entre elas, "incumbe proceder ao controle das políticas públicas, com o exame de sua implementação, adequação ou correção, na conformidade dos mandamentos constitucionais"[35].

Diante dessas constatações de ordem prática, doutrinária e constitucional, em caso de omissão no exercício do seu papel capitulado na Lei Maior, a Administração Pública deve ser intimada pelo Poder Judiciário a cumprir com as devidas políticas públicas deixadas de lado em razão da discricionariedade que lhe convém. Os ministros do STF têm se posicionado no sentido de que:

> O Estado Democrático de Direito republicano impõe à Administração Pública que exerça sua discricionariedade entrincheirada não apenas pela sua avaliação unilateral a respeito da conveniência e oportunidade de um ato, mas, sobretudo, pelos direitos fundamentais e demais normas constitucionais em um ambiente de perene diálogo com a sociedade[36].

Neste contexto, Juarez Freitas exemplifica ao justificar que:

> Na agenda das políticas públicas, verifica-se, pois, uma limitada liberdade conformadora, já que não pode ser considerado indiferente, por exemplo, decidir entre uma intervenção urbana voltada para o transporte individual ou para o transporte coletivo: brota da Constituição a prioridade insofismável do transporte coletivo[37].

A discricionariedade não pode ser um escudo da Administração Pública para reclamações dos seus próprios administrados, quando na verdade ela só existe justamente para satisfazer as necessidades do coletivo. Constata-se que, nos dias atuais, a legalidade está

Affonso da Costa. Do controle jurídico ao controle social das políticas públicas: parâmetros à efetividade dos direitos sociais. *Revista de Direito Constitucional e Internacional*, v. 77, p. 131-182, out.-dez. 2011).

35 WATANABE, Kazuo. Controle jurisdicional das políticas públicas: mínimo existencial e demais direitos fundamentais imediatamente judicializáveis. *Doutrinas Essenciais de Direitos Humanos*, v. 1, p. 577-590, ago. 2011.

36 STF, RE 837311/PI, Repercussão geral, Rel. Min. Luiz Fux, DJe-072, 18-4-2016.

37 FREITAS, Juarez. O controle das políticas públicas e as prioridades constitucionais vinculantes. *Constituição, Economia e Desenvolvimento: Revista da Academia Brasileira de Direito Constitucional*, Curitiba, v. 5, n. 8, p. 8-26, jan.-jun. 2013.

consolidada em bases mais extensas e que, de acordo com Odete Medauar, por conseguinte, observa-se que "há respaldo constitucional para um controle jurisdicional mais amplo sobre a atividade da Administração, como coroamento de uma evolução já verificada na doutrina e na jurisprudência antes de outubro de 1988"[38].

Mesmo que os motivos que destinam a execução dos atos administrativos[39] sejam alcançados pelo controle jurisdicional, que podem (e devem) avaliar e averiguar os fatos que levaram à tomada das decisões do Poder Público seja para destinar (e, portanto, agir), seja para trancar (e, assim, omitir-se) as políticas públicas. No caso de omissão estatal, o STF, ao decidir sobre a implantação das defensorias públicas no Estado do Paraná, cujo Executivo deixou de fazê-lo, concluiu que:

> É lícito ao Poder Judiciário, em face do princípio da supremacia da Constituição, adotar, em sede jurisdicional, medidas destinadas a tornar efetiva a implementação de políticas públicas, se e quando se registrar situação configuradora de inescusável omissão estatal, que se qualifica como comportamento revestido da maior gravidade político-jurídica, eis que, mediante inércia, o Poder Público também desrespeita a Constituição, também ofende direitos que nela se fundam e também impede, por ausência (ou insuficiência) de medidas concretizadoras, a própria aplicabilidade dos postulados e princípios da Lei Fundamental. Precedentes[40].

---

38 A autora ainda complementa que "o texto de 1988 está impregnado de um espírito geral de priorização dos direitos e garantias ante o poder público. Uma das decorrências desse espírito vislumbra-se na indicação de mais parâmetros da atuação, mesmo discricionária, da Administração, tais como princípio da moralidade e o princípio da impessoalidade" (MEDAUAR, Odete. *Direito administrativo moderno*. 9. ed. São Paulo: RT, 2005, p. 464).

39 Oportuno trazer o conceito completo dos atos administrativos de Juarez Freitas como "aqueles atos jurídicos expedidos por agentes públicos no exercício das atividades de administração, cuja regência, até mesmo quando envolvem, de maneira reflexa, atividades de exploração econômica, desvela-se sempre orientada por normas, princípios e valores de ordem pública, pois qualquer atuação estatal somente se legitima em face da subordinação aos relevantes fins concorrentes para o interesse público, à mercê dos quais se estrutura toda a rede dos conceitos administrativos, primordialmente o de relação jurídico-administrativa" (*O controle dos atos administrativos e os princípios fundamentais*. São Paulo: Malheiros, 1997, p. 24).

40 STF, AI 598212 ED/PR, Rel. Min. Celso de Mello, DJe-077, 24-4-2014.

Assim, caso os direitos fundamentais sociais não sejam atendidos pelo Poder Público, ao executar de forma deficiente ou mesmo não entregando o conteúdo assegurado pela Lei Maior, caberá uma solução também amparada constitucionalmente que é o acesso à justiça (art. 5º, XXXV). Todas são hipóteses legitimadoras de intervenção jurisdicional. Novamente, o STF, em decisão bastante festejada e reconhecida como exemplar e didática, reconheceu a omissão do município de São Paulo em assegurar acesso à creche e educação pré-escolar para crianças até cinco anos, mesmo que esteja expresso na CRFB (arts. 208, IV, e 211, § 2º). Destaca-se parte da ementa:

> Descumprimento de políticas públicas definidas em sede constitucional: hipótese legitimadora de intervenção jurisdicional. O Poder Público – quando se abstém de cumprir, total ou parcialmente, o dever de implementar políticas públicas definidas no próprio texto constitucional – transgride, com esse comportamento negativo, a própria integridade da Lei Fundamental, estimulando, no âmbito do Estado, o preocupante fenômeno da erosão da consciência constitucional. Precedentes: ADI 1.484/DF, Rel. Min. Celso de Mello, v.g. A inércia estatal em adimplir as imposições constitucionais traduz inaceitável gesto de desprezo pela autoridade da Constituição e configura, por isso mesmo, comportamento que deve ser evitado. É que nada se revela mais nocivo, perigoso e ilegítimo do que elaborar uma Constituição, sem a vontade de fazê-la cumprir integralmente, ou, então, de apenas executá-la com o propósito subalterno de torná-la aplicável somente nos pontos que se mostrarem ajustados à conveniência e aos desígnios dos governantes, em detrimento dos interesses maiores dos cidadãos. A intervenção do Poder Judiciário, em tema de implementação de políticas governamentais previstas e determinadas no texto constitucional, notadamente na área da educação infantil (*RTJ* 199/1219-1220), objetiva neutralizar os efeitos lesivos e perversos, que, provocados pela omissão estatal, nada mais traduzem senão inaceitável insulto a direitos básicos que a própria Constituição da República assegura à generalidade das pessoas. Precedentes[41].

O papel do Poder Judiciário tornou-lhe salvaguarda da Constituição: socorrer e resgatar o que foi negado ou oferecido de

---

41 STF, ARE 639337 AgR/SP, Rel. Min. Celso de Mello, *DJe*-177, 15-9-2011. Nesse sentido também: STF, RE 410715 AgR/SP, Rel. Min. Celso de Mello, *DJ* 3-2-2006, p. 76.

forma precária pelo Poder Público (Legislativo e Executivo) quando este tinha a responsabilidade de realizar os programas constitucionais. Ocorre que não é tão simples como parece, pois bem destaca a doutrina que "há uma notória resistência ao fortalecimento do Judiciário, buscando sobrepor concepções já ultrapassadas à efetividade da Constituição cidadã"[42].

Certamente, são resquícios de um Estado Liberal que enxergava a atribuição do Judiciário como "mero acertamento das relações jurídicas e submissão a uma estrutura recursal, desaguando as decisões em tribunais centralizadores, confundindo-se atividade jurisdicional como mera ou tão somente atividade declarativa – *o juiz é a boca da lei*", afirma Elaine Harzheim Macedo[43]. Esse perfil passivo diante dos demais que integram a tríade dos Poderes condiz com a época que lhe pertence, de um Estado mínimo, em que a autonomia da vontade era legitimada pelo individualismo contemplado pelas constituições.

Ocorre que o Estado contemporâneo não está livre de entregar o que foi prometido nas cartas constitucionais, ao contrário, a sua existência depende do sucesso na execução das políticas públicas. E elas, "enquanto instrumentos estatais voltados à concretização das metas sociais estabelecidas objetivamente pelos direitos fundamentais, podem ser infirmadas judicialmente quando seus fins dissentirem daqueles insculpidos na Constituição"[44].

Por fim, pondera Eduardo Appio que o Judiciário não pode se tornar um "superpoder", pois, quando o juiz prolata uma decisão em sede de ação civil pública na tutela de interesses difusos em favor de toda a população, ele invade a competência privativa do Legislativo em razão de redestinar recursos públicos previstos em orçamento para atender a determinada demanda. Assim, o Judiciário estaria

---

42 Essa é a reflexão de Daniel Silva Passos quando invoca que "o problema da legitimidade do Judiciário na garantia da efetividade constitucional, portanto, circunda o tema das omissões constitucionais, destacadamente quanto aos direitos fundamentais sociais e demais normas de eficácia limitada" (*Intervenção judicial nas políticas públicas*. São Paulo: Saraiva, 2014, p. 66).
43 MACEDO, Elaine Harzheim. *Jurisdição e processo*. Porto Alegre: Livraria do Advogado, 2005, p. 114.
44 PASSOS, Daniel Silva. *Intervenção judicial nas políticas públicas*. São Paulo: Saraiva, 2014, p. 69.

concentrando em suas mãos não somente a função judicial, mas também as funções legislativas e executivas[45]. Compartilha dessa posição José Maria Rosa Tesheiner[46]. O tratamento mais profundo desse assunto segue no próximo tópico.

2.2 A reserva do possível e as escolhas trágicas

Até aqui se demonstrou que as políticas públicas são indispensáveis para a execução prática do catálogo de direitos fundamentais qualquer que seja a sua destinação. A ação estatal precisa de recursos para efetivá-los, nem que seja um mínimo, inclusive os direitos postulados como "negativos" e também aqueles classificados como de primeira e terceira dimensão. Cass Sunstein e Stephen Holmes são, especialmente, lembrados por essa posição paradigmática[47]. Portanto, não são apenas os direitos sociais que exigem dispêndio orçamentário, mas todos podem implicar algum custo[48].

---

45 APPIO, Eduardo. *Controle judicial das políticas públicas no Brasil*. Curitiba: Juruá, 2005, p.155.

46 De acordo com Tesheiner, "não é isenta de riscos essa nova doutrina, que permite a substituição da discrição do administrador, com visão holística das possibilidades e necessidades da Administração, pela do juiz, preocupado exclusivamente com a situação retratada nos autos. Parece certo, por outro lado, que sempre restará uma área em que o juiz não deverá adentrar, como, por exemplo, a determinação do local da escola cuja construção haja sido judicialmente determinada. Mas até isso pode ocorrer, podendo-se, pois, dizer que, hoje, o administrador só atua livremente no espaço não contestado pelo Judiciário" (*Jurisdição*: estudos de direitos individuais e coletivos. Organização de Marco Félix Jobim, Lessandra Bertolazi Gauer e Marcelo Hugo da Rocha. Porto Alegre: Lex Magister, 2016, p. 197).

47 Os autores são contundentes ao afirmar que "All rights are claims to an affirmative governmental response. All rights, descriptive speaking, amount to entitlements defined and safeguarded by law. [...] All rights are costly because all rights presuppose taxpayer funding of effective supervisory machinery for monitoring and enforcement" (HOLMES, Stephen; SUNSTEIN, Cass R. *The cost of rights*: why liberty depends on taxes. New York-London: W.W. Norton & Company, 1999, p. 44).

48 Recorda-se nesse ponto a posição de Ingo Sarlet ao defender que não só os direitos sociais são direitos fundamentais prestacionais, como há outros que também o são, portanto são os direitos sociais prestacionais espécie do gênero direitos a prestações. Todos os direitos fundamentais possuem uma dimensão positiva. Ademais, não exclui direitos sociais de cunho negativo (direitos de defesa), apesar de a maioria ter dimensão positiva (direitos a prestações). Vide: SARLET, Ingo Wolfgang. *A eficácia dos direitos fundamentais*. 12. ed. Porto Alegre: Livraria do Advogado, 2015, p. 291 e 293.

Se os custos da máquina estatal podem ser infinitos, as receitas não o são. Assim, todo orçamento tem uma capacidade limitada de prever as receitas e de estimar as despesas e para tanto requer um planejamento antecipado com rubricas preestabelecidas e comprometidas para atender o exercício financeiro seguinte[49]. Esse planejamento define as prioridades a serem alcançadas pelo Estado, segundo Luís Felipe Valerim Pinheiro, e elabora "os caminhos a serem percorridos para concretizá-las, por meio de um diagnóstico do presente e da edição de normas prospectivas, que procuram determinar o futuro tanto no aspecto econômico quanto no social"[50].

De fato, esse planejamento não cabe *a priori* ao Poder Judiciário e muito menos *a posteori* nas decisões dos juízes quando interferem nas políticas públicas ao condenar a esfera administrativa, por exemplo, a custear a construção de escolas, a implementação de transporte escolar, a compra de merenda ou a contratar professores em número suficiente a atender a demanda[51]. Essa crítica tem lastro no que veio a se denominar como "reserva do possível"[52].

---

49 As leis orçamentárias são consideradas instrumentos de planejamento estatal previstas na Constituição Federal (art. 165) e são representadas pelo Plano Plurianual – PPA (§ 1º), Lei de Diretrizes Orçamentárias – LDO (§ 2º) e Lei Orçamentária Anual – LOA (§ 2º). Há outros instrumentos de planejamento, como o Plano Nacional de Educação (art. 214), previstos no texto constitucional. Atente-se que é do Poder Executivo a iniciativa legislativa da proposta orçamentária (art. 84, XXIII), cuja aprovação caberá ao Poder Legislativo (art. 166).

50 PINHEIRO, Luís Felipe Valerim. *Políticas públicas nas leis orçamentárias*. São Paulo: Saraiva, 2015, p. 48.

51 Assim leciona Luciano Benetti Timm quando afirma que "as políticas públicas devem ser conduzidas em regra pelo Poder Executivo, tendo em conta o lastro tributário instituído pela via fiscal. [...] Sem falar que é o modo mais democrático, pois as escolhas de emprego dos recursos escassos obtido dos agentes privados será alocado para aquelas necessidades sociais prioritárias, não aos olhos de uma pessoa (juiz, promotor, governante) [...]. Ademais, o Poder Judiciário porque preso a um processo judicial (e de seus princípios como a demanda, o contraditório, a ampla defesa) não pode fazer planejamento, que deve ser a base das políticas públicas" (Qual a maneira mais eficiente de prover direitos fundamentais: uma perspectiva de direito e economia? In: _____; SARLET, Ingo Wolfgang. *Direitos fundamentais*: orçamento e "reserva do possível". 2. ed. Porto Alegre: Livraria do Advogado, 2013, p. 59).

52 "Em suma, a reserva do possível se caracteriza pelo seguinte: ao Judiciário não é dado, em lides que são postas à sua apreciação, impor ao Estado o cumpri-

É possível traduzir essa expressão ao que os economistas denominam de "limite do orçamento" e que segundo Fernando Facury Scaff o significado é o mesmo, pois "todo orçamento possui um limite que deve ser utilizado de acordo com exigências de harmonização econômica geral"[53]. Realmente, o orçamento é o grande empecilho para que os direitos sociais, em especial, sejam promovidos a todos e a contento[54]. Importa destacar a oportuna visão metafórica de Clèmerson Merlin Clève a respeito:

> A metáfora do cobertor curto é adequada para a compreensão de qualquer orçamento, mas é mais adequada ainda para a compreensão dos limites do orçamento público brasileiro. Trata-se de um cobertor insuficiente para cobrir, ao mesmo tempo, todas as partes do corpo. Se cobre os pés, deixa as mãos sob o efeito do clima. Mas se cobre as mãos, não consegue dar conta dos pés. Ou seja, é preciso levar em conta que a soma das riquezas produzidas, entre nós, durante um ano (PIB) não é superior a seiscentos bilhões de dólares ou a um trilhão e

---

mento de prestações positivas que exijam o manejo de recursos públicos, uma vez que tais recursos são limitados e, portanto, incapazes de atender a todos. Assim, incumbe ao legislador a conformação do modo e condições em que serão aplicados tais recursos, regulamentando as normas constitucionais que preveem os direitos às prestações materiais no sentido das políticas públicas que fixa para o melhor atendimento possível da sociedade como um todo. Neste sentido, sempre seria inadmissível a interferência do Poder Judiciário" (REIS JR., Ari Timóteo dos. A teoria da reserva do possível e o reconhecimento pelo Estado de prestações positivas. *Revista Tributária e de Finanças Públicas*, v. 86, p. 9, maio 2009).

53 SCAFF, Fernando Facury. Sentenças aditivas, direitos sociais e reserva do possível. In: SARLET, Ingo Wolfgang; TIMM, Luciano Benetti. *Direitos fundamentais*: orçamento e "reserva do possível". 2. ed. Porto Alegre: Livraria do Advogado, 2013, p. 151.

54 Em outras palavras: "O que se tem verificado, um pouco por todo o lado, é o descompasso entre as promessas constitucionais de direitos sociais e as possibilidades de sua concretização pelo Poder Público, dada a falta de recursos do Estado para atender a tantos direitos enunciados na Constituição e nas leis. Ou seja, ao tempo em que os orçamentos públicos apresentam recursos escassos, grandes são, por outro lado, as demandas sociais que pelos Estados, com Constituições de cunho marcadamente social, devem ser atendidas" (OLIVEIRA, Rafael Arruda. O constrangimento orçamental e a vontade da Constituição a realização de políticas públicas na área da saúde. *Revista dos Tribunais*, v. 908, p. 23-109, jun. 2011).

meio de reais. A economia brasileira é, efetivamente, considerável. Todavia, quando dividido o produto interno bruto pela população, concluímos que a renda *per capita* brasileira é pequena (pouco mais de três mil dólares ano). Por isso os recursos públicos devem ser muito bem manejados[55].

A teoria da reserva do possível, de acordo com Fabiana Okchstein Kelbert, está expressamente prevista na Lei Fundamental alemã, e no Brasil não existe correspondência constitucional[56]. Mesmo assim, apesar da sua ausência expressa, reconhecem-se sua aplicação e os desdobramentos que implicam a restrição à concretização dos direitos fundamentais, especialmente, os direitos sociais que exigem prestações. Em outras palavras, quando estivermos diante da teoria da reserva do possível, certamente as prioridades ("escolhas trágicas") ou limites orçamentários estarão em questão.

A expressão "escolhas trágicas" tem origem no direito estadunidense a partir da obra *Tragic Choices* de Guido Calabresi e Philip Bobbit, publicada em 1978, e, como o seu próprio subtítulo entrega, trata sobre "The conflicts society confronts in the allocation of tragically scarce resources"[57]. Encontra-se no noticiário, geralmente, outra expressão utilizada pelos governantes para dizer a mesma

---

55 CLÈVE, Clèmerson Merlin. A eficácia dos direitos fundamentais sociais. *Revista de Direito Constitucional e Internacional*, v. 54, p. 28, jan. 2006.

56 Traduzido o art. 109, § 2º, da LF alemã pela autora ("A Federação e os Estados devem tomar em consideração no seu regime orçamentário as exigências do equilíbrio da economia no seu conjunto"), tem razão quando afirma que "é duvidoso que se possa compreender a reserva do possível, no caso do direito constitucional brasileiro, nos mesmos termos em que foi desenvolvida na doutrina e jurisprudência alemãs". No entanto, mesmo assim, conclui que "ela existe como um limite fático e jurídico à plena realização dos direitos fundamentais, especialmente os direitos sociais" (KELBERT, Fabiana Okchstein, *Reserva do possível e a efetividade dos direitos sociais no direito brasileiro*. Porto Alegre: Livraria do Advogado, 2011, p. 74 e 78).

57 Os autores advogam, em geral, a tese de que a moralidade e a eficácia são papéis que o Poder Público deve assumir e desenvolver aos diferentes tipos de dispositivos para tomar a melhor decisão sobre a destinação dos recursos escassos. A igualdade e honestidade, também consideradas como valores, podem ter importante papel na tomada das decisões trágicas (CALABRESI, Guido; BOBBIT, Phi-

coisa: "escolha de Sofia"[58]. Sobre o tema, o STF tem adotado a posição de que:

> A CONTROVÉRSIA PERTINENTE À "RESERVA DO POSSÍVEL" E A INTANGIBILIDADE DO MÍNIMO EXISTENCIAL: A QUESTÃO DAS "ESCOLHAS TRÁGICAS". A destinação de recursos públicos, sempre tão dramaticamente escassos, faz instaurar situações de conflito, quer com a execução de políticas públicas definidas no texto constitucional, quer, também, com a própria implementação de direitos sociais assegurados pela Constituição da República, daí resultando contextos de antagonismo que impõem, ao Estado, o encargo de superá-los mediante opções por determinados valores, em detrimento de outros igualmente relevantes, compelindo, o Poder Público, em face dessa relação dilemática, causada pela insuficiência de disponibilidade financeira e orçamentária, a proceder a verdadeiras "escolhas trágicas", em decisão governamental cujo parâmetro, fundado na dignidade da pessoa humana, deverá ter em perspectiva a intangibilidade do mínimo existencial, em ordem a conferir real efetividade às normas programáticas positivadas na própria Lei Fundamental[59].

Assevera Ingo Wolfgang Sarlet que a reserva do possível não faz parte do núcleo nem dos limites imanentes dos direitos fundamentais, pois, em verdade, assume um papel limitador jurídico e fático deles, apesar de que em determinados casos possa garanti-los quando houver conflito de direitos, e, diante dos critérios da proporcionalidade e da garantia do mínimo existencial, valorizar aquele que

---

lip. *Tragic choices*: the conflicts society confronts in the allocation of tragically scarce resources. New York: W. W. Norton & Company, 1978, p. 15-30).

58 A título de ilustração, em 2015 o secretário da Fazenda do Estado do Rio Grande do Sul, um dos mais endividados do País, usou a expressão "escolha de Sofia" aos jornalistas para "explicar a complexidade das escolhas que precisam ser feitas entre quais dívidas quitar e quais deixar em aberto". Essa expressão é em razão ao romance sobre uma polonesa, Sofia, presa em campo de concentração nazista, dada à terrível escolha entre salvar o seu filho ou a sua filha. Disponível em: <http://zh.clicrbs.com.br/rs/noticias/noticia/2015/08/o-que-significa-a-expressao-a-escolha-de-sofia-usada-pelo-secretario-giovani-feltes-4822225.html>. Acesso em: 7 set. 2016.

59 STF, ARE 639337 AgR/SP, Rel. Min. Celso de Mello, *DJe*-177, 15-9-2011.

preconiza fundamentalidade (ou maior qualidade para tal)[60]. Nesse sentido, advoga também Clèmerson Merlin Clève[61].

Importada da Alemanha a tese da reserva do possível, a partir de uma decisão do Tribunal Constitucional alemão a respeito do direito de acesso ao ensino superior e do número de vagas do curso pretendido[62], logo se defendeu a sua aplicação irrestrita, bem posiciona Ana Paula de Barcellos, quando:

---

[60] Sarlet dispõe também que a reserva do possível apresenta, ao menos, uma "dimensão tríplice", sinteticamente: 1) disponibilidade fática dos recursos para efetivação dos direitos fundamentais; 2) disponibilidade jurídica dos recursos materiais e humanos (competências tributárias, orçamentárias etc.); 3) proporcionalidade da prestação e a sua exigibilidade quanto à razoabilidade (*A eficácia dos direitos fundamentais*. 12. ed. Porto Alegre: Livraria do Advogado, 2015, p. 296).

[61] "No que se refere à reserva do possível, concebida na experiência constitucional alemã, importa estudá-la com os cuidados devidos, inclusive porque ela não pode ser transposta, de modo automático, para a realidade brasileira. Com efeito, aqui, não se trata, para o Estado, já, de conceder o mais, mas, antes, de cumprir, ainda, com o mínimo. Ou seja, é evidente que a efetivação dos direitos sociais só ocorrerá à luz das coordenadas sociais e econômicas do espaço-tempo. Mas a reserva do possível não pode, num país como o nosso, especialmente em relação ao mínimo existencial, ser compreendida como uma cláusula obstaculizadora, mas, antes, como uma cláusula que imponha cuidado, prudência e responsabilidade no campo da atividade judicial" (CLÈVE, Clèmerson Merlin. A eficácia dos direitos fundamentais sociais. *Revista de Direito Constitucional e Internacional*, v. 54, p. 28, jan. 2006).

[62] Ingo Wolfgang Sarlet ensina que, "no contexto mais amplo de direito à educação, situa-se a problemática do acesso ao ensino superior, objeto de ampla discussão na Alemanha já no início dos anos setenta, debate que, aliás, forneceu importantes e interessantes subsídios para a controvérsia em torno dos direitos sociais prestacionais. Na sua afamada e multicitada decisão *numerus clausus*, o Tribunal Federal Constitucional, com base na constatação de que a liberdade fundamental de escolha da profissão não teria valor algum caso não existissem as condições fáticas para a sua fruição, entendeu que este direito objetiva também o livre acesso às instituições de ensino. De fato, acabou o Tribunal da Alemanha reconhecendo que, a partir da criação de instituições de ensino pelo Estado, de modo especial em setores onde o poder público exerce um monopólio e onde a participação em prestações estatais constitui pressuposto para a efetiva fruição de direitos fundamentais, a garantia da liberdade de escolha de profissão (art. 12, inc. I, da LF), combinada com o princípio geral da igualdade (art. 3º, inc. I) e com o postulado do Estado Social (art. 20), garante um direito de acesso ao ensino superior de sua escolha a todos os que preencherem os requisitos subjetivos para tanto. Remanesceu em aberto, contudo, eventual possibilidade de se admitir um direito fundamental originário a prestações, isto é,

Na ausência de um estudo mais aprofundado, a *reserva do possível* funcionou muitas vezes como o mote mágico, porque assustador e desconhecido, que impedia qualquer avanço na sindicabilidade dos direitos sociais. A iminência do terror econômico, anunciada tantas vezes pelo Executivo, cuidava de reservar ao Judiciário o papel de vilão nacional, caso determinadas decisões fossem tomadas[63].

Reconhece-se que o direito orçamentário é complexo e exige, precipuamente, desempenho efetivo estatal. Aos Tribunais de Contas e ao Judiciário cabe o controle externo. Assim, vem decidindo o STF ao permitir a intervenção judiciária, visto que o Poder Judiciário não estaria inovando pelo injusto inadimplemento de deveres constitucionais imputáveis ao Estado, em especial, às políticas públicas previamente estabelecidas ao Poder Executivo[64]. Assim, não é possível invocar a teoria da reserva do possível para se desincumbir dos encargos constitucionais pela escassez de recursos e quanto à questão das "escolhas trágicas".

Contempla-se essa posição na doutrina[65] e no STF quando este decidiu sobre a educação de deficientes auditivos e a contratação de professores especializados em Libras.

---

não apenas o tratamento igualitário no que tange ao acesso, mas também o direito a uma vaga no âmbito do ensino superior. Tal hipótese foi aventada pelo Tribunal Federal Constitucional, que, mesmo sem posicionar-se de forma conclusiva a respeito da matéria, admitiu que os direitos a prestações não se restringem ao existente, condicionou, contudo, este direito de acesso ao limite da reserva do possível" (*A eficácia dos direitos fundamentais*. 12. ed. Porto Alegre: Livraria do Advogado, 2015, p. 357).

63 BARCELLOS, Ana Paula de. *A eficácia jurídica dos princípios constitucionais*: o princípio da dignidade da pessoa humana. 2. ed. Rio de Janeiro: Renovar, 2008, p. 263.

64 STF, ARE 855762 AgR/RJ, Rel. Min. Gilmar Mendes, *DJe*-102, 1º-6-2015. Nesse sentido: ARE 875333 ED/RS, Rel. Min. Gilmar Mendes, *DJe*-088, 13-5-2015; ARE 745745 AgR/MG, Rel. Min. Celso de Mello, *DJe*-250, 19-12-2014; ARE 727864 AgR/PR, Rel. Min. Celso de Mello, *DJe*-223, 13-11-2014; RE 581352 AgR/AM, Rel. Min. Celso de Mello, *DJe*-230, 22-11-2013; RE 642536 AgR/AP, Rel. Min. Luiz Fux, *DJe*-038, 27-2-2013; ARE 639337 AgR/SP, Rel. Min. Celso de Mello, *DJe*-177, 15-9-2011.

65 Nesse sentido, é oportuna a colocação de Vivianne Rigoldi, pois, "para que o Poder Público possa concretizar a inclusão social das pessoas com deficiência por meio de uma política educacional inclusiva, com respeito aos princípios fundamentais do Estado e aos dispositivos constitucionais e infraconstitucionais

Agravo regimental em recurso extraordinário com agravo. 2. Direito constitucional. Educação de deficientes auditivos. Professores especializados em Libras. 3. Inadimplemento estatal de políticas públicas com previsão constitucional. Intervenção excepcional do Judiciário. Possibilidade. Precedentes. 4. Cláusula da reserva do possível. Inoponibilidade. Núcleo de intangibilidade dos direitos fundamentais. 5. Constitucionalidade e convencionalidade das políticas públicas de inserção dos portadores de necessidades especiais na sociedade. Precedentes. 6. Ausência de argumentos suficientes a infirmar a decisão recorrida. 7. Agravo regimental a que se nega provimento[66].

Ensina Jorge Reis Novais, diante do impasse da efetivação dos direitos sociais e da barreira da reserva do possível, que:

> Para além da citada reserva do financeiramente possível, a restrição a direitos sociais só é constitucionalmente legítima se o legislador puder invocar a necessidade de protecção de um outro bem digno de protecção jurídica que, no caso, deva prevalecer e desde que observe os limites aos limites igualmente aplicáveis às restrições a direitos de liberdade, designadamente princípio da igualdade, o princípio da proibição do excesso, princípio da protecção da confiança e o princípio da dignidade da pessoa humana[67].

Na doutrina, há ecos nesse sentido[68], e nos tribunais tem-se observado que estão rechaçando a tese da reserva do possível em

---

de direitos e proteção das pessoas com deficiência, é imprescindível que as escolas regulares estejam efetivamente dotadas de recursos humanos e materiais capazes de desenvolver, tanto do ponto de vista social quanto intelectual, a pessoa com deficiência, por meio do trabalho de profissionais qualificados, aptos ao exercício da docência no acolhimento da diversidade e de gestores comprometidos com a busca da qualidade e do respeito aos direitos constitucionais dos alunos com necessidades especiais" (Atendimento educacional especializado: do direito à educação especial à educação inclusiva. In: AGOSTINHO, Luis Otávio Vincenzi de (Org.); HERRERA, Luiz Henrique Martim (Coord.). *Tutela dos direitos humanos e fundamentais*. Birigui: Boreal, 2011, p. 307-330).

66 STF, ARE 860979 AgR/DF, Rel. Min. Gilmar Mendes, *DJe*-083, 6-5-2015.
67 NOVAIS, Jorge Reis. *Direitos fundamentais*: trunfos contra a maioria. Coimbra: Coimbra Editora, 2006, p. 197.
68 Marcus Gouveia dos Santos defende que "o controle exercido pelo Poder Judiciário não seria o de analisar a existência de recursos, mas sim de verificar se a justificativa apresentada pelo Poder Público seria legítima para restringir o direito social exigido, caso em que o Legislador democrático deve demonstrar que a realização do direito reivindicado pode prejudicar financeiramente o atendi-

razão de defesas sem embasamento fático ou tomadas como genéricas. Em outras palavras, o Poder Público não fundamenta de forma convincente a teoria do limite orçamentário. Para ilustrar, colacionam-se destaques da ementa de julgamento do Superior Tribunal de Justiça (STJ) referente à educação infantil:

> ADMINISTRATIVO E CONSTITUCIONAL. ACESSO À CRECHE AOS MENORES DE ZERO A SEIS ANOS. DIREITO SUBJETIVO. *RESERVA DO POSSÍVEL*. TEORIZAÇÃO E CABIMENTO. IMPOSSIBILIDADE DE ARGUIÇÃO COMO *TESE ABSTRATA DE DEFESA*. ESCASSEZ DE RECURSOS COMO O RESULTADO DE UMA DECISÃO POLÍTICA. PRIORIDADE DOS DIREITOS FUNDAMENTAIS. CONTEÚDO DO MÍNIMO EXISTENCIAL. ESSENCIALIDADE DO DIREITO À EDUCAÇÃO. PRECEDENTES DO STF E STJ. 1. A *tese da reserva do possível* assenta-se em ideia de que, desde os romanos, está incorporada na tradição ocidental, no sentido de que a obrigação impossível não pode ser exigida (*Impossibilium nulla obligatio est* – Celso, D. 50, 17, 185). Por tal motivo, a *insuficiência de recursos orçamentários não pode ser considerada uma mera falácia*. 2. Todavia, observa-se que a dimensão fática da reserva do possível é questão intrinsecamente vinculada ao problema da escassez. Esta pode ser compreendida como "sinônimo" de desigualdade. *Bens escassos são bens que não podem ser usufruídos por todos* e, justamente por isso, devem ser distribuídos segundo regras que pressupõem o direito igual ao bem e a impossibilidade do uso igual e simultâneo. 3. *Esse estado de escassez, muitas vezes, é resultado de um processo de escolha, de uma decisão.* Quando não há recursos suficientes para prover todas as necessidades, a decisão do administrador de investir em determinada área implica escassez de recursos para outra que não foi contemplada. A título de exemplo, *o gasto com festividades ou propagandas governamentais pode ser traduzido na ausência de dinheiro para a prestação de uma educação de qualidade*. 4. É por esse motivo que, em um primeiro momento, *a reserva do possível não pode ser oposta à efetivação dos Direitos Fundamentais*, já que, quanto a estes, não cabe ao administrador público preteri-los em suas escolhas. Nem mesmo a vontade da maioria pode tratar tais direitos como secundários. Isso porque a democracia não se restringe na vontade da maioria. O princípio do majoritário é apenas um instrumento no

---

mento de um interesse público ou coletivo de maior relevância" (*Direitos sociais*: efetivação, tutela judicial e fixação de parâmetros para a intervenção judicial em políticas públicas. Rio de Janeiro: Lumen Juris, 2016, p. 170).

processo democrático, mas este não se resume àquele. *Democracia é, além da vontade da maioria, a realização dos direitos fundamentais*. Só haverá democracia real onde houver liberdade de expressão, pluralismo político, acesso à informação, à educação, inviolabilidade da intimidade, o respeito às minorias e às ideias minoritárias etc. Tais valores não podem ser malferidos, ainda que seja a vontade da maioria. Caso contrário, se estará usando da "democracia" para extinguir a Democracia. 5. Com isso, observa-se que *a realização dos Direitos Fundamentais não é opção do governante, não é resultado de um juízo discricionário nem pode ser encarada como tema que depende unicamente da vontade política.* Aqueles direitos que estão intimamente ligados à dignidade humana não podem ser limitados em razão da escassez quando esta é fruto das escolhas do administrador. *Não é por outra razão que se afirma que a reserva do possível não é oponível à realização do mínimo existencial* [...] (destacou-se)[69].

Nesse sentido, o Ministro Herman Benjamin, do STJ, atacou a tese da reserva do possível ao afirmar que:

> No campo dos direitos individuais e sociais de absoluta prioridade, o juiz não deve se impressionar nem se sensibilizar com alegações de conveniência e oportunidade trazidas pelo administrador relapso. A ser diferente, estaria o Judiciário a fazer juízo de valor ou político em esfera na qual o legislador não lhe deixou outra possibilidade de decidir que não seja a de exigir o imediato e cabal cumprimento dos deveres, completamente vinculados, da Administração Pública. Se um direito é qualificado pelo legislador como absoluta prioridade, deixa de integrar o universo de incidência da reserva do possível, já que a sua possibilidade é, preambular e obrigatoriamente, fixada pela Constituição ou pela lei. Se é certo que ao Judiciário recusa-se a possibilidade de substituir-se à Administração Pública, o que contaminaria ou derrubaria a separação mínima das funções do Estado moderno, também não é menos correto que, na nossa ordem jurídica, compete ao juiz interpretar e aplicar a delimitação constitucional e legal dos

---

[69] STJ, AgRg no AREsp 790767/MG, Rel. Min. Humberto Martins, *DJe* 14-12-2015. Nota à decisão: a partir da EC n. 53 de 2006, o direito garantido do inciso IV do art. 208 da CF quanto ao acesso à educação infantil e direito à creche passou de até seis anos de idade para até cinco anos. A razão da mudança foi adequar às novas políticas educacionais (creche de zero a três anos e pré-escola de quatro a cinco anos de idade), pois o primeiro ano no ensino fundamental passou a iniciar com seis anos de idade.

poderes e deveres do Administrador, exigindo, de um lado, cumprimento integral e tempestivo dos deveres vinculados e, quanto à esfera da chamada competência discricionária, respeito ao *due process* e às garantias formais dos atos e procedimentos que pratica[70].

A Constituição Federal (art. 212) exige da União uma aplicação anual, "nunca menos" de que 18%, e dos demais entes federativos, "no mínimo", 25% da receita resultante de impostos, compreendida a proveniente de transferências para a manutenção e desenvolvimento do ensino. Ocorre que os governantes implicam defender a escassez de recursos para destinar à educação, sem nem mesmo alcançar as exigências constitucionais, com o discurso da teoria da reserva do possível.

Portanto, as escolhas públicas não observam nem mesmo as diretrizes constitucionais, tomando decisões a partir da sua conveniência e direcionando seus recursos, que já são escassos, para outras finalidades, como a construção de estádios para a Copa do Mundo de 2014[71], as estruturas olímpicas do Rio de Janeiro em 2016[72], ou a realização de festas vultosas[73]. São vícios de discricionariedade admi-

---

70 STJ, REsp 440.502/SP, Rel. Min. Herman Benjamin, *DJe* 24-9-2010.

71 De acordo com o Tribunal de Contas da União, foi contabilizado em gastos R$ 25,5 bilhões de reais com a Copa do Mundo realizada no Brasil em 2014. De acordo com o jornal *Folha de S.Paulo*, o valor é suficiente para custear aproximadamente um mês de gastos públicos com a educação no Brasil. Disponível, respectivamente, em: <http://agenciabrasil.ebc.com.br/geral/noticia/2014-12/tcu--contabiliza-r-255-bilhoes-de-gastos-com-copa-do-mundo>; <http://www1.folha.uol.com.br/poder/2014-5-1458720-custo-da-copa-equivale-a-um-mes--de-gastos-com-educacao.shtml>. Acesso em: 7 set. 2016.

72 Segundo declarações do prefeito da cidade do Rio de Janeiro, sede dos jogos olímpicos de 2016, a prefeitura gastou R$ 65 milhões de reais em estádios, o que seria apenas 1% do que foi gasto (R$ 65 bilhões de reais) em saúde e educação entre 2009 e 2016 pelo município. O custo total das Olimpíadas foi de R$ 38,26 bilhões de reais. No entanto, esse valor é contabilizado em três partes, sendo diferente da Copa do Mundo de futebol (17,2%), em que grande parte do investimento é privado (57,1%). Disponível, respectivamente, em: <http://www.bbc.com/portuguese/noticias/2016-1-160115_olimpiada_bom_mau_negocio_rm>; <http://www.jogoslimpos.org.br/destaques/custo-da-olimpiada-rio-2016--e-atualizado-para-r-3826-bilhoes/>. Acesso em: 7 set. 2016.

73 Tomou em grandes proporções a notícia que a Prefeitura de Caruaru/PE gastaria R$ 13 milhões de reais na realização da sua tradicional festa de São João em 2016, sendo que a contratação de um único artista seria R$ 575 mil reais, mes-

nistrativa, segundo Juarez Freitas, que podem ser por arbitrariedade por ação, quando há ultrapassagem dos limites impostos sem amparo à regra legal, ou podem ser por arbitrariedade por omissão, quando há discricionariedade insuficiente, como é o caso de escolas insuficientes, além do controle de qualidade da própria educação[74].

2.3 Mínimo existencial

Quando se abordou a dignidade da pessoa humana como tarefa prestacional de um Estado que se preze como "Democrático de Direito", cujo fundamento está expresso na Lei Maior (art. 1º, III), tratou-se também do postulado do mínimo existencial. Reforça-se essa conjunção de valores, pois "há um direito às *condições mínimas de existência humana digna* que não pode ser objeto de intervenção do Estado e que ainda exige prestações estatais positivas", segundo Ricardo Lobo Torres[75].

O objeto e o conteúdo do mínimo existencial, leciona Ingo Wolfgang Sarlet, devem ser compreendidos como direito e garantia fundamental em sintonia com um entendimento constitucionalmente adequado do direito à vida e da dignidade da pessoa humana. Assim, conclui o autor que o mínimo existencial independe de expressa previsão constitucional para poder ser reconhecido, devendo ser "compreendido como todo o conjunto de prestações materiais

---

mo diante da seca que passava o município e a crise financeira. Uma ação popular foi movida e garantida liminar para suspender o pagamento do cantor, que acabou fazendo o *show* de graça. Disponível em: <http://g1.globo.com/pe/caruaru-regiao/noticia/2016/06/liminar-suspende-show-de-wesley-safadao-no-sao--joao-2016-de-caruaru.html>. Acesso em: 7 set. 2016.

74 Conclui Juarez Freitas que "a margem de escolha das consequências (diretas e indiretas), conferida a sujeito competente (ao lado da discrição cognitiva para fixar o conteúdo dos conceitos indeterminados), não se coaduna com falsas e indecentes liberdades, tais como aquelas que redundam em obras inúteis e superfaturadas, desregulações temerárias, ilusionismos contábeis, compras insustentáveis e empréstimos públicos distraídos de finalidades constitucionais" (*Direito fundamental à boa administração pública*. 3. ed. São Paulo: Malheiros, 2014, p. 27-28 e 30).

75 TORRES, Ricardo Lobo. O mínimo existencial e os direitos fundamentais. *Revista de Direito Administrativo*. Rio de Janeiro, n. 177, p. 29-49, jul.-set. 1989.

indispensáveis para assegurar a cada pessoa uma vida condigna (portanto, saudável)"[76].

Do mesmo modo, em razão do mínimo existencial, Thadeu Weber aponta para a realização dos direitos fundamentais e a concretização do princípio da dignidade da pessoa humana, cuja ideia "que o norteia refere-se à preservação e garantia das condições e exigências mínimas de uma vida digna. Isso significa dizer que o direito ao mínimo existencial está alicerçado no direito à vida e na dignidade da pessoa humana"[77].

Diante dessas considerações introdutórias, é possível encarar o mínimo existencial como um direito que vai muito além da garantia simplista de sobrevivência, mas de uma vida digna baseada não só na reserva dos direitos de liberdade, como também na assistência pelos direitos sociais. Em outras palavras, Clèmerson Merlin Clève vem justificar que:

> O conceito do *mínimo existencial*, do mínimo necessário e indispensável, do mínimo último, aponta para uma obrigação mínima do poder público, desde logo sindicável, tudo para evitar que o ser humano perca sua condição de humanidade, possibilidade sempre presente quando o cidadão, por falta de emprego, de saúde, de previdência, de educação, de lazer, de assistência, vê confiscados seus desejos, vê combalida sua vontade, vê destruída sua autonomia, resultando num ente perdido no cipoal das contingências, que fica à mercê das forças terríveis do destino[78].

A origem da vinculação da teoria do mínimo existencial ao princípio da dignidade da pessoa humana, segundo Andreas J. Krell, está na doutrina e na jurisprudência alemã pós-guerra e a partir da garantia do Estado Social prevista na Lei Fundamental de 1949, como sua obrigação de "controlar os riscos resultantes do problema

---

76 SARLET, Ingo Wolfgang. Direitos fundamentais sociais, mínimo existencial e direito privado. *Revista de Direito do Consumidor*, v. 61, p. 90, jan. 2007.
77 WEBER, Thadeu. A ideia de um "mínimo existencial" de J. Rawls. *Revista Kriterion*, Belo Horizonte, n. 127, p. 197-210, jun. 2013.
78 CLÈVE, Clèmerson Merlin. A eficácia dos direitos fundamentais sociais. *Revista de Direito Constitucional e Internacional*, v. 54, p. 28, jan. 2006.

da pobreza, que não podem ser atribuídos aos próprios indivíduos, e restituir um *status* mínimo de satisfação das necessidades pessoais"[79].

Robert Alexy, ao analisar os direitos subjetivos a prestações no contexto da jurisprudência do Tribunal Constitucional Federal alemão, destaca a decisão sobre a assistência social (1975) que ficou marcada pelo reconhecimento do direito fundamental a um mínimo existencial. Segundo o autor, a Constituição não o garante expressamente, mas é "possível afirmar que existe ao menos um direito fundamental social não escrito, isto é, que se funda em uma norma atribuída por meio de interpretação a um dispositivo de direito fundamental"[80], visto que é sustentado de forma maciça pela doutrina e jurisprudência.

Apoiada na construção doutrinária e alinhada aos tribunais, adota-se a ideia que essa teoria tem a função de garantir um direito subjetivo que pode ser cobrado, judicialmente, do Poder Público em caso de falhar com suas políticas de concretização dos benefícios sociais para a existência digna de seus administrados. No Brasil, a sua configuração, ao menos em sede de tribunais superiores[81], ainda

---

79 KRELL, Andreas J. Controle judicial dos serviços básicos na base dos direitos fundamentais sociais. In: SARLET, Ingo Wolfgang (Org.). *A Constituição concretizada*: construindo pontes com o público e o privado. Porto Alegre: Livraria do Advogado, 2000, p. 42.

80 Segundo Robert Alexy, "uma posição no âmbito dos direitos a prestações tem que ser vista como definitivamente garantida se (1) o princípio da liberdade fática a exigir de forma premente e se (2) o princípio da separação de poderes e o princípio democrático (que inclui a competência orçamentária do parlamento), bem como (3) os princípios materiais colidentes (especialmente aqueles que dizem respeito à liberdade jurídica de outrem) forem afetados em uma medida relativamente pequena pela garantia constitucional da posição prestacional e pelas decisões do tribunal constitucional que a levarem em consideração. Essas condições são necessariamente satisfeitas no caso dos direitos fundamentais sociais mínimos, ou seja, por exemplo, pelos direitos a um mínimo existencial, a uma moradia simples, à educação fundamental e média, à educação profissionalizante e a um patamar mínimo de assistência médica" (*Teoria dos direitos fundamentais*. Tradução de Virgílio Afonso da Silva. 2. ed. São Paulo: Malheiros, 2015, p. 436 e 512).

81 Afirma Rogério Gesta Leal, a partir da sua dedução a decisões do STF, que o "nosso país conta hoje com o que chamo de indicadores constitucionais parametrizantes do mínimo existencial, que são públicos e cogentes, não podendo ser desconsiderados por quem quer que seja (setor público ou privado). Tais indi-

está vinculada a um pacote indissociável dos princípios da proibição de retrocesso social[82], à vedação da proteção insuficiente e proibição de excesso.

Ademais, a tese do mínimo existencial, do que vem sendo aventada nas decisões judiciais, tem sido colocada como justificativa à inaplicabilidade da reserva do possível. Compreende-se essa posição pelos aspectos que Ricardo Lobo Torres introduziu, de forma pioneira, o tema na doutrina brasileira. De acordo com o autor, o mínimo existencial tem dois *status* de proteção[83]. O *status* negativo impõe restrições ao Estado de não comprometer com a subsistência de seus dependentes, em especial, no campo tributário quando veda utilizar tributo com efeito de confisco ou quando exige a observância à capacidade contributiva ou quando assegura a proteção de situações ou pessoas em estado de hipossuficiência por meio de subvenções, isenções e imunidades.

Exemplifica-se o *status* negativo com as disposições que impõem a gratuidade da ação popular, *habeas corpus* e *habeas data* (art. 5º, LXXII e LXXIII, CRFB), a assistência jurídica gratuita a quem comprovar insuficiência de recursos (art. 5º, LXXIV, CRFB), a isenção do imposto de renda para aqueles que estiverem dentro de um teto anual de rendimentos. Na educação, é possível destacar a vedação de instituir impostos sobre patrimônio, renda ou serviços das

---

cadores, em síntese, dizem respeito à construção de uma sociedade livre, justa e solidária; à garantia do desenvolvimento nacional; à erradicação da pobreza e da marginalização, bem como à redução das desigualdades sociais e regionais; à promoção do bem de todos, sem preconceitos de origem, raça, sexo, cor, idade e quaisquer outras formas de discriminação" (*Condições e possibilidades eficaciais dos direitos fundamentais sociais:* os desafios do Poder Judiciário no Brasil. Porto Alegre: Livraria do Advogado, 2009, p. 96).

82 Segundo Kazuo Watanabe, o conceito de mínimo existencial é "dinâmico e evolutivo, varia histórica e geograficamente, presidido pelo princípio da proibição de retrocesso, de sorte que, dependendo das condições socioeconômicas do país, direitos fundamentais sociais que não são judicializáveis na atualidade poderão vir a sê-lo no futuro, imediato ou mediato" (Controle jurisdicional das políticas públicas: mínimo existencial e demais direitos fundamentais imediatamente judicializáveis. *Doutrinas Essenciais de Direitos Humanos*, v. 1, p. 577-590, ago. 2011).

83 TORRES, Ricardo Lobo. O mínimo existencial e os direitos fundamentais. *Revista de Direito Administrativo*. Rio de Janeiro, n. 177, p. 29-49, jul.-set. 1989.

instituições de educação sem fins lucrativos (art. 150, VI, c, CRFB), a gratuidade do ensino público em estabelecimentos oficiais (art. 206, IV, CRFB) e a educação básica obrigatória e gratuita dos quatro aos dezessete anos de idade, assegurada inclusive sua oferta gratuita para todos os que a ela não tiveram acesso na idade própria (art. 208, I, CRFB).

O *status* positivo também é exibido pelo mínimo existencial em razão da dependência das prestações positivas e igualitárias do Estado de acordo com Ricardo Lobo Torres e que podem se realizar de diversas formas, como o fornecimento de ensino gratuito: se de um lado tem o provimento da educação, do outro, ao Estado não lhe é possível cobrá-la. A doação de bens públicos em casos de calamidade pública ou em razão de programas de assistência à população carente também é forma de expressar esse *status* positivo[84].

A posição do STF, firmada em relação ao mínimo existencial como limite à aplicação da reserva do possível, tem como *leading case* o julgamento de medida cautelar da ADPF 45/DF, cujo relator foi o Ministro Celso de Mello. Destaca-se na ementa a referida fundamentação sobre o tema:

> A realização dos direitos econômicos, sociais e culturais – além de caracterizar-se pela gradualidade de seu processo de concretização – depende, em grande medida, de um inescapável vínculo financeiro subordinado às possibilidades orçamentárias do Estado, de tal modo que, comprovada, objetivamente, a incapacidade econômico-financeira da pessoa estatal, desta não se poderá razoavelmente exigir, considerada a limitação material referida, a imediata efetivação do comando fundado no texto da Carta Política. Não se mostrará lícito, no entanto,

---

84 Importa observar que Ricardo Lobo Torres diferencia o *status* positivo *libertatis* do *status* positivo *socialis*. O primeiro é o *status* que contribui para a segurança do mínimo existencial e diz respeito a garantir as condições de liberdade e a personalidade do cidadão. O *status socialis* trata das prestações protetivas aos direitos econômicos, sociais e seguridade social, e que se afirma sob a reserva do possível, diferentemente do *status libertatis*. Acreditamos que não há motivo para distinção tratando-se de mínimo existencial, e a doutrina (e jurisprudência) que sucedeu o seu trabalho também não enxergou essa restrição, ao contrário, a teoria do mínimo existencial enfrenta a reserva do possível em todas as situações (O mínimo existencial e os direitos fundamentais. *Revista de Direito Administrativo*. Rio de Janeiro, n. 177, p. 29-49, jul.-set. 1989).

ao Poder Público, em tal hipótese – mediante indevida manipulação de sua atividade financeira e/ou político-administrativa – criar obstáculo artificial que revele o ilegítimo, arbitrário e censurável propósito de fraudar, de frustrar e de inviabilizar o estabelecimento e a preservação, em favor da pessoa e dos cidadãos, de condições materiais mínimas de existência. Cumpre advertir, desse modo, que a cláusula da "reserva do possível" – ressalvada a ocorrência de justo motivo objetivamente aferível – não pode ser invocada, pelo Estado, com a finalidade de exonerar-se do cumprimento de suas obrigações constitucionais, notadamente quando, dessa conduta governamental negativa, puder resultar nulificação ou, até mesmo, aniquilação de direitos constitucionais impregnados de um sentido de essencial fundamentalidade[85].

Nesse sentido, Ana Paula de Barcellos também concorda que a limitação de recursos existe e que não pode ser ignorada. Por outro lado:

> Não se pode esquecer que a finalidade do Estado ao obter recursos, para, em seguida, gastá-los sob a forma de obras, prestação de serviços, ou qualquer outra política pública, é exatamente realizar os objetivos fundamentais da Constituição. O equilíbrio entre esses dois elementos pode ser obtido da seguinte forma. A meta central das Constituições modernas, e da Carta de 1988 em particular, pode ser resumida, como já exposto, na promoção do bem-estar do homem, cujo ponto de partida está em assegurar as condições de sua própria dignidade, que inclui, além da proteção dos direitos individuais, condições materiais mínimas de existência. Ao apurar os elementos fundamentais dessa dignidade (o mínimo existencial), estar-se-á estabelecendo exatamente os alvos prioritários dos gastos públicos. Apenas depois de atingi-los é que se poderá discutir, relativamente aos recursos remanescentes, em que outros projetos se deverá investir. Como se vê, o mínimo existencial associado ao estabelecimento de prioridades orçamentárias é capaz de conviver produtivamente com a reserva do possível[86].

---

85 STF, ADPF 45 MC/DF, Rel. Min. Celso de Mello, j. 29-4-2004, DJ 4-5-2004, p. 12.
86 BARCELLOS, Ana Paula de. *A eficácia jurídica dos princípios constitucionais*: o princípio da dignidade da pessoa humana. 2. ed. Rio de Janeiro: Renovar, 2008, p. 271-272.

Portanto, diante dessas considerações, é possível encaminhar uma proposta que harmonize as teorias do mínimo existencial e da reserva do possível, exigindo do Poder Público, *prima facie*, a realização da dignidade vital, espelhada na conjunção de direitos básicos que permitam a liberdade individual e o bem-estar. É saudável não somente no aspecto objetivo ou existência física (saúde, alimentação, moradia e segurança), mas também no aspecto subjetivo ou existência psíquica (educação e trabalho). Nesse sentido, conceitua Luís Roberto Barroso o mínimo existencial[87]. Depois, o Estado programaria o orçamento para decidir outras questões dentro das suas forças financeiras[88].

Em relação ao direito à educação, observa a doutrina que há pelo menos dois bons motivos para figurar entre os direitos minimamente exigíveis: primeiro, em razão da sua essencialidade para formação da personalidade e dignidade humana e, segundo, porque "serve de ponte para uma plêiade de outros direitos igualmente essenciais para a dignidade do ser humano"[89].

A educação fundamental é um dos quatro "elementos" (saúde básica, assistência aos desamparados e acesso à justiça) que, juntos,

---

[87] Nas palavras do autor, o mínimo existencial "trata-se do pressuposto necessário ao exercício da autonomia, tanto pública quanto privada. Para poder ser livre, igual e capaz de exercer plenamente a sua cidadania, todo indivíduo precisa ter satisfeitas as necessidades indispensáveis à sua existência física e psíquica. O mínimo existencial corresponde ao núcleo essencial dos *direitos fundamentais sociais* e seu conteúdo equivale às pré-condições para o exercício dos direitos individuais e políticos, da autonomia privada e pública" (BARROSO, Luís Roberto. *Curso de direito constitucional contemporâneo.* 5. ed. São Paulo: Saraiva, 2015, p. 288).

[88] Sobre a decisão paradigmática da ADPF 45/DF, Ada Pellegrini afirma que "a posição do STF, manifestada por um de seus mais sensíveis Ministros, é a de que são necessários alguns requisitos, para que o Judiciário intervenha no controle de políticas públicas, até como imperativo ético-jurídico: (1) o limite fixado pelo mínimo existencial a ser garantido ao cidadão; (2) a razoabilidade da pretensão individual/social deduzida em face do Poder Público; e (3) a existência de disponibilidade financeira do Estado para tornar efetivas as prestações positivas dele reclamadas" (O controle de políticas públicas pelo Poder Judiciário. *Revista de Direito Bancário e do Mercado de Capitais*, v. 42, p. 11, out. 2008).

[89] VICTOR, Rodrigo Albuquerque de. *Judicialização de políticas públicas para a educação infantil.* São Paulo: Saraiva, 2011, p. 98.

definem o mínimo existencial e que correspondem ao núcleo da dignidade da pessoa humana para Ana Paula de Barcellos, pois é requisito básico tanto para o exercício da cidadania como para o ingresso no mercado de trabalho e, ademais, cumpre lembrar que é direito público subjetivo (art. 208, §§ 1º e 2º, CRFB)[90].

Nesse sentido, o direito à educação básica, como integrante do mínimo existencial, segundo Felipe de Melo Fonte, decorre da:

> Necessidade de se igualar os pontos de partida dos cidadãos, ideia escorada na justiça. [...] Emerge como elemento necessário à formação da autoimagem do indivíduo, à estabilização das aspirações e preferência, em suma, ao desabrochar das características que vão conferir ao ser humano a individualidade que é inerente à personalidade. O desenvolvimento da personalidade humana é garantido, inicialmente, pela educação básica, correspondente aos ensinos infantil e fundamental, direito que restou positivado pelo constituinte originário na forma de regra (art. 208, incisos e § 1º, da CF/88). Observe-se que o educando, nesta etapa da vida, tem direito subjetivo inclusive ao transporte, à alimentação, ao material didático-escolar e assistência à saúde, tudo no âmbito escolar[91].

De fato, o direito à educação considerada "básica" pelo constituinte, obrigatória para aqueles entre quatro e dezessete anos de idade, é tão integrante do mínimo existencial, por todos os motivos destacados anteriormente pela doutrina, que exige do Poder Público que faça, gratuitamente, a sua oferta para todos os que a ela não tiveram acesso na idade própria (art. 208, I, CRFB). Ademais, reforçam essa ideia a consagração como direito público subjetivo do acesso ao ensino de forma obrigatória e gratuita (art. 208, § 1º, CRFB) e a responsabilização da autoridade competente caso não seja oferecido o ensino obrigatório (art. 208, § 2º, CRFB).

---

90 A própria autora reconhece que "apenas o ensino fundamental não é suficiente para oferecer igualdade de chances aos indivíduos", portanto seria criticável esse conteúdo como elemento do mínimo existencial (BARCELLOS, Ana Paula de. *A eficácia jurídica dos princípios constitucionais*: o princípio da dignidade da pessoa humana. 2. ed. Rio de Janeiro: Renovar, 2008, p. 288 e 293).

91 FONTE, Felipe de Melo. *Políticas públicas e direitos fundamentais*. 2. ed. São Paulo: Saraiva, 2015, p. 219-221.

Em contrapartida, o "mínimo" não pode ser o "máximo", nem mesmo exigir além do que seja "existencial" para configurar essa teoria. Assim, cobrar do Poder Público a compra de cadeiras estofadas, a climatização das salas de aula, a inclusão de produtos não nutritivos na merenda escolar, como doces, ou outros supérfluos como interesses educacionais essenciais, não se encaixa no que está sendo construído pela doutrina e pelos tribunais brasileiros. O conforto para qualificar a educação é o que todos gostariam, mas se distancia da universalização do conceito que se busca para mínimo existencial, bem como é impossível implementar para todas as escolas públicas essa padronização que nem existe na educação privada.

Portanto, conclui-se que na colisão entre a reserva do possível, como forma de justificar os limites orçamentários, e o mínimo existencial, consubstanciado no direito humano de se viver de maneira digna, não há o que se cogitar em criar expectativas para uma escolha trágica por parte do Poder Público: ou se garante um mínimo aos seus súditos ou o Estado morrerá sozinho com seus governantes[92].

2.4 Proibição de retrocesso social

O princípio da proibição de retrocesso social ou a teoria da irreversibilidade, como foi reconhecido inicialmente nesse tema, é uma construção da doutrina alemã da década de 1970 em razão do princípio do Estado Social expresso na sua Lei Fundamental de 1949 (art. 20, I). A razão de sua existência, explica Jorge Reis Novais, deve-se ao temor da crise econômica experimentada à época ao Estado germânico e à possibilidade de que os benefícios sociais alcançados até o momento fossem afetados[93].

---

92 Rogério Gesta Leal também retrata o mínimo existencial sob aspectos fisiológico e psíquico, e a ambos "não se aplicaria ponderação alguma ou sua flexibilização em face da concordância prática do sistema jurídico, pois estar-se-ia tratando de mandato definitivo – ainda que principiológico –, pois garantidor de um nível de existência humana que, ausente, comprometeria a própria existência pela via de sua aniquilação" (*Condições e possibilidades eficaciais dos direitos fundamentais sociais*: os desafios do Poder Judiciário no Brasil. Porto Alegre: Livraria do Advogado, 2009, p. 109).

93 O autor português ainda complementa que tais benefícios sociais foram somente possíveis ao serem conquistados pelo princípio do Estado Social e a vincula-

Esclarece-se que a Alemanha tem uma Constituição sem direitos sociais expressos e, portanto, justificaria a argumentação do princípio da proibição do retrocesso social para proteger as conquistas sociais contra o legislador ordinário que pudesse diminuí-las. De outro ponto de vista, a tese estaria advogando em defender uma dimensão negativa dos direitos sociais, ou seja, garantido e concretizado o direito à educação, por exemplo, o Poder Público deveria se abster de reduzir ou suprimir essa conquista, seja fechando escolas, seja deixando de oferecer transporte escolar regular.

Mesmo assim, a teoria da proibição do retrocesso ganhou o mundo, inclusive em países que têm um catálogo de direitos sociais garantido em suas Constituições pátrias, como é o caso do Brasil e Portugal. Essa teoria José Joaquim Gomes Canotilho a conceitua como princípio, a saber:

> O princípio da proibição de retrocesso social pode formular-se assim: o núcleo essencial dos direitos sociais já realizado e efectivado através de medidas legislativas ("lei da segurança social", "lei do subsídio de desemprego", "lei do serviço de saúde") deve considerar-se constitucionalmente garantido, sendo inconstitucionais quaisquer medidas estaduais que, sem a criação de outros esquemas alternativos ou compensatórios, se traduzam, na prática, numa "anulação", "revogação" ou "aniquilação" pura a simples desse núcleo essencial[94].

Por sua vez, Jorge Miranda denomina esse princípio como do "não retorno da concretização", fundado também no princípio da confiança inerente ao Estado de Direito, pois na sua concepção os direitos sociais, entre outros, carecem todos ou quase todos de uma

---

ção dos Estados federados ao princípio do Estado de Direito Social (art. 28, I), lembrando que a Lei Fundamental alemã não prevê direitos sociais, assim a fórmula da proibição do retrocesso social surgiria para alguns como "invenção engenhosa destinada a justificar uma protecção jurídica reforçada a direitos que se recusara natureza constitucional" (NOVAIS, Jorge Reis. *Direitos sociais*. Coimbra: Wolters Kluver e Coimbra Editora, 2010, p. 240-241).

94 O autor ainda refere que "os direitos sociais e econômicos (ex.: direito dos trabalhadores, direito à assistência, direito à educação), uma vez obtido um determinado grau de realização, passam a constituir, simultaneamente, uma *garantia institucional* e um *direito subjetivo*" (CANOTILHO, José Joaquim Gomes. *Direito constitucional e teoria da constituição*. 6. ed. Coimbra: Almedina, 1993, p. 338-340).

lei que concretize tais garantias. Afirma que "não é possível eliminar, pura e simplesmente, as normas legais e concretizadoras, suprimindo os direitos derivados a prestações, porque eliminá-las significaria retirar eficácia jurídica às correspondentes normas constitucionais"[95].

Na doutrina brasileira, destaca-se a posição de Ingo Wolfgang Sarlet que considera a proibição do retrocesso social como princípio constitucional implícito e que auxilia na concretização dos direitos fundamentais diante das restrições que lhe impunham. Nas suas palavras:

> Importa salientar que tanto a doutrina quanto, ainda que muito paulatinamente, a jurisprudência vêm reconhecendo a vigência, como garantia constitucional implícita, do princípio da vedação de retrocesso social, a coibir medidas, que, mediante a revogação ou alteração da legislação infraconstitucional (apenas para citar uma forma de intervenção nos direitos sociais), venham a desconstituir ou afetar gravemente o grau de concretização já atribuído a determinado direito fundamental (e social), o que equivaleria a uma violação da própria Constituição Federal e de direitos fundamentais nela consagrados[96].

Portanto, mesmo em Constituições com grande apelo social, como é o caso da brasileira, cujo texto prevê um extenso rol de direitos sociais, há um temor presente e constante de que os Poderes destacados para prestá-los não só se omitam, como também os restrinjam por meio de ações regressivas, totalmente de forma inconstitucional. Logo, é possível afirmar que trata de "norma jusfundamental adscrita, de natureza principial, que proíbe ao Legislador a supressão ou alteração das normas infraconstitucionais que densificam normas constitucionais de direitos sociais de molde a violar sua eficácia"[97].

---

95 MIRANDA, Jorge. *Manual de direito constitucional*: direitos fundamentais. 3. ed. Coimbra: Coimbra Editora, 2000, t. 4, p. 397.
96 SARLET, Ingo Wolfgang. Direitos fundamentais em espécie. In: _____; MARINONI, Luiz Guilherme; MITIDIERO, Daniel. *Curso de direito constitucional*. 5. ed. São Paulo: Saraiva, 2015, p. 611.
97 NETTO, Luísa Cristina Pinto e. *O princípio de proibição de retrocesso social*. Porto Alegre: Livraria do Advogado, 2010, p. 113.

Alessandra Gotti vislumbra o princípio da proibição do retrocesso social como um dos lados da moeda, a qual compartilha a outra metade com o princípio da implementação progressiva dos direitos sociais, pois a finalidade seria a mesma, qual seja o pleno reconhecimento e gozo dos direitos sociais. Segundo a autora, a ideia de progressividade tem duplo comando, pois, além de criar obrigação de adoção de medidas para fins de implementação gradual dos direitos sociais, também gera a obrigação de não retroceder quanto aos direitos já implementados[98].

Importa relembrar que os direitos sociais são direitos fundamentais e, portanto, estão protegidos da ameaça legislativa ou mesmo mediante proposta de emenda constitucional tendente a eliminá-los em razão da rubrica "cláusulas pétreas", conforme expresso no § 4º, IV, do art. 60 da CRFB[99]. Se não há no texto constitucional posição clara do princípio da proibição do retrocesso social para fundamentá-lo, Ingo Wolfgang Sarlet avalia que, como a segurança jurídica está umbilicalmente vinculada à ideia de dignidade da pessoa humana, que, por sua vez, não será atendida caso haja um ambiente de instabilidade jurídica, a temática da proibição do retrocesso guarda direta ligação com todos esses princípios[100].

---

[98] Ressalta a autora, que ambos os princípios têm a mesma matriz jurídica no direito internacional, mais especificamente no art. 2º, § 1º, do Pacto Internacional de Direitos Econômicos e Sociais e Culturais da ONU (1966), promulgado no Brasil pelo Decreto n. 591/92. Sendo assim, em razão do seu conteúdo, ambos teriam *status* de norma constitucional (GOTTI, Alessandra. *Direitos sociais*. São Paulo: Saraiva, 2012, p. 102-116). Nesse sentido, grande parte da doutrina pátria assente, segundo Marcus Gouveia dos Santos. No entanto, o autor é contra o referido princípio, pois "representaria um risco à sustentabilidade do Estado Social, em vez de constituir uma garantia dos direitos sociais" e "ainda violaria o princípio da separação dos poderes e o democrático, na medida em que mitigaria a escolha do Poder Legislativo em torno da eleição das prioridades" (*Direitos sociais*: efetivação, tutela judicial e fixação de parâmetros para a intervenção judicial em políticas públicas. Rio de Janeiro: Lumen Juris, 2016, p. 193-194).

[99] Wilson Donizeti Liberati afirma que há sinonímia à teoria da proibição do retrocesso pelos princípios da *não reversibilidade dos direitos fundamentais sociais* ou da *impossibilidade de revisão das cláusulas pétreas*. (*Políticas públicas no Estado constitucional*. São Paulo: Atlas, 2013, p. 126).

[100] SARLET, Ingo Wolfgang. A eficácia do direito fundamental à segurança jurídica: dignidade da pessoa humana, direitos fundamentais e proibição de retrocesso social no direito constitucional brasileiro. In: ROCHA, Cármen Lúcia Antunes

Em contrapartida, quando o constituinte originário atribuiu, textualmente, ao § 1º do art. 5º o dever de aplicabilidade imediata aos direitos e garantias fundamentais, inclusive os direitos sociais, consagrou o princípio da máxima efetividade (e eficácia) das normas constitucionais, estabelecendo também limites à margem de discricionariedade de que dispõe o legislador, evitando, consequentemente, o retrocesso social[101].

Propugna Felipe de Melo Fonte, por meio das políticas públicas e não só da atividade legiferante, a "possibilidade de estender a vedação do retrocesso (seja princípio ou eficácia) à atividade de concretização de direitos fundamentais (sociais ou individuais) pela Administração Pública"[102]. O fundamento é o mesmo do princípio da máxima efetividade, pois a Administração Pública, por exemplo, não poderia fechar uma única escola de ensino fundamental em determinada região do município sem providenciar alternativas aos estudantes. Caso ocorresse, uma demanda coletiva poderia ser encaminhada para manter aberta a escola sob aplicação do princípio em sede de controle judicial.

O STF, avaliando o direito fundamental social à saúde da criança e do adolescente, reconheceu a legitimidade do controle jurisdicional quando da omissão do Poder Público e do injusto inadimplemento dos deveres estatais de prestação, a qual justificou a fiscalização judicial em razão da necessidade de respeitar certos parâmetros constitucionais, entre eles, a proibição de retrocesso social. O voto do relator Ministro Celso de Mello, conduzido de forma unânime, invoca o referido princípio como forma de impedir a desconstituição de conquistas já alcançadas pelo cidadão e que em matéria social traduz:

> No processo de sua concretização, verdadeira dimensão negativa pertinente aos direitos sociais de natureza prestacional (como o direito à

(Coord.). *Constituição e segurança jurídica*: direito adquirido, ato jurídico perfeito e coisa julgada: estudos em homenagem a José Paulo Sepúlveda Pertence. Belo Horizonte, Fórum, 2004, p. 85-129.

101 SOUSA, Eliane Ferreira de. *Direito à educação*: requisito para o desenvolvimento do país. São Paulo: Saraiva, 2010, p. 30.

102 FONTE, Felipe de Melo. *Políticas públicas e direitos fundamentais*. 2. ed. São Paulo: Saraiva, 2015, p. 248-249.

saúde), impedindo, em consequência, que os níveis de concretização dessas prerrogativas, uma vez atingidos, venham a ser reduzidos ou suprimidos, exceto na hipótese – de todo inocorrente na espécie – em que políticas compensatórias venham a ser implementadas pelas instâncias governamentais[103].

Por outro lado, o mesmo princípio tem suas limitações, como também vem sendo pautado pelo STF, ao afirmar que ele "não pode impedir o dinamismo da atividade legiferante do Estado, mormente quando não se está diante de alterações prejudiciais ao núcleo fundamento das garantias sociais"[104]. Assim, como os demais, o princípio da vedação do retrocesso não é absoluto, aliás, encontra não só grande resistência doutrinária, como também reflexos na jurisprudência.

2.5 Princípio da separação dos poderes

De acordo com a Constituição Federal, textualmente, são Poderes da União, independentes e harmônicos entre si, o Legislativo, o Executivo e o Judiciário (art. 2º). Ademais, não será objeto de deliberação a proposta de emenda tendente a abolir a separação dos Poderes (art. 60, § 4º, III). Essa doutrina enraizada da separação de poderes[105], a qual adotou o modelo francês, provém de Charles-Louis

---

103 STF, ARE 745745 AgR/MG, Rel. Min. Celso de Mello, DJe-250, 19-12-2014. Nesse sentido também: STF, ARE 727864 AgR/PR, AI 598212 ED/PR, RE 581352 AgR/AM, RE 763667 AgR/CE, ARE 639337 AgR/SP, STA 223 AgR/PE.
104 STF, ADI 4350/DF, Rel. Min. Luiz Fux, DJe-237, 3-12-2014. Nesse sentido também, restringindo a aplicação: ADC 29/DF.
105 Prefere-se divisão de funções. Assim, o "poder do Estado é uno, independente e afirmado pela sua soberania exercida em dois planos distintos, no plano internacional [...] e no plano territorial [...]. Esta unidade de poder, reconhecido leva à autoridade. Autoridade que se organiza para o cumprimento de funções e competências bem delineadas e sistematizadas no texto constitucional. Em qualquer plano [...], conduz a uma perspectiva de divisão horizontal e vertical do poder. Neste sentido, há separação horizontal na ausência de hierarquia e existência de igualdade de posições previamente destacadas na Constituição (caso do art. 2º da Carta de 1988) com finalidade de fixar recíprocos e simétricos condicionamentos da ação de qualquer dos órgãos apoderados. De outro modo, podemos descobrir uma separação vertical nas relações que se desenvolvem entre o Estado e os indivíduos ou grupos deles confrontadas com os sistemas de regulação, bem como o conjunto de relações havidas pela divisão de competências que remanesce constitucionalmente entre os entes da federação"

de Secondat, barão de La Brède e de Montesquieu, a partir da sua célebre obra *Do espírito das leis* (1748).

Recorda-se que o Poder do Estado é uno e indivisível, além de ser indelegável. De fato, enxergam-se funções, em vez de "poderes", e que não são exclusivas, mas preponderantes como se admite na doutrina moderna[106]. Portanto, há funções típicas e atípicas exercidas por cada Poder estabelecido. Ou, como outros preferem, há funções de governo e funções de garantia[107]. Sobre o princípio da separação dos Poderes, José Afonso da Silva assevera:

> Hoje o princípio não configura mais aquela rigidez de outrora. A ampliação das atividades do Estado contemporâneo impôs nova visão da teoria da separação de Poderes e novas formas de relacionamento

---

(SARLET, Ingo Wolfgang; MOLINARO, Carlos Alberto. Democracia – separação de Poderes – eficácia e efetividade do direito à saúde no Judiciário brasileiro. *Observatório do Direito à Saúde*. Belo Horizonte: Faculdade de Filosofia e Ciências Humanas – FAFICH, 2011, p. 24).

106 Segundo Uadi Lammêgo Bulos, "o que existe, em verdade, é uma *separação de funções estatais*, porque o poder político é um só, não admitindo fragmentações, nem dicotomias. Mas, diante da sua unidade, ele desempenha tarefas por intermédio de três funções: a função Legislativa, a função Administrativa (ou Executiva) e a função Jurisdicional. Tais funções são conferidas a órgãos especializados para cada atribuição. Algumas funções são típicas, próprias ou preponderantes. [...] Em contrapartida, os órgãos estatais também exercem funções atípicas ou impróprias. São denominadas de *atípicas*, porque não são inerentes a cada órgão, mas sim secundárias ou subsidiárias. Assim, o Legislativo também administra e julga (arts. 51, IV, e 52, XIII); o Executivo julga e legisla (arts. 62 e 68, § 2º) e o Judiciário legisla e administra (art. 96, I, *a* e *f*)" (*Constituição Federal anotada*. 10. ed. São Paulo: Saraiva, 2012, p. 66).

107 Ensina Hermes Zaneti Jr., apoiado nas lições de Luigi Ferrajoli, diante da margem de disponibilidade da matéria, as funções podem ser de governo e de garantia. Segundo o autor, "o que realmente diferencia os poderes é exercerem a sua legitimidade a partir da representação popular (Executivo e Legislativo) ou a partir da Constituição e das leis (Poder Judiciário e demais instituições de garantia dos direitos fundamentais, como as agências reguladoras e o Ministério Público). As funções de garantia estão assim diferenciadas das funções de governo, porque atuam para a conformação da margem do decidível, colocando-lhe limites e vínculos definidos pelos direitos fundamentais, a esfera do 'não decidível que' (direitos de liberdade) e do 'não decidível que não' (direitos sociais)" (A teoria da separação de Poderes e o Estado Democrático Constitucional: funções de governo e função de garantia. In: GRINOVER, Ada Pellegrini; WATANABE, Kazuo (Coord.). *O controle jurisdicional de políticas públicas*. 2. ed. Rio de Janeiro: Forense, 2013, p. 49-50).

entre os órgãos Legislativo e Executivo e deste com o Judiciário, tanto que atualmente se prefere falar em *colaboração de Poderes*, que é característica do Parlamentarismo[108].

Nesse sentido, Uadi Lammêgo Bulos sustenta que o constituinte de 1988 conferiu "flexibilidade" ao princípio da separação funcional do poder, notada em diversos dispositivos presentes na Constituição, legitimando a ingerência de uma função em outra, conclusão que se define como uma modificação sensível à clássica e tradicional disciplina tripartite das funções do poder[109]. É uma posição que encontra guarida em forte corrente doutrinária. Nesse sentido, Andreas J. Krell, para quem o "vetusto princípio da Separação dos Poderes, idealizado por Montesquieu, está produzindo, com sua grande força simbólica, um efeito paralisante às reivindicações de cunho social e precisa ser submetido a uma nova leitura"[110]. A eficácia desse sistema depende do mecanismo dos freios e contrapesos (*check and balances*), cujo objetivo está em garantir a harmonia entre os Poderes[111].

É oportuno lembrar, conforme tratado no tópico sobre o Estado do Bem-Estar Social, que, no princípio, a separação dos poderes ou a divisão funcional foi instrumentalizada por Montesquieu para evitar a concentração de forças numa única manifestação de poder estatal. O Estado absolutista era um câncer numa sociedade que sofria pela total insegurança jurídica de seus direitos, exceto para o elenco privilegiado dos "amigos do rei". Assim, segundo Clèmerson Merlin Clève:

---

108 SILVA, José Afonso da. *Comentário contextual à Constituição*. São Paulo: Malheiros, 2005, p. 44.
109 BULOS, Uadi Lammêgo. *Constituição Federal anotada*. 10. ed. São Paulo: Saraiva, 2012, p. 66-67.
110 KRELL, Andreas J. Controle judicial dos serviços básicos na base dos direitos fundamentais sociais. In: SARLET, Ingo Wolfgang (Org.). *A Constituição concretizada*: construindo pontes com o público e o privado. Porto Alegre: Livraria do Advogado, 2000, p. 53.
111 Afirma Felipe de Melo Fonte que o princípio da separação de poderes é "uma técnica a serviço de três propósitos: (i) resguardar a democracia; (ii) proteger os direitos fundamentais; e (iii) permitir a racionalização no exercício das funções públicas" (*Políticas públicas e direitos fundamentais*. 2. ed. São Paulo: Saraiva, 2015, p. 169).

A intenção era elaborar uma técnica capaz de permitir uma forma equilibrada e moderada de governo, e mais, com poderes divididos (atribuição de atividades específicas – *funções* – a órgãos distintos e autônomos), de tal modo que, no interior da estrutura do Estado, o poder se encarregasse de controlar ou limitar o próprio poder: "le pouvoir arrête le pouvoir"[112].

A reorganização política pelas mãos da burguesia, a partir da fixação da referida teoria de Montesquieu, passa também pela "Era das Constituições" no século XVIII, cujo destino será positivado para a contenção do poder pelo poder, bem como servirá de testemunho escrito da declaração dos direitos fundamentais e liberdades individuais[113]. Essa é a concepção do Estado Liberal: proteger os direitos de primeira dimensão e controlar o poder para o mínimo de intervenção.

Ocorre que para o Estado Social, que vem a sucedê-lo, os direitos de segunda dimensão (e as seguintes) precisam ser promovidos para garantir a igualdade substantiva dos direitos de liberdade conquistados no Estado Liberal. Para tanto, o Estado deve ser dirigente, assumir uma conduta ativa espelhada e compartilhada nos três Poderes[114]. Assim sendo, na concepção de um *Welfare State* não é possível admitir muros

---

112 CLÈVE, Clèmerson Merlin. *Atividade legislativa do Poder Executivo*. 2. ed. São Paulo: RT, 2000, p. 25.

113 Ensina Clèmerson Clève que "a Constituição de Massachusetts, de 1780, foi pioneira nesse particular. Como, igualmente, a de Virgínia, de 1776. Logo a seguir, as demais Constituições dos novos Estados americanos concluíram por consagrar o princípio, inclusive a Constituição Federal de 1787. Na França, a 'Declaração dos direitos do homem e do cidadão', de 26 de agosto de 1789, chegou ao exagero de afirmar (art. 16) que 'toda sociedade em que a garantia dos direitos não é assegurada, nem a separação dos poderes determinada, não possui Constituição'. A Constituição de 1791 não deixou de contemplar o referido princípio" (*Atividade legislativa do Poder Executivo*. 2. ed. São Paulo: RT, 2000, p. 28).

114 Nas palavras de Osvaldo Canela Junior, "no Estado liberal, o objetivo da teoria da separação dos poderes, consoante já assentado, era o de evitar a concentração do poder estatal, a fim de que os direitos fundamentais de primeira geração fossem assegurados. [...] No Estado social, este objetivo permanece, mas a ele é acrescentado o desiderato de realização dos direitos fundamentais de segunda e outras gerações, com o propósito de se assegurar a igualdade substancial entre os cidadãos. De uma conduta meramente negativa, passiva, o Estado assume, também, uma conduta pró-ativa" (*Controle judicial de políticas públicas*. São Paulo: Saraiva, 2011, p. 72).

altos e intransponíveis entre os poderes, pois o objetivo principal é entregar uma vida digna aos seus súditos, nem que a função preponderante destinada pela Lei Maior seja esquecida casualmente[115].

Não é outra a posição do STF a respeito do princípio da separação dos Poderes quando permite a interferência do Judiciário em outros Poderes, mesmo que em situações excepcionais. A partir de julgamentos do próprio STF, o Ministro Luís Roberto Barroso deixou consignado que:

> As duas Turmas do Supremo Tribunal Federal possuem entendimento de que é possível ao Judiciário, em situações excepcionais, determinar ao Poder Executivo a implementação de políticas públicas para garantir direitos constitucionalmente assegurados, a exemplo do direito ao acesso à educação básica, sem que isso implique ofensa ao princípio da separação dos Poderes. Precedentes[116].

A questão da excepcionalidade, como justificativa para que os juízes possam adentrar em campos que em gerações passadas eram estritamente proibidos, está em praticamente todos os julgados que tratam da omissão estatal às políticas públicas, tarefa ordinária do Poder Legislativo e Executivo. O Ministro Celso de Mello, em oportunidade para julgar a situação, posicionou-se no mesmo sentido. [117]

---

[115] Destaca Daniel Silva Passos, nesse sentido, que o "Judiciário assume responsabilidade solidária pela concretização das promessas sociais inscritas na Carta Magna. O próprio Legislativo não consegue mais acompanhar a dinâmica da sociedade, razão pela qual a própria Constituição incumbiu-se de justicializar o fenômeno político, incorporando, em seu texto, objetivos e diretrizes políticas. [...] O Judiciário omisso, norteado por uma ideologia liberal, é incompatível com o Estado democrático de direito. [...] Fica evidente, portanto, a necessidade de uma cooperação entre Judiciário, Legislativo e Executivo, vinculados que estão a um mesmo objetivo" (*Intervenção judicial nas políticas públicas*. São Paulo: Saraiva, 2014, p. 79-80).

[116] STF, ARE 761.127-AgR, Rel. Min. Luís Roberto Barroso, DJE n. 86, 7-5-2014. Nesse sentido: STF, RE 930454 AgR/MT, Rel. Min. Luís Roberto Barroso, DJe-198, 16-9-2016; ARE 908738 AgR/PR, Rel. Min. Rosa Weber, DJe-180, 25-8-2016.

[117] "Embora resida, primariamente, nos Poderes Legislativo e Executivo, a prerrogativa de formular e executar políticas públicas, revela-se possível, no entanto, ao Poder Judiciário, determinar, ainda que em bases excepcionais, especialmente nas hipóteses de políticas públicas definidas pela própria Constituição, sejam estas implementadas pelos órgãos estatais inadimplentes, cuja omissão – por

Assim, a jurisprudência do STF é no sentido de que o exame da legalidade dos atos administrativos pelo Poder Judiciário não viola o princípio da separação de Poderes, nem mesmo quando o Judiciário determina ao Executivo que sejam implementadas políticas públicas. Nessa quadra, confirmou a Ministra Rosa Weber decisão do TJMG, afastando pretensa ofensa ao princípio da separação dos Poderes, que impôs ao governo estadual a implementação de adaptações necessárias para o acesso à escola pública para as pessoas portadoras com necessidades especiais, de mobilidade reduzida[118].

Diante desse cenário, de um Estado Social que assume compromissos com seus cidadãos de realizações, o Poder Judiciário precisa estar em consonância com a nova realidade[119], distanciando-se de um modelo montesquiano idealizado para a separação dos poderes, não como uma possível supremacia do Judiciário em relação aos demais Poderes, afirma Emerson Garcia, mas assumir "suas vocações de mantenedor da 'paz institucional' e de garantidor da preeminência do sistema jurídico [e que] assumem especial importância no Estado Social moderno"[120].

---

importar em descumprimento dos encargos político-jurídicos que sobre eles incidem em caráter mandatório – mostra-se apta a comprometer a eficácia e a integridade de direitos sociais e culturais impregnados de estatura constitucional. A questão pertinente à 'reserva do possível'. Doutrina" (STF, RE 410.715-AgR, Rel. Min. Celso de Mello, *DJ* 3-2-2006, p. 76).

118 STF, 1ª Turma, ARE 891418-AgR/MG, Rel. Min. Rosa Weber, *DJe* 13-8-2015. Também nesse sentido a manutenção da decisão que sustentou a exigência de acompanhamento de monitores de alunos portadores de necessidades especiais: STF, ARE 843423 AgR/RS, Rel. Min. Luiz Fux, *DJe*-109, 30-5-2016.

119 Osvaldo Canela Junior identifica a Declaração dos Direitos Humanos de 1948 como fonte do referencial ético adotado pelo nosso país (e absorvido pela Carta de 1988 no art. 3º) no sentido de proteção integral e irrestrita dos direitos humanos. Afirma ainda que o Poder Judiciário está vinculado a esse referencial ético para fins de efetivação desses direitos e, portanto, não poderá manter mais aquela postura "contemplativa, sujeita às arbitrariedades dos demais poderes, de tal forma que, quando concitado, deverá o Poder Judiciário, na apreciação do direito fundamental violado pela omissão do Estado, exercer conduta pró-ativa e corretiva, desde que procedente o pedido" (*Controle judicial de políticas públicas*. São Paulo: Saraiva, 2011, p. 90-91).

120 GARCIA, Emerson. Princípio da separação dos Poderes: os órgãos jurisdicionais e a concreção dos direitos sociais. *De jure: Revista Jurídica do Ministério Público do Estado de Minas Gerais*, p. 64, 2008.

Logo, é possível a coexistência harmônica entre a separação de poderes e a eficácia positiva da dignidade da pessoa humana, conclui Ana Paula de Barcellos, desde que se atribua "eficácia jurídica positiva apenas ao núcleo da dignidade, ao chamado *mínimo existencial*, reconhecendo-se legitimidade ao Judiciário para determinar as prestações necessárias à sua satisfação"[121].

Finalizando, superada a doutrina tripartite, serve a lição de Karl Loewenstein, quando defende que há uma distribuição das funções do Estado a diferentes órgãos e agentes, de forma não exclusiva, mediante um controle recíproco, além de propugnar por uma nova divisão, mais condizente com o novo *status* do Poder Judiciário e o equilíbrio entre os Poderes[122]. Cumpre destacar, por fim, que o protagonismo do Judiciário não é casual, decorre da evolução da própria doutrina referida.

---

121 BARCELLOS, Ana Paula de. *A eficácia jurídica dos princípios constitucionais*: o princípio da dignidade da pessoa humana. 2. ed. Rio de Janeiro: Renovar, 2008, p. 257.

122 Loewenstein defende uma nova divisão tripartite, a saber: *policy determination, policy executione* e *policy control* (*Teoría de la constitución*. Traduccione de Alfredo Gallego Anabitarte. 2. ed. Barcelona: Ariel, 1979, p. 62).

3

A ação civil pública educacional

Em face da omissão ou falhas na prestação das políticas públicas educacionais, o que resta como solução ao cidadão que pretende ter seu direito à educação satisfeito? Tanto o constituinte como o legislador oferecem opções, mediante o acesso à justiça, de fazer cumprir e cobrar responsabilidade do administrador público. A ação civil pública educacional se apresenta como forte candidata ao papel de remédio heroico para a sociedade.

3.1 O princípio do acesso à justiça

O princípio do acesso à justiça é uma das mais poderosas ferramentas democráticas conquistadas pelo cidadão. Constrangido ou mesmo negado esse princípio, os demais direitos individuais e coletivos seriam mero papel impresso caso fossem desrespeitados, deixando a sociedade de mãos atadas sem poder recorrer, de forma plena, ao Poder Judiciário.

3.1.1 Noções dogmáticas

O princípio do acesso à justiça ou da inafastabilidade do Poder Judiciário, destacando as expressões mais populares[1], está expresso no art. 5º, XXXV, da CRFB e no art. 3º do CPC. Surgiu "do desejo de defender o indivíduo contra o Estado, representado, nessa relação,

---

1 Marco Félix Jobim critica tais expressões, preferindo "acesso ao Poder Judiciário" como a melhor nomenclatura para o conteúdo do inciso XXXV do art. 5º da Constituição Federal. Alega que "o texto pode ser normatizado como regra, e não princípio, o que lhe fortaleceria como uma cláusula de acesso. [...] Como princípio, resta evidente que não se nega que ao jurisdicionado devam ser assegurados os direitos e garantias inerentes a ter um Poder Judiciário que lhe confirme seu direito, mas isso não pode ser alocado ao texto, quando interpretado como regra" (*Teoria, história e processo*. Porto Alegre: Livraria do Advogado, 2016, p. 130-132).

pelo Poder Executivo. Procurou-se contrapor, ao todo poderoso Executivo, um outro Poder, o Judiciário, para fiscalizá-lo e limitá-lo", segundo José Maria Rosa Tesheiner[2].

Recorda-se, quando se tratou do contexto histórico de outro princípio, o da separação dos Poderes, que a ideia era dispersar a concentração de autoridade a partir das arbitrariedades cometidas pelo absolutismo monárquico. Os três Poderes, por meio da técnica do *check and balances*, trabalhariam sob controle de um com o outro para evitar excessos, principalmente contra as liberdades individuais. Se no início, dentro de um Estado Liberal[3], a figura do juiz resumia-se à *bouche de la loi*, com o Estado do Bem-Estar Social passa a assumir um perfil mais participativo, muito em razão do protagonismo dos direitos sociais não realizados por quem deveria concretizá-los, ou seja, os demais Poderes.

Segundo Sérgio Gilberto Porto e Daniel Ustárroz, o princípio do acesso à justiça foi a grande herança deixada pela ciência processual no século XX, não por acaso o período em que o *Welfare State* se consolidou no panorama mundial. De acordo com os autores, o princípio é da essência da cidadania, sendo incorporado ao longo do século anterior nos sistemas constitucionais para efetivar as normas ali prescritas, como proposta básica de uma sociedade democrática[4].

---

2   TESHEINER, José Maria Rosa. *Elementos para uma teoria geral do processo*. São Paulo: Saraiva, 1993, p. 33.

3   De acordo com Mauro Cappelletti e Bryant Garth, "nos estados liberais 'burgueses' dos séculos dezoito e dezenove, os procedimentos adotados para solução dos litígios civis refletiam a filosofia essencialmente individualista dos direitos, então vigorante. Direito ao acesso à proteção judicial significava essencialmente o direito formal do indivíduo agravado de propor ou contestar uma ação. A teoria era a de que, embora o acesso à justiça pudesse ser um 'direito natural', os direitos naturais não necessitavam de uma ação do Estado para sua proteção" (*Acesso à justiça*. Tradução de Ellen Gracie Northfleet. Porto Alegre: Fabris, 1988, p. 4).

4   Os referidos autores identificam "gargalos" que impedem um acesso universal à justiça, como o valor das custas judiciais, depósitos prévios para manejo de ações e recursos, e o formalismo exagerado que pode implicar insucesso da causa (PORTO, Sérgio Gilberto; USTÁRROZ, Daniel. *Lições de direitos fundamentais no processo civil*. Porto Alegre: Livraria do Advogado, 2009, p. 40-41 e 43-44).

A Constituição brasileira, identificada como tal, através dos fundamentos e objetivos fundamentais previstos em seu texto, garante – como direito individual e coletivo – que a lei não excluirá da apreciação do Poder Judiciário lesão ou ameaça a direito (art. 5º, XXXV). Sendo assim, o acesso à justiça não pode ser apenas uma regra programática, mas efetiva, concretizada por mecanismos ou instrumentos que façam dela valer os demais direitos garantidos na Lei Maior e na legislação infraconstitucional, e a ação civil pública é um dos meios para alcançar a finalidade do princípio em questão.

Nesse sentido, a ação civil pública como mecanismo de acesso à justiça, como sustenta Gilberto Schäfer:

> Assim, o efetivo acesso ao aparato jurisdicional significa um direito fundamental num sistema que busca igualizar, onde todos passam a ter acesso garantido e não só declarado, exigindo aqui também uma nova atuação positiva do Estado na busca de garantir aos indivíduos os novos direitos concedidos pelo Estado. Exige-se do juiz uma postura diferenciada dentro desse novo tempo, compreendendo o novo dimensionamento das suas funções[5].

Importa afirmar que não se trata também de um mero direito à ação ou ao peticionamento, portanto não se confunde com o princípio da demanda[6]. A formulação do princípio direciona-se a cumprir e a dar efetividade aos direitos fundamentais[7], pois a "problemática do acesso à justiça não pode ser estudada nos acanhados limites do acesso aos órgãos judiciais já existentes. Não se trata apenas de

---

5 SCHÄFER, Gilberto. *Ação civil pública e controle de constitucionalidade*. Porto Alegre: Fabris, 2002, p. 22.
6 Rui Portanova ensina que por meio desse princípio o "cidadão tem plena liberdade e autonomia para movimentar o Poder Judiciário como, quando e na medida que ele quiser. Nada ou ninguém pode evitar o uso desse direito" (*Princípios do processo civil*. 5 ed. Porto Alegre: Livraria do Advogado, 2003, p. 118).
7 Segundo Eduardo Rodrigues dos Santos, "pode-se afirmar que a garantia do 'acesso à justiça' abarca um conteúdo amplo e complexo de direitos e garantias fundamentais individuais e coletivas, estando diretamente ligada à noção de democracia e igualdade, bem como de justiça, que visa efetivar os direitos dos cidadãos através da ação jurisdicional, ou melhor, do processo (constitucionalmente estabelecido)" (*Princípios processuais constitucionais*. Salvador: JusPodivm, 2016, p. 145).

possibilitar o acesso à justiça enquanto instituição estatal e sim de viabilizar o *acesso à ordem jurídica justa*"[8].

Nesse sentido, sobre o acesso à ordem jurídica justa, referem-se às palavras de Guilherme Pena de Moraes:

> Destarte, a necessidade de acesso efetivo à justiça e a indispensabilidade da justiça social são resolvidas, na feliz expressão da doutrina pátria contemporânea, em "acesso à ordem jurídica justa". É dizer: o acesso à justiça não se deve limitar aos juízos e tribunais como órgãos jurisdicionais integrantes da estrutura política do Estado, mediante a ampla admissibilidade ao processo ou possibilidade de ingresso em juízo, sendo encargo estatal a promoção de uma ordem jurídica produtora de decisões individual e socialmente justas[9].

Eduardo Appio vai além, ao afirmar que o acesso à justiça, como direito público subjetivo, está vinculado a dois valores constitucionais fundamentais: a cidadania e a dignidade da pessoa humana[10]. Como direito público subjetivo também trata Guilherme Botelho, não conferindo ao acesso à justiça a espécie de princípio em razão da força normativa que o fenômeno detém, preferindo denominá-lo de direito ao processo[11]. Nelson Nery Jr. não tem dúvidas de que é um direito público subjetivo[12].

---

8   WATANABE, Kazuo. Acesso à justiça e sociedade moderna. In: _____; GRINOVER, Ada Pellegrini; DINAMARCO, Cândido Rangel (Coord.). *Participação e processo*. São Paulo: RT, 1988, p. 128. Nesse sentido, a Resolução do CNJ n. 125 de 2010, ao considerar que "o direito de acesso à Justiça, previsto no art. 5º, XXXV, da Constituição Federal, além da vertente formal perante os órgãos judiciários, implica acesso à ordem jurídica justa e a soluções efetivas". Disponível em: <http://www.cnj.jus.br/busca-atos-adm?documento=2579>. Acesso em: 30 set. 2016.

9   MORAES, Guilherme Pena de. *Instituições da Defensoria Pública*. São Paulo: Malheiros, 1999. p. 44-45.

10   Segundo o autor, "com a ampliação do papel do Estado Social, enquanto provedor do desenvolvimento social, através da inserção, nas Constituições escritas, de direitos subjetivos públicos oponíveis em face do Estado, o direito fundamental de acesso ao Judiciário se tornou indispensável" (APPIO, Eduardo. *A ação civil pública no Estado Democrático de Direito*. Curitiba: Juruá, 2009, p. 20 e 24).

11   O autor não tem objeções à expressão "acesso à justiça", ao contrário de muitas outras, como direito de ação e direito à prestação jurisdicional. Segundo ele, "não se configura em direito de mero acesso formal ao Poder Judiciário, comportando uma complexidade de atos a se desenvolverem em um procedimento firmado em constante contraditório, garantindo-se, assim, um diálogo entre as

Como ocorre no Brasil, Portugal adota expressamente na sua Constituição o princípio da dignidade da pessoa humana como base para os demais direitos constitucionalmente assegurados. E do mesmo modo afirma Ronnie Preuss Duarte:

> Parece-nos estreme de quaisquer dúvidas que o direito de acesso à justiça (onde está compreendido, portanto, o direito de acesso aos tribunais e ao justo processo) não só tem como base jusfundamental a dignidade da pessoa humana, mas que ele é dotado de uma relevância qualificada, à exata medida que assegura a própria realização dos demais direitos fundamentais. Ou seja, sem acesso à justiça, como já dito alhures, é impensável a repressão (ou reparação) coativa das ofensas aos direitos fundamentais[13].

De acordo com José Joaquim Gomes Canotilho, também se referindo à Constituição portuguesa vigente (1976)[14], "do princípio do Estado de direito deduz-se, sem dúvida, a exigência de um procedimento justo e adequado de acesso ao direito e de realização do direito"[15], para que seja alcançada a garantia da via judiciária como um direito subjetivo público de proteção jurídica ao catálogo de direitos fundamentais reconhecido constitucionalmente. Luiz Rodrigues Wambier e Eduardo Talamini concluem da mesma forma, mas sob a ótica do nosso direito pátrio, observado o seguinte detalhe:

---

partes e o julgador" (BOTELHO, Guilherme. *Direito ao processo qualificado*. Porto Alegre: Livraria do Advogado, 2010, p. 112-115).

12 O autor prefere princípio do "direito à ação" para identificar o princípio previsto no inciso XXXV do art. 5º da Constituição Federal, mas que não se confunde com o direito à petição (previsto no inciso XXXIV, *a*, art. 5º). Como direito público subjetivo, tem objetivo "a obtenção da tutela jurisdicional do Estado, deve entender-se por realizado o direito subjetivo de ação assim que pronunciada a sentença, favorável ou não ao autor" (NERY JR., Nelson. *Princípios do processo civil na Constituição Federal*. 7. ed. São Paulo: RT, 2002, p. 101-104).

13 DUARTE, Ronnie Preuss. *Garantia de acesso à justiça*. Coimbra: Coimbra Editora, 2007, p. 86-87.

14 "Art. 20º Acesso ao direito e tutela jurisdicional efectiva. 1. A todos é assegurado o acesso ao direito e aos tribunais para defesa dos seus direitos e interesses legalmente protegidos, não podendo a justiça ser denegada por insuficiência de meios económicos. [...]." Disponível em: <https://www.parlamento.pt/Legislacao/Paginas/ConstituicaoRepublicaPortuguesa.aspx>. Acesso em: 30 set. 2016.

15 CANOTILHO, José Joaquim Gomes. *Direito constitucional*. 6. ed. Coimbra: Almedina, 1993, p. 385-387.

[...] A doutrina costuma usar a expressão "acesso à *justiça*" com j minúsculo: não se trata apenas de acesso ao Judiciário (de que "Justiça" costuma ser usado como sinônimo), mas de acesso à ordem jurídica justa, ou seja, o direito de receber um tratamento justo (obter "justiça")[16].

Por outro ângulo autorizado da doutrina, como referencial a quem se dedicou em obra exclusiva sobre o tema, como é o caso de Mauro Cappelletti e Bryant Garth, é possível compreender o referido princípio como o "direito ao acesso efetivo à justiça" e que:

> Tem sido progressivamente reconhecido como sendo de importância capital entre os novos direitos individuais e sociais, uma vez que a titularidade de direitos é destituída de sentido, na ausência de mecanismos para sua efetiva reivindicação. O acesso à justiça pode, portanto, ser encarado como requisito fundamental – o mais básico dos direitos humanos – de um sistema jurídico moderno e igualitário que pretenda garantir, e não apenas proclamar os direitos de todos[17].

Denota-se que a doutrina, nessa amostragem, busca alcançar uma posição do acesso à justiça, seja como princípio, seja como regra, além do que simplesmente protocolar uma demanda em busca de justiça ou na realização de uma pretensão. O que fica, na pertinente colocação de Luiz Guilherme Marinoni, Sérgio Cruz Arenhart e Daniel Mitidiero é que a "questão do acesso à justiça foi o tema-ponte que fez a ligação do processo civil – antes compreendido exclusivamente na sua dimensão técnica – com a 'justiça social', [sendo] indispensável à própria configuração de Estado"[18].

---

16 WAMBIER, Luiz Rodrigues; TALAMINI, Eduardo. *Curso avançado de processo civil*: teoria geral do processo. 16. ed. São Paulo: RT, 2016, v. 1, p. 74-75.

17 Os autores, de forma muito didática, desenvolveram a evolução do referido princípio em três "ondas" a partir de 1965, cuja sequência cronológica é esta: a primeira onda foi a assistência judiciária para os pobres; a segunda tratava sobre a representação jurídica para os interesses difusos; e a terceira onda, que inclui as anteriores, vai além e traz um novo enfoque e que diz respeito ao acesso à representação em juízo na tentativa de vencer os obstáculos das custas judiciais, das possibilidades das partes (aptidão como litigantes) e problemas especiais dos interesses difusos (CAPPELLETTI, Mauro; GARTH, Bryant. *Acesso à justiça*. Tradução de Ellen Gracie Northfleet. Porto Alegre: Fabris, 1988, p. 5 e 6-27).

18 MARINONI, Luiz Guilherme; ARENHART, Sérgio Cruz; MITIDIERO, Daniel. *Novo curso de processo civil*: teoria do processo civil. São Paulo: RT, 2015, v. 1, p. 217.

Sendo assim, o acesso à justiça se posiciona como uma chave que permite abrir as portas do Judiciário para destrancar situações ou liberar amarras de direitos conquistados, mas negados por autoridades ou furtados por terceiros. Ao direito educacional, força o Poder Público a retomar suas responsabilidades com o cidadão, caso contrário, não se alcançaria a realização do que fora proposto pelo constituinte por meio dos anseios da própria sociedade que o sustenta.

3.1.2 O Poder Judiciário contemporâneo

A atuação do Judiciário, dentro da concepção tripartite de Montesquieu, historicamente, foi passiva, "agindo apenas quando provocado, pela natureza 'garantista' de sua intervenção em prol das liberdades civis e políticas ou mesmo pelas técnicas processuais exigidas para sua atuação em casos individuais"[19]. Ocorre que a evolução dos direitos, em especial, o estabelecimento dos direitos sociais, tornou a função judicante não somente de controle ou proteção, mas também para um patamar de promoção.

É possível afirmar, em razão do que já foi escrito até aqui, que o Judiciário de cinquenta anos atrás é muito diferente do dos dias de hoje. Como se sabe, a Constituição de 1988 tem fundamentos e objetivos destinados "a assegurar o exercício dos direitos sociais e individuais, a liberdade, a segurança, o bem-estar, o desenvolvimento, a igualdade e a justiça como valores supremos de uma sociedade fraterna, pluralista e sem preconceitos" (preâmbulo). Esse Estado Democrático, portanto, exige um papel promocional de todos os seus Poderes.

A democracia, como uma velha senhora sentada na frente da televisão assistindo, passionalmente, à vida dos outros, não é mais possível. A democracia ativista nas ruas é a única forma de manter atendidos os anseios dos seus governados, e o Poder Judiciário, mesmo acusado de exercer papel contramajoritário, apesar de ser

---

19 CORTEZ, Luís Francisco Aguilar. Outros limites ao controle jurisdicional. In: GRINOVER, Ada Pellegrini; WATANABE, Kazuo (Coord.). *O controle jurisdicional de políticas públicas*. 2. ed. Rio de Janeiro: Forense, 2013, p. 289.

democrático, não é sempre a maioria, é o responsável pelo *judicial review*[20]. No sistema estadunidense, segundo aponta Eduardo Appio, o *judicial review* (revisão judicial):

> Tem sido considerado um modelo de sistema democrático de contenção de conflitos sociais e políticos, sem o qual dificilmente poderíamos conceber a pluralidade (e riqueza) de correntes filosóficas, étnicas, políticas e sociais nos Estados Unidos. Por meio dele a Suprema Corte não somente limita a ação dos demais ramos do governo, como ainda fornece aos cidadãos os próprios elementos de compreensão do esquema político do país[21].

De acordo com Erwin Chemerinsky, quando questiona "why have a Constitution", a Constituição não só capacita ou confere poderes ao governo, como também limita o exercício da autoridade governamental ao proteger os direitos individuais, mas não é tudo, pois também serve como uma tentativa da sociedade de se proteger de si mesma, além de regular diversos direitos como a igualdade[22]. Essa proteção vem sendo alimentada pela *Supreme Court* por meio de decisões memoráveis e que não afastam a ideia de democrática quanto a sua incumbência legítima de enfrentar e corrigir a atuação dos demais representantes do Estado.

Reconhece ainda o autor um enorme benefício da Constituição, em virtude de seu texto ter sido escrito de forma geral e abstrata:

---

[20] Importa destacar que a democracia se mantém viva mesmo nas decisões do Judiciário, como bem observa Marco Félix Jobim, quando elenca doze razões pelas quais garante ao STF poder democrático ao proferir sentenças normativas a qual conclui que os ministros do STF estão "investidos de poderes democráticos para, em conformidade com o controle de constitucionalidade de leis, modificá-las, se respeitados determinados requisitos, sendo, o maior deles, o de se manter dentro dos parâmetros esboçados no texto constitucional e nos seus possíveis sentidos normativos, vinculados ao momento cultural vivenciado" (*Medidas estruturantes*: da Suprema Corte estadunidense ao Supremo Tribunal Federal. Porto Alegre: Livraria do Advogado, 2013, p. 22 e 112 e ss.).

[21] APPIO, Eduardo. *Direito das minorias*. São Paulo: RT, 2009, p. 46.

[22] "The Constitution both empowers and limits government: it creates a framework for American government, but it also limits the exercise of governing authority by protecting individual rights" (CHEMERINSKY, Erwin. *The case against the Supreme Court*. New York: Viking, 2014, p. 6-7 e 9).

quase todos da sociedade podem concordar com ele[23]. É claro que Chemerinsky está tratando sobre a Constituição estadunidense (1787), de caráter eminentemente liberal, mas não é difícil aplicar as mesmas conclusões para a Constituição brasileira, quando esta protege as liberdades individuais, e para outros textos constitucionais[24].

As premissas do sistema educacional estadunidense, por exemplo, passam, necessariamente, pelo art. 1º, seção 8, da sua Constituição, em que atribui ao Congresso o bem-estar geral dos Estados Unidos, e a Décima Emenda Constitucional (1887), que confere poderes aos Estados ou ao povo quando não delegados pelo seu texto constitucional nem proibidos por ele[25]. Diante disso, de acordo com Chemerinsky, o Poder Judiciário tem que reafirmar o seu papel como intérprete do texto constitucional a partir de dois propósitos mais proeminentes: proteger os direitos das minorias que não podem contar com as políticas públicas e defender a Constituição contra qualquer desejo repressivo da maioria política. E em ambas as tarefas a *Supreme Court* tem falhado, segundo o autor[26].

O papel da Suprema Corte estadunidense para a sua ordem constitucional também não é ignorada por Ingo Wolfgang Sarlet:

> O desenvolvimento posterior do constitucionalismo norte-americano, importa agregar, encontra-se, por sua vez, atrelado à atuação marcante

---

23 CHEMERINSKY, Erwin. *The case against the Supreme Court*. New York: Viking, 2014, p. 9.

24 De acordo com Ingo Wolfgang Sarlet, em síntese do modelo norte-americano constitucional, é possível elencar os seguintes aspectos: a) soberania popular como fundamento do Poder do Estado; b) garantia dos direitos fundamentais a partir das emendas "*Bill of Rights*"; c) separação dos poderes; d) a Federação (SARLET, Ingo Wolfgang; MARINONI, Luiz Guilherme; MITIDIERO, Daniel. *Curso de direito constitucional*. 4. ed. São Paulo: Saraiva, 2015, p. 48-49).

25 Nesse sentido, Maria Cristina Cacciamali afirma que "a constituição dos Estados Unidos da América do Norte não dispõe sobre a responsabilidade do governo federal no sentido de prover educação básica compulsória. O que esta carta jurídica prevê é que essa tarefa cabe aos Estados e ao povo. Assim, essa matéria tem sido legislada a nível estadual e implementada pelos governos municipais com autonomia administrativa" (Estrutura, organização e abrangência do sistema educacional dos Estados Unidos da América do Norte. *Revista da Faculdade de Educação da USP*, v. 13, n. 2, p. 97-117, 1987).

26 CHEMERINSKY, Erwin. *The case against the Supreme Court*. New York: Viking, 2014, p. 9-10.

de sua Suprema Corte, que, embora as diversas fases mais ou menos conservadoras ou progressistas, foi decisiva para a reconstrução permanente da ordem constitucional, além de influenciar o papel de outras cortes constitucionais no mundo inteiro[27].

De fato, ocorre que os tribunais de vértice em países democráticos decidem sobre temas de interesse nacional, cujo ingrediente político não raro se encontra presente, no sentido de escolha de prioridades e adequação da decisão judicial a uma realidade fática, segundo João Carlos Souto, levando em consideração também a repercussão que ela causará na sociedade. A frase "a Constituição é o que os juízes dizem o que ela é", de autoria do *Chief Justice* Charles Evans Hughes, é tão emblemática como verdadeira[28].

Stephen Breyer também não nega que grande parte das decisões da *Supreme Court* não só dividiu os *justices*, como também foi muito impopular perante a sociedade. Ao menos, diante do julgamento *Brown vs. Board of Education*, os *justices* corrigiram erros anteriores e promoveram a educação, bem como o direito da igualdade e não discriminação para as gerações futuras[29]. Trata-se de um exemplo paradigmático de que o Poder Judiciário contemporâneo assumiu novos papéis e destaque na sociedade, espaço já ocupado em planos e momentos diferentes da história pelo Legislativo e Executivo.

3.1.3 Judicialização e ativismo judicial

O princípio do acesso à justiça culmina na encruzilhada da judicialização dos direitos e ativismo judicial, sendo possível identificar que nos últimos anos o Poder Judiciário tem desempenhado um papel de relevo no País também, com grande repercussão na mídia

---

27 SARLET, Ingo Wolfgang; MARINONI, Luiz Guilherme; MITIDIERO, Daniel. *Curso de direito constitucional.* 4. ed. São Paulo: Saraiva, 2015, p. 49.
28 SOUTO, João Carlos. *Suprema Corte dos Estados Unidos.* Principais decisões. 2. ed. São Paulo: Atlas, 2015, p. 39.
29 O autor comenta que "*Brown* permanece como uma das decisões mais importantes da Suprema Corte na história de nosso país, e demonstra como em momentos cruciais a Suprema Corte pode convocar o país para aderir a seus princípios fundamentais" (BREYER, Stephen G. *Making our democracy work.* New York: Vintage, 2011, p. 68 e 51; tradução nossa).

em geral[30]. O debate está aberto, com vozes tanto em defesa desses fenômenos como contrárias e outras ponderáveis. A própria LACP (art. 7º) revela que, caso, no exercício de suas funções, os juízes e tribunais tiverem conhecimento de fatos que possam ensejar a propositura da ação civil, remeterão peças ao Ministério Público para as providências cabíveis. Essa disposição legal pode ser contextualizada com o ativismo judicial.

Nesse sentido, Roberto O. Berizonce aduz que:

> El creciente protagonismo que los propios jueces vienen asumiendo y el a activismo, que desarrollan, son síntoma y al mismo tiempo producto de una doble falencia del Estado que se deriva de la crisis del Estado de bienestar y, por otro lado, de la inclinación del sistema democrático y representativo [...] especialmente, para asegurar La efectividad de los derechos a la salud, a la seguridad social, y en general, de los derechos económicos, sociales y culturales, la protección de los consumidores y del medio ambiente, ante la inercia del Estado y su impotencia para actuar positivamente en la aplicación de las políticas correspondientes y, aún, para proteger a los beneficiarios contra los abusos de los terceros prestadores[31].

Importa diferenciar, *a priori*, as expressões judicialização e ativismo judicial e a melhor distinção parte do discurso do Ministro do STF, Luís Roberto Barroso, para quem "*judicialização* significa que algumas questões de larga repercussão política ou social estão sendo decididas por órgãos do Poder Judiciário, e não pelas instâncias políticas tradicionais: o Congresso Nacional e o Poder Executivo"[32]. Por

---

30 BARROSO, Luís Roberto. Judicialização, ativismo judicial e legitimidade democrática. *[Syn]Thesis*, Rio de Janeiro, v. 5, n. 1, p. 23-32, 2012.

31 BERIZONCE, Roberto O. Los conflictos de interés público. In: _____ (Coord.). *Los procesos colectivos: Argentina y Brasil*. Ciudad de Buenos Aires: Cathedra Jurídica, 2012, p. 86.

32 Segundo o Ministro do STF, o fenômeno da judicialização tem três grandes causas, quais sejam: a *redemocratização* do País a partir da promulgação da Constituição de 1988; a *constitucionalização abrangente* e que trouxe para o texto constitucional matérias antes estranhas à Lei Maior; e o *sistema brasileiro de controle de constitucionalidade*, cuja combinação de dois sistemas, o difuso e o concentrado tornam o nosso sistema como um dos mais abrangentes do mundo (BARROSO, Luís Roberto. Judicialização, ativismo judicial e legitimidade democrática. *[Syn]Thesis*, Rio de Janeiro, v. 5, n. 1, p. 23-32, 2012).

seu turno, o ativismo judicial está associado "a uma participação mais ampla e intensa do Judiciário na concretização dos valores e fins constitucionais, com maior interferência no espaço de atuação dos outros dois Poderes"[33].

Fredie Didier Jr. e Hermes Zaneti Jr. tratam o ativismo como princípio próprio nos processos coletivos em razão do forte interesse público intrínseco, que se revela também no "controle judicial de políticas públicas os exemplos recentes estão se multiplicando, existindo precedentes, já dos tribunais superiores, confirmando decisões que ordenam a execução de atividades essenciais pelo administrador"[34].

Historicamente, segundo Marco Félix Jobim, compreende-se a expressão do ativismo judicial pelo desempenho da Suprema Corte estadunidense durante a presidência do *justice* Earl Warren nas décadas de 1950 e 1960, quando enfrentou casos cujos julgamentos refletiram na aplicação de direitos fundamentais negados à minoria, como o caso de *Brown vs. Board of Education* (1954)[35-36]. A *Supreme*

---

33 Leciona Barroso no sentido de que o ativismo é mais "uma atitude, a escolha de um modo específico e proativo de interpretar a Constituição, expandindo o seu sentido e alcance", cuja postura se manifesta por meio de diferentes condutas, que incluem: (i) a aplicação direta da Constituição a situações não expressamente contempladas em seu texto e independentemente de manifestação do legislador ordinário; (ii) a declaração de inconstitucionalidade de atos normativos emanados do legislador, com base em critérios menos rígidos que os de patente e ostensiva violação da Constituição; (iii) a imposição de condutas ou de abstenções ao Poder Público, notadamente em matéria de políticas públicas" (Judicialização, ativismo judicial e legitimidade democrática. *[Syn]Thesis*, Rio de Janeiro, v. 5, n. 1, p. 23-32, 2012).

34 DIDIER JR., Fredie; ZANETI JR., Hermes. *Curso de direito processual civil*: processo coletivo. Salvador: JusPodivm, 2013, v. 4, p. 134-135.

35 De acordo com o autor, a "Suprema Corte dos Estados Unidos havia julgado, em 1896, o caso *Plessy vs. Ferguson*, no qual admitia a segregação racial baseada na doutrina *separate but equal*. Pouco mais de 50 anos depois, a mesma Corte deparou-se com um dos seus casos mais importantes, no qual encerrou essa doutrina considerada racista pela comunidade afro-americana, concedendo aos negros o direito de frequentar as mesmas escolas que os brancos, numa interpretação correta da Décima Quarta Emenda da Constituição dos Estados Unidos da América, cujo texto, no que diz respeito ao princípio da igualdade, tem alguma semelhança à Constituição Federal brasileira" (JOBIM, Marco Félix. *Medidas estruturantes*: da Suprema Corte estadunidense ao Supremo Tribunal Federal. Porto Alegre: Livraria do Advogado, 2013, p. 75-76).

36 Segundo Aluísio Iunes, "utilizada pela primeira vez em 1947 pelo jornalista americano Arthur Schlesinger numa reportagem sobre a Suprema Corte dos

Court, às vésperas de julgar esse caso, concedeu a revisão da doutrina racista do "separate but equal" em outros cinco envolvidos no contexto da educação, por haver desigualdades, como cita Chemerinsky, de forma ilustrativa, ao avaliar o sistema educativo do Estado da Carolina do Sul:

> The white schools had one teacher for every twenty-eight pupils; the black schools had one teacher for every forty-seven students. The white schools were brick and stucco; the black schools were made of rotting wood. The white schools had indoor plumbing; the black schools had outhouses[37].

Resumidamente, Linda Brown era uma criança negra de tenra idade e que precisava atravessar toda a sua cidade a pé, Topeka, no Estado de Kansas, para chegar à sua escola pública. Ocorre que havia muitas outras escolas públicas próximas de sua casa, mas não aceitavam crianças negras. Diante das negativas das autoridades escolares locais de remanejo, Brown ajuizou contra o Conselho de Educação estadual para exigir que estudasse próximo de sua residência.

A Suprema Corte acabou assegurando seu direito de frequentar uma escola que era exclusiva de brancos a partir de uma interpretação da Décima Quarta Emenda Constitucional em defesa da igualdade no mais amplo dos sentidos. Leciona Marco Félix Jobim que o "rompimento com o passado no caso Brown foi tamanho que a Suprema Corte dos Estados Unidos, no corpo da *opinion* do caso, consignou que o Tribunal novamente se reuniria para ver a real evolução do que foi decidido"[38]. Nesse sentido, João Carlos Souto[39].

Estados Unidos, a expressão 'ativismo judicial' denotou, naquela oportunidade, a postura do juiz que se incumbe do dever de interpretar a Constituição no sentido de garantir direitos" (*Processo civil coletivo e sua efetividade*. São Paulo: Malheiros, 2012, p. 133).

37 "As escolas para brancos tinham um professor para cada vinte e oito alunos; as escolas para negros tinha um professor para cada quarenta e sete alunos. As escolas para brancos eram de tijolo e de estuque; as escolas para negros eram feitas de madeira podre. As escolas para brancos tinham banheiros internos; as escolas para negros tinham latrinas externas" (CHEMERINSKY, Erwin. *The case against the Supreme Court*. New York: Viking, 2014, p. 39; tradução nossa).

38 JOBIM, Marco Félix. *Medidas estruturantes*: da Suprema Corte estadunidense ao Supremo Tribunal Federal. Porto Alegre: Livraria do Advogado, 2013, p. 84.

39 "A decisão unânime da Suprema Corte no caso *Brown* causou enorme impacto na sociedade norte-americana, contribuindo para modificar, com profundidade

A conclusão de Chemerinsky sobre a decisão final da Suprema Corte no caso *Brown vs. Board of Education* resume seu sentimento sobre o desempenho dela:

> Brown e os casos que se seguiram, terminando a segregação racial, são a evidência mais poderosa contra a minha tese sobre as falhas da Suprema Corte. O Tribunal usou sua autoridade e influência para ajudar a transformar a sociedade e para desempenhar a sua missão principal de proteger os direitos constitucionais das minorias[40].

Mesmo assim, passados 60 anos da decisão de *Brown*, segundo especialistas, as escolas públicas norte-americanas permanecem segregadas, porque elas estão instaladas em bairros segregados. Segundo o estudioso Richard Rothstein, pesquisador associado ao *Economic Policy Institute*, de Washington, DC, a política de educação é política habitacional e a segregação residencial vem sendo responsável pela deterioração do direito à educação, em especial para as minorias, como negros e latinos[41].

Ocorre que a *Supreme Court* somente tem considerado atos discriminatórios raciais nos sistemas escolares quando há comprovação

---

poucas vezes vista, o comportamento de uma nação no presente e futuro" (SOUTO, João Carlos. *Suprema Corte dos Estados Unidos*. Principais decisões. 2. ed. São Paulo: Atlas, 2015, p. 76).

40 CHEMERINSKY, Erwin. *The case against the Supreme Court*. New York: Viking, 2014, p. 40, tradução nossa.

41 "When a few children in a classroom come from homes with less literacy and without the benefit of high-quality early childhood care, a skilled teacher can give those children special attention. But when most children in that classroom have these disadvantages, the average instructional level must decline. The most skilled teachers must devote more time to remediation, less to new instruction. When most or even many children in a classroom are sorely stressed from life in violent neighborhoods, or from homes that are economically insecure, teachers must devote more time to discipline, less to learning. When children have been exposed to few college-educated adults (except for their teachers), these children's own ambitions are inevitably constrained. Of course, good teachers will do more to raise such children's achievement than inadequate teachers, but even the best teachers cannot elicit average outcomes from disadvantaged children that they can elicit from middle class children" (ROTHSTEIN, Richard. A Supreme Court case that public education advocates should be watching. Disponível em: <https://www.washingtonpost.com/news/answer-sheet/wp/2015/01/13/a-supreme-court-case-that-public-education-advocates-should-be-watching/>. Acesso em: 19 nov. 2015).

evidenciada de que os distritos escolares, propositalmente, cometeram de forma intencional a discriminação. Essa questão da segregação residencial acabou sendo julgada recentemente pela Suprema Corte no caso *Inclusive Communities Project vs. Texas Department of Housing and Community Affairs*[42].

No Brasil, diante da omissão das autoridades responsáveis em desenvolver as políticas públicas educacionais, apesar da ampla dimensão conferida à educação por meio de uma Constituição, reconhecidamente social, o Poder Judiciário vem assumindo o papel de concretizador dos direitos fundamentais prestacionais. Assim, torna-se evidente a arbitrariedade por omissão estatal como vício da discricionariedade insuficiente, segundo Juarez de Freitas[43], que reflete não só na falta de escolas públicas, como também na ausência de controle de qualidade da educação.

Aquela imagem robotizada do juiz, passiva, construída pela ideia de que ele nada mais era do que a "a boca da lei", é superada sob esse aspecto. Nesse sentido, descreve Eugenio Raúl Zaffaroni:

> No meio da tremenda pugna de poder, que sempre ocorreu em torno do judiciário, caiu-se em uma caricatura da imparcialidade, identificando-a com uma imagem altamente empobrecida do juiz, estereotipada e cinza, concebendo-o sem ideias próprias e desvinculado dos problemas da comunidade e da própria sociedade. [...] O juiz não pode ser alguém "neutro", porque não existe neutralidade ideológica, salvo na forma de apatia, irracionalismo ou decadência do pensamento, que não são virtudes dignas de ninguém e menos ainda de um juiz[44].

Compartilha com essa posição Piero Calamandrei:

> Não adianta dizer, como se ouve repetir com demasiado simplismo, que a função dos magistrados é aplicar a lei e que, portanto, se

---

42 Disponível: <http://www.supremecourt.gov/opinions/14pdf/13-1371_m64o.pdf>. Acesso em: 19 nov. 2015.

43 O autor exemplifica também caso comissivo quando a Administração Pública decida "começar uma escola em vez de dar prioridade a escolas inacabadas, provavelmente configurar-se-á arbitrariedade por excesso, com vício comissivo de descomedimento e antieconomicidade" (FREITAS, Juarez. *Direito fundamental à boa administração pública*. 3. ed. São Paulo: Malheiros, 2014, p. 27-28 e p. 85).

44 ZAFFARONI, Eugenio Raúl. *Poder Judiciário*: crise, acertos e desacertos. Tradução de Juarez Tavares. São Paulo: RT, 1995, p. 92.

mudança de regime significa mudança de leis, o ofício dos magistrados permanece sempre o mesmo, resumido no dever de serem fiéis às leis em vigor. Quem assim raciocina não quer perceber que as leis são fórmulas vazias, que o juiz cada vez preenche não só com a sua lógica, mas também com seu sentimento. [...] A interpretação das leis deixa ao juiz certa margem de opção; dentro dessa margem, quem comanda não é a lei inexorável, mas o coração mutável do juiz[45].

Diante desse vácuo institucional dos outros dois Poderes, não é possível o Judiciário assistir passivamente ao desmoronamento do Estado Democrático de Direito perante a ausência da efetivação dos direitos fundamentais[46]. Por "passivismo judicial", Elival da Silva Ramos define o fenômeno, presente no positivismo liberal, como a atividade judicial com a mera aplicação mecanizada dos enunciados normativos. Entretanto, não defende o ativismo, ao contrário, o considera como um "desrespeito aos limites normativos substanciais da função jurisdicional"[47].

O caso *Brown* foi emblemático não só pela integração racial como também para o campo educacional, pois gerou um ativismo judicial além das portas dos tribunais, em que juízes federais tiveram que "interferir na jurisdição normal de diretores de escola e outras atividades locais. Exigiram mudanças radicais na organização escolar

---

45 CALAMANDREI, Piero. *Eles, os juízes, vistos por um advogado*. Tradução de Eduardo Brandão. São Paulo: Martins Fontes, 2000, p. 221-222.
46 Mauro Cappelletti atribui como qualidade aos juízes e tribunais as "virtudes passivas", não a passividade no plano substancial justificada como falta de criatividade, mas a passividade no plano processual, no sentido de que o *judicial process* não ser iniciado *ex officio* pelo Judiciário, bem como a sua atividade decisória estar conectada com os *cases and controversies* e a atitude de imparcialidade, assegurando às partes o direito de serem ouvidas (*fair hearing*) (*Juízes legisladores?*. Tradução de Carlos Alberto Alvaro de Oliveira. Porto Alegre: Fabris, 1993, p. 75-76).
47 O conceito de ativismo para Elival da Silva Ramos é "o exercício da função jurisdicional para além dos limites impostos pelo próprio ordenamento que incumbe, institucionalmente, ao Poder Judiciário fazer atuar, resolvendo litígios de feições subjetivas (conflitos de interesse) e controvérsias jurídicas de natureza objetiva (conflitos normativos)". Considera, por exemplo, que o STF não poderia impor ao Poder Público o acesso à creche e pré-escola caso a execução desse direito fosse ignorado por se tratar de norma programática e de eficácia limitada (*Ativismo judicial*: parâmetros dogmáticos. 2. ed. São Paulo: Saraiva, 2015, p. 131-132 e 269).

e traçaram planos detalhados para tais mudanças"[48]. Segundo Ronald Dworkin:

> Nunca na história norte-americana, suas decisões pareceram tão diferentes do trabalho normal dos juízes ou atraíram tanta hostilidade do público e da imprensa. Alguns intelectuais, inclusive vários que deram sua aprovação ao projeto, afirmaram que as decisões judiciais assinalaram uma importante mudança na natureza e no caráter do cargo de juiz. Em certo sentido, esses intelectuais tinham razão[49].

Nessa quadra, Eduardo Appio assevera que a partir de *Brown*, como o caso mais importante da história recente da *Supreme Court*, a interpretação constitucional viria a interferir na vida das pessoas, no seu dia a dia, nos seus locais de trabalho e em suas escolas, e não somente faria parte do universo acadêmico jurídico. Justifica-se também o sucesso da decisão ao demonstrar que a democracia não vive somente do resultado da maioria, mas também está legitimada na proteção das minorias onde deve ser aplicado o ativismo judicial[50].

Nos anos 1980, um novo capítulo de litígios sobre educação teve vez nos Estados Unidos, conforme Ricardo Luis Lorenzetti:

> Los abogados de las asociaciones civiles comezaron a focalizarse en las disparidades existentes en el nivel educación y los fondos que asignaban a ello en los distintos Estados, basándose en el Derecho a un nível básico de educácion. En la mayoría de los Estados existian disposiciones constitucionales que requeriam que el gobierno propeyera a los estudiantes de un derecho a una adecuada educácion. Las Cortes estaduales interpretaron estos textos en el sentido de que los ciudadanos tienen derecho a una educácion que los pueda equipar para competir efectivamente en un mercado global. Con el tiempo, las Cortes avanzaron especificando esa cláusula general, y estableciendo que era necesario una cantidad de maestros, aulas con dimensiones apropiadas, equipamiento adecuado en las escuelas, una currícula rigurosa, instrumentos para el aprendizaje como laboratorios, computadoras,

---

48 DWORKIN, Ronald. *O império do direito*. Tradução de Jefferson Luiz Camargo. Rio de Janeiro: Martins Fontes. 1999, p. 466-467.
49 Idem, p. 467.
50 APPIO, Eduardo. *Direito das minorias*. São Paulo: RT, 2009, p. 246-251.

bibliotecas e incluso se reconoció el derecho a un ambiente ordenado para el estudio[51].

Conclui-se, na lição de Mauro Cappelletti, que a constituição com finalidade social, aquela que encarta a tutela dos direitos sociais, como a nossa, exige um papel do juiz além daquele que estava costurado às raízes de uma legislação protetiva de liberdades individuais e que lhe cabia repreender os casos de desrespeito. A atividade judiciária tem caráter acentuadamente criativo em razão da legislação *welfare*, numa posição que exige interferência na esfera social, de *law--makers*, o que não significa que sejam legisladores[52].

Nas palavras do autor o "bom juiz bem pode ser criativo, dinâmico, 'ativista' e como tal manifestar-se; no entanto, apenas o juiz ruim agiria com as formas e as modalidades do legislador, pois, a meu entender, se assim agisse deixaria simplesmente de ser juiz"[53]. Conclusão que se entende como mais próxima do que se esperaria da atividade do Poder Judiciário dentro das suas atribuições constitucionais.

3.2 Processo coletivo

Identifica-se um processo coletivo, exclusivamente, em razão da finalidade que se busca alcançar, no caso, a tutela de um interesse e direito transindividual, que pode ser tanto difuso, coletivo *stricto sensu*, como individual homogêneo, direitos conceituados também pelo legislador pátrio[54]. Não importa o legitimado ativo ou passivo,

---

51 LORENZETTI, Ricardo Luis. *Justicia colectiva*. Santa Fe: Rubinzal-Culzoni, 2010, p. 210-211.
52 CAPPELLETTI, Mauro. *Juízes legisladores?*. Tradução de Carlos Alberto Alvaro de Oliveira. Porto Alegre: Fabris, 1993, p.40-42 e p. 74.
53 Idem, p. 74.
54 A conceituação encontra-se no parágrafo único do art. 81 do CDC, observado que os interesses ou direitos difusos são os transindividuais, de natureza indivisível, de que sejam titulares pessoas indeterminadas e ligadas por circunstâncias de fato (inciso I); os interesses ou direitos coletivos também os transindividuais, de natureza indivisível de que seja titular grupo, categoria ou classe de pessoas ligadas entre si ou com a parte contrária por uma relação jurídica base (inciso

portanto[55]. Considerando essa premissa, o processo coletivo tem as suas singularidades. É o tema que será tratado a seguir.

3.2.1 Breve histórico das ações coletivas

O surgimento das ações coletivas, segundo Fredie Didier Jr. e Hermes Zaneti Jr., tem origem em duas fontes principais: a primeira seria no direito romano por meio da ação popular em defesa da coisa pública pelo cidadão; e a segunda na prática judiciária anglo-saxã dos últimos oitocentos anos, antecedente mais próximo das *class actions*[56]. Gregório Assagra de Almeida também comunga do mesmo referencial histórico da ação popular no direito romano para tutelar os interesses comunitários e das ações medievais como precedentes do direito anglo-americano e as ações de classe[57].

De acordo com a maioria da doutrina, afirma Teori Albino Zavascki, o nascimento do processo coletivo está na experiência do *Bill of peace*, um tipo de demanda admitida no século XVII na Inglaterra em que bastava a participação dos representantes de determinados grupos interessados para promovê-la e compartilhar o resultado com todos eles. Assim teria surgido a *class action*[58]. A Inglaterra seria o berço dos litígios coletivos, segundo Aluisio Gonçalves de Castro Mendes, no entanto, em época mais remota, a partir do século XII[59].

II); e os interesses ou direitos individuais homogêneos, assim entendidos os decorrentes de origem comum (inciso III).

55 Nesse sentido, em defesa do seu "critério finalístico": MANCUSO, Rodolfo de Camargo. *Jurisdição coletiva e coisa julgada*: teoria geral das ações coletivas. 3. ed. São Paulo: RT, 2012, p. 69.
56 DIDIER JR., Fredie; ZANETI JR., Hermes. *Curso de direito processual civil*: processo coletivo. Salvador: JusPodivm, 2013, v. 4, p.25-26.
57 ALMEIDA, Gregório Assagra de. *Direito processual coletivo brasileiro*: um novo ramo do direito processual. São Paulo: Saraiva, 2003, p. 38-39.
58 ZAVASCKI, Teori Albino. *Processo coletivo*. 6. ed. São Paulo: RT, 2014, p. 23-24.
59 O primeiro caso, segundo o autor, "teria ocorrido em torno do ano de 1199, quando, perante a Corte Eclesiástica de Canterbury, o pároco Martin, de Barkway, ajuizou ação, versando sobre o direito a certas oferendas e serviços diários, em face dos paroquianos de Nuthamstead, uma povoação de Hertfordshire, assim considerados como um grupo, chamando, no entanto, a juízo apenas algumas

Recorda-se que o processo como ciência autônoma ganha certidão de nascimento com a publicação em 1868 da obra de Oskar von Bülow, pois até então era um apêndice da relação jurídica material (fase sincrética do processo) ou mero direito adjetivo[60]. Assim, o processo coletivo como conhecemos é mais recente, mesmo que os direitos de índole coletiva sempre existiram[61]. A doutrina[62] costuma citar a obra *Acesso à justiça*, de Mauro Cappelletti e Bryant Garth, originalmente publicada em 1978, como responsável por identificar a segunda "onda" em torno do tema-título e que seria a defesa dos interesses difusos.

Essa segunda onda, como "segundo grande movimento no esforço de melhorar o acesso à justiça", de acordo com Cappelleti e Garth, vem mudar a concepção individualista do processo, visto apenas como uma relação entre duas partes, bem como forçar a uma reflexão sobre o papel dos tribunais e dos juízes, revolução que acompanhou a crescente preocupação com os direitos ambientais e dos consumidores no primeiro momento[63]. O "processo individualista era *impróprio* e *intencionalmente inepto* para a proteção de situações coletivas, às quais as sociedades eram *avessas*, quando se formou essa concepção de processo, nos séculos XIX e limiar do XX", afirma Arruda Alvim[64].

---

pessoas, para, aparentemente, responderem por todos" (MENDES, Aluisio Gonçalves de Castro. *Ações coletivas e meios de resolução coletiva de conflitos no direito comparado e nacional*. 4. ed. São Paulo: RT, 2014, p. 49).

60 CINTRA, Antônio Carlos de Araújo; GRINOVER, Ada Pellegrini; DINAMARCO, Cândido Rangel. *Teoria geral do processo*. 28. ed. São Paulo: Malheiros, 2012, p. 51.

61 Nesse sentido afirma Ricardo de Barros Leonel que a "manifestação dos conflitos coletivos no âmbito do processo é recente, seja em função do seu recrudescimento, seja ainda pela incapacidade da Administração Pública de equacioná-los suficientemente dentro de sua esfera de atribuições ou competências constitucionais e legais" (*Manual do processo coletivo*. 2. ed. São Paulo: RT, 2011, p. 29).

62 A título de exemplo, refere-se a Teori Albino Zavascki (*Processo coletivo*. 6. ed. São Paulo: RT, 2014, p. 28) e Gregório Assagra de Almeida (*Direito processual coletivo brasileiro*: um novo ramo do direito processual. São Paulo: Saraiva, 2003, p. 42).

63 CAPPELLETTI, Mauro; GARTH, Bryant. *Acesso à justiça*. Tradução de Ellen Gracie Northfleet. Porto Alegre: Fabris, 1988, p. 18-19.

64 ALVIM, Arruda. Ação civil pública – sua evolução normativa significou crescimento em prol da proteção às situações coletivas. In: MILARÉ, Édis (Coord.). *A*

O surgimento também das sociedades de massa em razão das características da vida moderna vai gerar conflitos de grande envolvimento de grupos ou classes de pessoas. Segundo Gilberto Schäfer, "na sociedade de massas, a utilização de novas técnicas de produção está a serviço da produtividade. Com o sistema judiciário (sistema jurídico), em alguma medida, dá-se o mesmo"[65]. Indaga-se "se o processo recebe o impacto dessa propensão do mundo contemporâneo para os fenômenos de massa: produção de massa, distribuição de massa, cultura de massa, comunicação de massa, e, por que não, processo de massa?", reflete José Carlos Barbosa Moreira[66].

No Brasil, a Lei da Ação Popular (LAP – Lei n. 4.717/65) pode ser considerada um ensaio dentro da disciplina de processos coletivos à espera do que viria ser o marco legislativo principal, a Lei da Ação Civil Pública (LACP – Lei n. 7.347/85). Esclarece Aluisio Gonçalves de Castro Mendes que, até a promulgação da LAP, a doutrina não promovia estudos ou tinha atenção devida à referida disciplina, apesar de a ação popular estar prevista desde a Constituição de 1934 (exceto na de 1937) como demanda a pleitear nulidade ou anulação de atos lesivos ao patrimônio público[67].

Os atos lesivos contra o meio ambiente e a respectiva responsabilização civil e criminal por danos ambientais estão previstos na Lei da Política Nacional do Meio Ambiente (Lei n. 6.938), de 1981, cuja legitimação cabe ao Ministério Público. O envolvimento da doutrina

---

ação civil pública após 20 anos: efetividade e desafios. São Paulo: RT, 2005, p. 73.

65 Segundo o autor, em defesa das súmulas vinculantes, mesmo que não possam ser tomadas como "remédio de todas as mazelas do Judiciário", respondem a "demandas de uma sociedade de massas, em que o Direito também passa a ser concebido um produto. O sistema jurídico pode ser comparado a um grande supermercado, em que muitos dos produtos já se encontram prontos e rotulados e, se não for assim, não haverá como atender a todos – o oferecimento artesanal não possibilitaria algo para tanto" (SCHÄFER, Gilberto. *Súmulas vinculantes*: análise crítica da experiência do Supremo Tribunal Federal. Porto Alegre: Livraria do Advogado, 2012, p. 174).

66 BARBOSA MOREIRA, José Carlos. Ações coletivas na Constituição Federal de 1988. *Revista de Processo*, São Paulo: RT, n. 61, p. 187-200, jan.-mar. 1991.

67 MENDES, Aluisio Gonçalves de Castro. *Ações coletivas e meios de resolução coletiva de conflitos no direito comparado e nacional*. 4. ed. São Paulo: RT, 2014, p. 199-200.

nacional, principalmente de membros do *Parquet*, foi crucial para que a LACP fosse promovida. A Constituição de 1988 também jogou holofotes nos direitos transindividuais não só em relação à tutela ambiental, mas a novos direitos, como do consumidor e de instrumentos protetivos, como o mandado de segurança coletivo, a ampliação do objeto da ação popular e o reconhecimento de outros legitimados para defesa dos direitos coletivos[68].

De acordo com Barbosa Moreira, a Constituição de 1988 assumiu "proporções inéditas" em relação a todas outras Constituições brasileiras em matéria de ações coletivas, inclusive diante do direito constitucional comparado[69]. Então, dois anos depois, vem a ser promulgado o Código de Defesa do Consumidor (CDC – Lei n. 8.078) e consolidar a importância dos processos coletivos em nossa legislação e abrir novos rumos dogmáticos para a disciplina em outras oportunidades consignatárias de direito material coletivo (por exemplo, direitos da criança e do adolescente, dos idosos etc.).

3.2.2 O microssistema processual coletivo brasileiro

O conjunto normativo que trata da tutela dos direitos difusos e coletivos tem sido denominado "microssistema processual coletivo". Reconhece-se que até a publicação da LACP não tínhamos uma categorização qualitativa que importasse em tal distinção[70]. Nem mesmo

---

68 De acordo com Aluísio Iunes, a promulgação da Constituição de 1988 "abriu oportunidade para a oxigenação da tutela coletiva, pois seus princípios, direitos e garantias fundamentais permitem o questionamento da instrumentalidade do processo, da promoção da justiça social, da efetivação dos direitos coletivos e do descompasso existente entre a teoria e a prática processuais. É a leitura constitucional da coletivização do processo como meio renovatório de acesso à Justiça" (*Processo civil coletivo e sua efetividade*. São Paulo: Malheiros, 2012, p. 51-52).

69 BARBOSA MOREIRA, José Carlos. Ações coletivas na Constituição Federal de 1988. *Revista de Processo*, São Paulo: RT, n. 61, p. 187-200, jan.-mar. 1991.

70 Além da LAP de 1965, a doutrina de modo geral cita outros diplomas que vieram a conceder legitimidade para entidades representar seus associados ou classe, como a CLT (sindicatos), o antigo Estatuto da OAB de 1963 (OAB) e a LC n. 40/81 (Lei Orgânica do Ministério Público e a legitimidade para ajuizar ação civil pública).

em 1985, com a LACP, é possível pregar esse conceito, o que se torna inquestionável com o nascimento do CDC.

Portanto, é possível afirmar que a evolução da ação civil pública a partir da promulgação da Constituição Federal em 1988 (que ampliou o rol dos legitimados ativos, bem como o objeto das ações coletivas) e do Código de Defesa do Consumidor de 1990 (ampliou o campo de abrangência, trazendo correções e acréscimos ao texto original)[71] alcançou um legítimo "microssistema processual coletivo" de acordo com a posição do STJ:

> Os arts. 21 da Lei da Ação Civil Pública e 90 do CDC, como normas de envio, possibilitaram o surgimento do denominado *Microssistema ou Minissistema de proteção dos interesses ou direitos coletivos amplo senso*, no qual se comunicam outras normas, como o Estatuto do Idoso e o da Criança e do Adolescente, a Lei da Ação Popular, a Lei de Improbidade Administrativa e outras que visam tutelar direitos dessa natureza, de forma que os instrumentos e institutos podem ser utilizados para "propiciar sua adequada e efetiva tutela" (art. 83 do CDC)[72].

Posteriormente, outros diplomas viriam integrar esse sistema, como o Estatuto da Criança e do Adolescente (ECA – Lei n. 8.069/90), Lei de Improbidade Administrativa (Lei n. 8.429/92), o Estatuto do Idoso (Lei n. 10.741/2003), Lei do Mandado de Segurança Individual e Coletivo (Lei n. 12.016/2009) etc. Com efeito:

> Tem-se, assim, a adoção de um sistema que privilegia o tratamento coletivo dos problemas enfrentados por número considerável de pessoas, permitindo o acesso à Tutela Jurisdicional por indivíduos que estavam ou estão à margem do sistema, tutelando direitos relevantes ou até mesmo aqueles que, individualmente, são mínimos (delitos de bagatela), mas com alto valor se coletivamente considerados. Em tal contexto é que se insere o Sistema Processual do novo século, com o tema emblemático da Coletivização dos Direitos[73].

---

71 MAZZILLI, Hugo Nigro. *A defesa dos interesses difusos em juízo*. 26. ed. São Paulo: Saraiva, 2013, p. 136.
72 STJ, REsp 1221254/RJ, Rel. Min. Arnaldo Esteves Lima, *DJe* 13-6-2012, *RIP*, v. 73 p. 243; destacou-se.
73 GOMES JR., Luiz Manoel; FAVRETO, Rogério. O Projeto de Lei que disciplina as ações coletivas: abordagem comparativa sobre as principais inovações. In: GOZZOLI, Maria Clara; CIANCI, Mirna; CALMON, Petrônio; QUARTIERI, Rita

Importa destacar o reconhecimento desse "sistema único coletivo" como a fonte legislativa mais avançada sobre processo coletivo entre os países da *civil law*[74], representado pelos textos legais citados, em especial, a LACP e o CDC, integrados textualmente entre eles[75]. No entanto, "conquanto seja bela a construção legislativa que enseja a interpretação de que há um microssistema processual coletivo, não há dúvida de que o manejo dessa estrutura legal não é nem um pouco simples ou prático"[76]. Também nesse sentido, Rodolfo de Camargo Mancuso afirma que:

> De outra parte, se é possível reconhecer que o direito brasileiro dispõe de um microssistema processual coletivo, formado por engenhosa interação de textos autorremissivos, como antes lembrado, não é menos verdade que, por essa técnica, o conjunto, em certa medida, perde em coesão interna, resultando um tanto fragmentado, gerando dificuldades na *práxis* judiciária, especialmente para o operador não muito afeito às peculiaridades do ambiente processual coletivo[77].

De acordo com esse panorama de fragmentação normativa e de discordância no tratamento do processo coletivo, ganhou força na doutrina o movimento de codificação a partir de dois códigos-

---

(Coord.). *Em defesa de um novo sistema de processos coletivos*: estudos em homenagem a Ada Pellegrini Grinover. São Paulo: Saraiva. 2010, p. 376.

74 Destaca-se sempre a lição de Barbosa Moreira: "creio que o Direito brasileiro hoje está mais bem equipado que qualquer outro que eu conheça em matéria de Ações Coletivas. É um direito extremamente rico em remédios desse tipo" (Ações coletivas na Constituição Federal de 1988. *Revista de Processo*, São Paulo: RT, n. 61, p. 187-200, jan.-mar. 1991).

75 O CDC, pelo seu art. 117, acrescentou à LACP o art. 21 e que prevê a aplicação à defesa dos direitos e interesses difusos, coletivos e individuais, no que for cabível, os dispositivos do Título III do próprio CDC (arts. 81 ao 104).

76 Os autores ainda afirmam que "nem tudo são flores. Passados anos da entrada em vigor do Código de Defesa do Consumidor e da Lei da Ação Civil Pública, e, não obstante a intensa produção legislativa acima resumida, ainda são frequentes os equívocos dos operadores do direito ao lidar com o processo coletivo, sobretudo pelo indevido vínculo com a visão individualista do CPC" (DONIZETTI, Elpídio; CERQUEIRA, Marcelo Malheiros. *Curso de processo coletivo*. São Paulo: Atlas, 2010, p. 30 e 6).

77 MANCUSO, Rodolfo de Camargo. *Jurisdição coletiva e coisa julgada*: teoria geral das ações coletivas. 3. ed. São Paulo: RT, 2012, p. 25.

-modelo e dois anteprojetos[78]. No entanto, quem alcançou maior prestígio dentro do Congresso Nacional foi o Projeto de Lei n. 5.139/2009 que, apesar de o não manter a sugestão inicial de "Código Brasileiro de Processos Coletivos" ao adotar a ideia de "Sistema Único de Ações Coletivas", expressão criticada por alguns[79], tem o objetivo de atualizar a LACP[80].

Conclui Ada Pellegrini Grinover que, não obstante o Brasil estar numa posição de vanguarda na disciplina, o minissistema brasileiro tem sofrido com falhas e insuficiências, principalmente na aplicação prática do texto legal. Destaca, ainda, em defesa de um Código de Processos Coletivos a evolução de uma doutrina coerente que se originou em torno da LACP e do CDC, autorizada para construir a disciplina processual coletiva sob normas mais abertas e flexíveis para efetivar os interesses e direitos transindividuais e dos individuais homogêneos[81].

---

78 Resumidamente, o *Código-Modelo de Processo Civil Coletivo para Países de Direito Escrito* elaborado por Antonio Gidi; o *Código-Modelo de Processos Coletivos para Ibero-América*, de Ada Pellegrini Grinover, Kazuo Watanabe e o Antonio Gidi; o *Anteprojeto de Código Brasileiro de Processos Coletivos do Instituto Brasileiro de Direito Processual – IBDP*, sob coordenação de Ada Pellegrini Grinover; e o *Anteprojeto de Código Brasileiro de Processos Coletivos da UERJ e Unesa*, sob coordenação de Aluisio Gonçalves de Castro Mendes.

79 Entre eles, Eurico Ferraresi (Do sistema único de ações coletivas: ação civil pública, ação popular, mandado de segurança coletivo e ação de improbidade administrativa. In: GOZZOLI, Maria Clara; CIANCI, Mirna; CALMON, Petrônio; QUARTIERI, Rita (Coord.). *Em defesa de um novo sistema de processos coletivos*: estudos em homenagem a Ada Pellegrini Grinover. São Paulo: Saraiva. 2010, p. 207).

80 De acordo com a exposição de motivos, destaca-se "ser uma adequação às significativas e profundas transformações econômicas, políticas, tecnológicas e culturais em âmbito global, significativamente aceleradas nesta virada do século XX, para o fim de prever a proteção de direitos que dizem respeito à cidadania. Disponível em: <http://www.camara.gov.br/proposicoesWeb/prop_mostrarintegra?codteor=651669&filename=PL+5139/2009>. Acesso em: 25 set. 2014.

81 GRINOVER, Ada Pellegrini. O projeto de lei brasileira sobre processos coletivos. In: GOZZOLI, Maria Clara; CIANCI, Mirna; CALMON, Petrônio; QUARTIERI, Rita (Coord.). *Em defesa de um novo sistema de processos coletivos*: estudos em homenagem a Ada Pellegrini Grinover. São Paulo: Saraiva. 2010, p. 19-21.

3.2.3 A tutela coletiva no direito comparado da *civil law* e da *common law*

Recentemente, a LACP e o CDC comemoraram aniversário. A primeira alcançou trinta anos e o segundo, vinte e cinco anos das suas respectivas promulgações. São três décadas, praticamente, em que a doutrina brasileira vem avaliando acertos e erros do microssistema nacional de processos coletivos. Como não poderia deixar de ser, uma oportunidade para comparar com a evolução legislativa, doutrinária e jurisprudencial de outros países, em especial daqueles que nos dizem muito a respeito e que representam, cada qual, um sistema jurídico diferente, como é o caso do modelo norte-americano das *class actions* (*common law*) e das *tutelas collettivas* italianas (*civil law*).

Como se sabe, muito se deve à construção do processo civil brasileiro pela argamassa jurídica italiana, particularmente o nosso Código de 1973. Por essa razão, é natural que se observe a realidade da tutela coletiva na Itália. Os autores brasileiros não têm dúvidas de que a obra peculiar de Cappelletti, um dos grandes processualistas italianos, com colaboração de Bryant, seja uma antevisão do que atravessaríamos sobre o acesso à justiça aos interesses difusos[82].

Ocorre que o sistema *civil law* italiano a respeito dos processos coletivos é bastante restrito comparado com o brasileiro, cujo maior mérito está no seu referencial doutrinário que ultrapassou suas fronteiras. Além de Cappelletti[83], nomes como Vincenzo Vigoritti,

---

82 Segundo Carlos Alberto Alvaro de Oliveira, "Mauro Cappelletti foi o grande inspirador e paladino em nossa época dessa ótica mais humana e realista de sentir e pensar o fenômeno processual. Sua visão sociológica do processo, herdada de Piero Calamandrei, a vivência compartilhada do *civil law* e do *common law*, a aptidão de seu refinado espírito para as vicissitudes da pós-modernidade, fizeram com que se tornasse um observador privilegiado dos grandes conflitos de valor do século XX e principalmente um renovador insuperável dos estudos do direito processual" (Cappelletti e o direito processual brasileiro. *Páginas de Direito*. Disponível em: <http://www.tex.pro.br/home/artigos/158-artigos-ago-2001/3533-cappelletti-e-o-direito-processual-brasileiro>. Acesso em: 14 out. 2016).

83 De acordo com Artur Torres, "a temática *processual coletiva*, que também passa a conviver entre nós por influência da doutrina italiana, tem seu *start*, certamente, a partir do contato de juristas nacionais com a doutrina professada por Mauro Cappelletti, no início da década de setenta. As lições do mestre italiano, à evi-

Michele Taruffo e Vittorio Denti têm presença garantida no universo da disciplina, alimentando o debate e o alcance da efetividade da tutela coletiva para os interesses coletivos e difusos. Michele Taruffo, sinteticamente, apresenta um desenho da tutela coletiva de seu país:

> Tracciare un quadro della tutela collettiva in Italia, sia pure per cenni generali è un compito al contempo facile e difficile. È difficile perché il tema è assai complesso sotto il profilo teorico, e perchè dei problemi della tutela collettiva si è cominciato a discutere verso la fine degli anni '60; la discussione si è poi sviluppata negli anni '70 e nei decenni successivi, dando luogo ad una ricca letteratura che comprende varie monografie. [...] Si tratta però di un compito facile perchè questi contributi teorici hanno dato frutti interessanti altrove (come ad esempio in Brasile), ma non in Italia. Gli interventi del patrio legislatore in tema di tutele collettive sono stati rari, spesso incerti e non di rado incoeremi [...][84].

Aluisio Gonçalves de Castro Mendes, que se deteve a pesquisar as ações coletivas em diversos sistemas jurídicos nacionais, reforça a ideia de que a experiência italiana legislativa e jurisprudencial ainda é incompleta, mas é na doutrina italiana que se encontra um caráter vanguardista sobre o estudo do processo coletivo[85]. Nesse sentido

---

dência, devem ser responsabilizadas pela instauração do movimento doutrinário brasileiro que logrou pensar o processo civil em perspectiva distinta da clássica visão codicista" (*A tutela coletiva dos direitos individuais*. Porto Alegre: Arana, 2013, p. 47-48).

84 Tradução livre: "Traçar um quadro da tutela coletiva na Itália, mesmo que seja de modo geral é uma tarefa ao mesmo tempo fácil e difícil. É difícil porque o tema é muito complexo, teoricamente, e por causa dos problemas da tutela coletiva que começou a ser discutida ao final dos anos 60; a discussão, em seguida, desenvolvido nos anos 70 e nas décadas seguintes, deu origem a uma literatura rica que inclui várias monografias. [...] Mas esta é uma tarefa fácil, porque essas contribuições teóricas têm dado resultados interessantes em outros lugares (como no Brasil), mas não na Itália. As intervenções legislativas pátrias no tema das tutelas coletivas são raras, muitas vezes incertas e não raramente incoerentes [...]" (TARUFFO, Michele. La tutela collettiva nell'ordinamento italiano: lineamenti generali. In: GRINOVER, Ada Pellegrini et al. (Coord.). *Processo coletivo*: do surgimento à atualidade. São Paulo: RT, 2014, p. 1415).

85 MENDES, Aluisio Gonçalves de Castro. *Ações coletivas e meios de resolução coletiva de conflitos no direito comparado e nacional*. 4. ed. São Paulo: RT, 2014, p. 95-105.

também Gregório Assagra de Almeida e Ricardo de Barros Leonel[86]. Importa destacar ainda que o *Codice del consumo* (2005), por meio do seu *articolo 140 bis*, veio a estabelecer uma *azione di classe* em defesa dos *diritti individuali omogenei dei consumatori*, cuja fonte está na *class action* reconhecida no sistema da *common law* [87-88].

Segundo Fredie Didier Jr. e Hermes Zaneti Jr., a "tendência mundial é universalização do modelo das *class actions*, sem dúvida o mais bem-sucedido e difundido entre os ordenamentos jurídicos do *common law* e do *civil law*"[89]. Na Argentina, um novo projeto de lei sobre *acciones de clase* foi apresentado na Câmara de Deputados da Nação[90]. O Brasil também se inspirou nas ações de classe[91], mas com diversas diferenças (e críticas). De acordo com Humberto Dalla Bernardina de Pinho:

> De qualquer forma, fica a noção de que o Direito brasileiro realmente pega por empréstimo diversas regras do Direito norte-americano,

---

86 Respectivamente: ALMEIDA, Gregório Assagra de. *Direito processual coletivo brasileiro*: um novo ramo do direito processual. São Paulo: Saraiva, 2003, p. 106-110; LEONEL, Ricardo de Barros. *Manual do processo coletivo*. 2. ed. São Paulo: RT, 2011, p. 53-59.

87 A ação de classe italiana traz a inovação, dentro do seu contexto processual, a legitimação individual de consumidores que aderirem à classe ou também por meio de associações que buscam a responsabilidade e uma compensação por danos dos mais diversos relacionados ao consumo. Disponível em: <http://www.codicedelconsumo.it/parte-v-artt-136-141/>. Acesso em: 15 out. 2016.

88 CAPONI, Remo. Italian "Class Action" Suits in the Field of Consumer Protection: 2016 Update. Disponível em: <https://www.academia.edu/26222102/_R._Caponi_2016_Italian_Class_Action_Suits_in_the_Field_of _Consumer_Protection_2016_Update>. Acesso em: 15 out. 2016.

89 DIDIER JR., Fredie; ZANETI JR., Hermes. *Curso de direito processual civil*: processo coletivo. Salvador: JusPodivm, 2013, v. 4, p. 61.

90 Notícia divulgada por Francisco Verbic em seu *site* "Class actions en Argentina". Disponível em: <https://classactionsargentina.com/2016/11/16/nuevo-proyecto-de-ley-sobre-acciones-de-clase-en-la-camara-de-diputados-de-la-nacion--fed/> Acesso em: 17 nov. 2016.

91 Cassio Scarpinella Bueno conceitua a *class action* do direito norte-americano como "o procedimento em que uma pessoa, considerada individualmente, ou um pequeno grupo de pessoas, enquanto tal, passa a representar um grupo maior ou classe de pessoas, desde que compartilhem, entre si, um interesse comum" (As *class actions* norte-americanas e as ações coletivas brasileiras: pontos para uma reflexão conjunta. *Revista de Processo*, São Paulo: RT, v. 82, p. 92-151, 1996).

embora nem sempre essas regras se aplicam adequadamente. Não se pode pegar o que foi "bolado", o que foi idealizado pelo sistema da *common law* e simplesmente recortar e colar em um sistema que vive sob a égide do *civil law*. São necessárias alterações, modificações, aperfeiçoamentos, que ainda estão por vir, há uma série que projetos em andamento no Congresso Nacional em comissões de reformas pelo país inteiro, para que isso possa ser aperfeiçoado da melhor forma possível[92].

Deve ser reconhecido que a experiência tanto dos Estados Unidos como da Inglaterra em relação à disciplina é incomparável. Enquanto o primeiro registro de demanda coletiva está no julgamento em 1820 do caso *West vs. Randall* nos Estados Unidos e na primeira norma escrita sobre as *class actions* data de 1842 (*Equity Rule* 48), no Brasil o microssistema coletivo tem apenas cerca de 30 anos (a contar da publicação da LACP). Assim, por ser um dos sistemas mais tradicionais de tutela coletiva, foi estudado pela doutrina brasileira[93].

Uma das monografias mais completas sobre as *class actions*, depois de seiscentas páginas, conclui Andre Vasconcelos Roque que, apesar do amadurecimento e consolidação do sistema estadunidense, "não se pode ter a ilusão de que o direito norte-americano terá todas as soluções para os problemas verificados no Brasil. [...] As

---

92 PINHO, Humberto Dalla Bernardina de. Ações de classe. Direito comparado e aspectos processuais relevantes. *Revista da Emerj*, v. 5, n. 18, p. 141-155, 2002.

93 Segundo Hermes Zaneti Jr., "não se pode negar, por outro lado, que a especial abertura do ordenamento brasileiro ao modelo norte-americano das *class actions* se deve também à forte influência da nossa tradição constitucional. No processo constitucional brasileiro, como referido, com ações como a de mandado de segurança e a possibilidade de controle difuso de constitucionalidade, bem como a configuração do Poder Judiciário como poder revisor dos atos dos demais poderes (*judicial review*), temos uma prolífica herança da Constituição de 1891 e do trabalho de Rui Barbosa, inspiradas na Constituição norte-americana" (Três modelos de processo coletivo no direito comparado: *class actions*, ações associativas/litígios agregados e o "processo coletivo: modelo brasileiro". *Revista Processos Coletivos*, v. 4, n. 3, jul.-set. 2014. Disponível em: <http://www.processoscoletivos.com.br/index.php/63-volume-4-numero-3-trimestre-01-07-2014-a-30-09-2014/1460-tres-modelos-de-processo-coletivo-no-direito-comparado-class-actions--acoooes-associativas-litigios-agregados-e-o-processo-coletivo-modelo-brasileiro>. Acesso em: 16 out. 2016).

class actions também revelam muitas dificuldades de ordem prática, que são objeto de intensa controvérsia"[94].

Em apertada síntese, a *Rule 23*, originalmente publicada em 1938 dentro da *Federal Rules of Civil Procedure*, o que veio a ser a "codificação" sobre processo civil a nível federal, reformada em 1966, é a regra destinada a regular as *class actions* no direito estadunidense, observado que os Estados têm competência em legislar sobre processo, mas que grande parte segue a referida norma. A *Rule 23* é dividida em sete partes: *a)* pré-requisitos gerais; *b)* espécies ou categorias de ações de classe e os seus próprios requisitos; *c)* certificação, notificação dos membros das classes, julgamento, entre outros assuntos; *d)* condução da ação pelo juiz; *e)* acordos, compromissos e desistência; *f)* recurso contra decisão de certificação; *g)* advogados da classe; *h)* honorários advocatícios e custos não tributáveis[95].

Dentro da proposta do presente trabalho, destaque para os quatro pré-requisitos exigidos para todas as espécies de *class actions*, tema especialmente referenciado pela doutrina brasileira. O primeiro requisito (*numerosity*) exige que a classe seja tão numerosa que a reunião de seus integrantes torne impraticável a defesa do interesse. Ensina Aluisio Gonçalves de Castro Mendes que os contornos da classe devem estar delineados suficientemente para o juiz verificar quais pessoas pertencem a ela ou não, mesmo que não haja um número exato de interessados[96].

O segundo requisito (*commonality*) requer que haja questões de direito ou de fato comum à classe. De acordo com Gregório Assagra de Almeida, diferente do primeiro requisito, que era negativo, esse é positivo e diz respeito aos elementos da ação (causa de pedir), bem como ao mérito, em razão de exigir que as questões sejam comuns à

---

94 ROQUE, Andre Vasconcelos. Class actions – *ações coletivas nos Estados Unidos*: o que podemos aprender com eles? Salvador: JusPodivm, 2013, p. 639-640.
95 Tradução e adaptação nossa. Disponível em: <https://www.federalrulesofcivilprocedure.org/frcp/title-iv-parties/rule-23-class-actions/>. Acesso em: 15 out. 2016.
96 MENDES, Aluisio Gonçalves de Castro. *Ações coletivas e meios de resolução coletiva de conflitos no direito comparado e nacional*. 4. ed. São Paulo: RT, 2014, p. 75.

classe⁹⁷. O terceiro requisito (*typicality*) propõe que as reivindicações ou defesas dos representantes das partes devem ser típicas da classe. Andre Vasconcelos Roque sustenta que os interesses do representante devem ter algo em comum, alinhados com o do restante da classe, a qual se denomina de tipicidade⁹⁸.

Por fim, o último requisito (*representativeness*) refere-se à exigência de que os representantes das partes protegerão de forma adequada os interesses da classe no litígio. De acordo com Ricardo de Barros Leonel, o *adequacy of representation* tem grande importância porque configura observância do *due process*, o reconhecimento da efetiva representação adequada dos interesses dos membros da classe e os ausentes, bem como a presença de advogados especializados⁹⁹.

Preenchidos esses requisitos para fins de *certification*, a proposta de *class action* deverá seguir uma das espécies ou categorias de ações de classe e atender aos seus próprios requisitos¹⁰⁰. Dessas categorias destaca-se aquela que foi comum durante o grande período do ativismo judicial nas décadas de 1960 e 1970, inclusive do caso *Brown vs. Board of education*: as ações de classe destinadas a corrigir ações ou omissões por meio de medidas mandamentais (*injuctive class*) ou declaratórias (*declaratory class*)¹⁰¹.

---

97 ALMEIDA, Gregório Assagra de. *Direito processual coletivo brasileiro*: um novo ramo do direito processual. São Paulo: Saraiva, 2003, p. 123.
98 ROQUE, Andre Vasconcelos. *Class actions – ações coletivas nos Estados Unidos*: o que podemos aprender com eles? Salvador: JusPodivm, 2013, p. 123-124.
99 LEONEL, Ricardo de Barros. *Manual do processo coletivo*. 2. ed. São Paulo: RT, 2011, p. 65-66.
100 Resumidamente, segundo lição de Luís Roberto Barroso, há três espécies de *class action*, que além dos pré-requisitos gerais devem ainda assumir: (i) para casos em que ações individuais poderiam gerar decisões contraditórias ou afetar interesses dos demais membros da classe, figura próxima a do litisconsórcio unitário brasileiro; (ii) casos que originam uma pretensão consistente em obrigação de fazer ou não fazer, em geral, casos relacionados a *civil rights*; (iii) casos mais corriqueiros, conhecida como *class action for damages*, cujas questões de fato e de direito não apenas devem ser comuns a todos da classe, mas de forma predominante em relação a outros interesses individuais (A proteção coletiva dos direitos no Brasil e alguns aspectos da *class action* norte-americana. In: GRINOVER, Ada Pellegrini et al. (Coord.). *Processo coletivo*: do surgimento à atualidade. São Paulo: RT, 2014, p. 225-226).
101 Apesar de *Brown* ter sido julgado em 1954 e o estabelecimento dessa categoria ter acontecido na reforma de 1966, a jurisprudência já admitia esse tipo de ação

Finalmente, Carlos Alberto de Salles chama a atenção para a figura da *citizen suit*, tipo de ação coletiva que não é uma *class action*, mas que, observado o seu aspecto funcional, tem sua função aproximada das nossas ações que tutelam os direitos difusos e coletivos, como na proteção do meio ambiente, mas também na tarefa de efetivar direitos de natureza social. Sendo assim, nas palavras do referido autor, a *"citizen suit* realiza a importante função de promover o chamado *judicial enforcement*, isto é, a utilização do Judiciário como instrumento para fazer valer o direito, notadamente naquelas situações de interesse público"[102].

3.3 A ação civil pública

Na disciplina de processos coletivos encontra-se a ação civil pública, regulada por lei própria, mas que atende também aos desígnios do CDC e, no que for possível, bebe na fonte do novo Código de Processo Civil publicado em 2015. Realmente, a sua terminologia pode não dizer muita coisa e ainda conviver sob disputa doutrinária, questões que se tornam pequenas diante da importância dos resultados que alcança.

3.3.1 Conceito e evolução do objeto da ação civil pública

Leciona Voltaire de Lima Moraes que, antes mesmo da publicação da LACP em 1985, o *nomen iuris* "ação civil pública" foi pela primeira vez utilizado no Direito Positivo na Lei Complementar n. 40 de 1981, primeiro diploma legal sobre o Ministério Público, considerada função institucional a sua promoção nos termos da lei (art. 3º,

---

de classe com grande apelo nos *civil rights cases*, tais como discriminação racial, religiosa e sexual. Nesse sentido: ROQUE, Andre Vasconcelos. Class actions – *ações coletivas nos Estados Unidos*: o que podemos aprender com eles? Salvador: JusPodivm, 2013, p. 161 e 180-181.

102 SALLES, Carlos Alberto de. *Class actions*: algumas premissas para comparação. In: GRINOVER, Ada Pellegrini et al. (Coord.). *Processo coletivo*: do surgimento à atualidade. São Paulo: RT, 2014, p. 250-251.

II). Apesar do texto legal, sua nomenclatura já havia sido veiculada em momentos anteriores[103].

Sobre o seu aspecto terminológico, bastante controvertido[104], credita-se melhor explicação conclusiva àquela veiculada por Rodolfo de Camargo Mancuso, para quem essa "ação não se diz 'pública' por conta de o Ministério Público poder promovê-la, a par de outros colegitimados, mas sim porque seu *objeto* abrange um largo espectro de interesses e valores de inegável relevância social"[105].

Nesse sentido, Nelson Nery Jr.[106], Gilberto Schäfer[107] e Arruda Alvim, o qual nas suas palavras defende que:

---

103 Segundo Voltaire de Lima Moraes, "em seu discurso de posse na Associação Paulista do Ministério Público, em setembro de 1974, o Promotor de Justiça João Lopes Guimarães já advogava a tese de que o Ministério Público tivesse atribuição de fiscalização da legalidade administrativa, valendo-se, para isso, de *ação civil pública*" (*Ação civil pública*: alcance e limites da atividade jurisdicional. Porto Alegre: Livraria do Advogado, 2007, p. 18).

104 A título de ilustração, José Marcelo Menezes Vigliar defende que a terminologia é "muito imprópria", "não revela, por si só, coisa nenhuma", e só existe em razão da LC n. 40/81. Explica que quem empregou a expressão em primeiro lugar foi Calamandrei em confronto com "ação penal pública", e no anteprojeto dos professores da USP não há essa denominação, incluída no anteprojeto do Ministério Público. Nas suas palavras, "adjetivação *civil pública*, hoje em dia, nada, absolutamente nada mais representa: não indica o direito material que se tutela tampouco indica *quem* ajuizou a demanda coletiva" (Ação civil pública ou ação coletiva? In: MILARÉ, Édis (Coord.). *Ação civil pública*: Lei 7.347/1985 – 15 anos. 2. ed. São Paulo: RT, 2002, p. 443-447).

105 Complementa ainda o jurista que o aspecto terminológico permite o "acesso à justiça de certos conflitos metaindividuais que, de outra forma, remanesceriam um certo 'limbo jurídico'. Sobre outro giro, trata-se de locução empregada em vários textos legais inclusive na Constituição Federal (art. 129, III), sendo que a jurisprudência e a doutrina especializada a empregam reiteradamente, tudo levando à percepção de que esse *nomen juris* – ação civil pública – já está assentado e consagrado, irreversivelmente, na experiência jurídica brasileira" (MANCUSO, Rodolfo de Camargo. *Ação civil pública*. 13. ed. São Paulo: RT, 2014, p. 24).

106 "Com efeito, o critério determinante que deve ser utilizado para a caracterização da ação civil pública é o *objeto* dessa mesma ação, vale dizer, a dedução, por meio de ação *coletiva* de pretensão metaindividual (individual homogênea, coletiva ou difusa)." Segundo o autor, estaria superado o conceito encaminhado originalmente ao projeto da LACP a qual foi integrante, porque a "parte pública", na figura do Ministério Público era quem dava caráter público à ação (NERY JR., Nelson. *Princípios do processo civil na Constituição Federal*. 7. ed. São Paulo: RT, 2002, p. 123-124).

107 "A Ação Civil Pública é *civil* por ser não penal. Ela é pública não porque o Ministério Público seja parte, eis que outros estão legitimados para promovê-la,

A ação civil pública nasceu para proteger *novos* bens jurídicos, referindo-se a uma nova pauta de bens ou valores, marcados pelas características do que veio a ser denominado de interesses e direitos difusos ou coletivos, das quais se pode dizer serem profundamente diferentes ou "opostas" às de categoria clássica dos *direitos subjetivos*, que marcaram o direito privado e o processo civil tradicional[108].

Sinteticamente, de acordo com Hugo Nigro Mazzilli, o anteprojeto pioneiro para a tutela judicial dos interesses transindividuais foi conjugado por professores da Universidade de São Paulo (USP). Ele acabou sendo alterado por José Carlos Barbosa Moreira e encaminhado à Câmara dos Deputados. Em contrapartida, o anteprojeto foi estudado e alterado por alguns promotores do Estado de São Paulo e um novo projeto surgiu e foi apresentado pela Associação Nacional dos Membros do Ministério Público (Conamp) ao Congresso, que o aprovou e ele recebeu sanção presidencial, nascendo ali a LACP[109].

Originalmente, a LACP tinha como objeto (art. 1º) a responsabilidade por danos causados (o texto do *caput* atual é mais contundente ao tratar de "danos morais e patrimoniais") ao meio ambiente (inciso I), ao consumidor (inciso II) e a bens e direitos de valor artístico, estético, histórico, turístico e paisagístico (inciso III). O projeto tinha o inciso IV, porém vetado, mas possuía o alargamento do alcance da proteção para "qualquer interesse difuso ou coletivo"[110].

---

mas em função do seu interesse que possui relevância pública e social, representando uma forma de trazer a juízo interesses metaindividuais, que de outra forma não teriam um tratamento adequado" (SCHÄFER, Gilberto. *Ação civil pública e controle de constitucionalidade*. Porto Alegre: Fabris, 2002, p. 33).

108 ALVIM, Arruda. Ação civil pública – sua evolução normativa significou crescimento em prol da proteção às situações coletivas. In: MILARÉ, Édis (Coord.). *A ação civil pública após 20 anos*: efetividade e desafios. São Paulo: RT, 2005, p. 77.

109 Os professores da USP eram Ada Pellegrini Grinover, Cândido Rangel Dinamarco, Kazuo Watanabe e Waldemar Mariz de Oliveira Júnior. Os promotores do MP/SP eram Antônio Augusto Mello de Camargo Ferraz, Édis Milaré e Nelson Nery Junior (MAZZILLI, Hugo Nigro. *A defesa dos interesses difusos em juízo*. 26. ed. São Paulo: Saraiva, 2013, p. 73-74).

110 De acordo com a mensagem de veto do então Presidente da República José Sarney, destaca-se que "as razões de interesse público dizem respeito precipuamente à insegurança jurídica, em detrimento do bem comum, que decorre da amplíssima e imprecisa abrangência da expressão "qualquer outro interesse difuso". A amplitude de que se revestem as expressões ora vetados do Projeto mostra-se,

A Constituição de 1988, por meio do seu inciso III do art. 129, retomou a polêmica do veto ao incluir na competência do Ministério Público a promoção do inquérito civil e a ação civil pública, para a proteção do patrimônio público e social, do meio ambiente e de "outros interesses difusos e coletivos". O CDC, logo após, incluiu como inciso IV na LACP "qualquer outro interesse difuso ou coletivo" e em 2014, como inciso VIII, a Lei n. 13.004 inseriu "patrimônio público e social". Outras modificações no art. 1º da LACP ocorreram nesse interregno temporal, mas estão em vigor os incisos V ("infração da ordem econômica", pela Lei n. 12.529/2011), VI ("ordem urbanística", pela Medida Provisória n. 2.180-35/2001) e VII ("honra e à dignidade de grupos raciais, étnicos ou religiosos", pela Lei n. 12.966/2014).

A mesma Medida Provisória que incluiu o vigente inciso VI e que provocou diversas modificações na LACP, vencidas, no entanto, por legislação posterior, retirou do objeto da ação civil pública questões que envolvem "tributos, contribuições previdenciárias, o Fundo de Garantia do Tempo de Serviço – FGTS ou outros fundos de natureza institucional cujos beneficiários podem ser individualmente determinados", ao incluir o parágrafo único do art. 1º na presente lei. De acordo com Mauricio Matte, tal inclusão fora lamentada pela doutrina, em razão da contradição dos propósitos da própria lei[111]. Em outras palavras, o Poder Executivo deu com uma mão e tirou com a outra[112].

---

no presente momento de nossa experiência jurídica, inconveniente". Disponível em: <http://www2.camara.leg.br/legin/fed/lei/1980-1987/lei-7347-24-julho-1985-356939-veto-17394-pl.html>. Acesso em: 17 out. 2016.
111 MATTE, Mauricio. Ação civil pública: tutela de interesses ou direitos difusos e coletivos *stricto sensu*. In: TESHEINER, José Maria (Org.). *Processos coletivos*. Porto Alegre: HS Editora, 2012, p. 108-109.
112 Segundo Voltaire de Lima Moraes, em razão desse parágrafo único, "a atividade jurisdicional, na ação civil pública, em pretensões dessa natureza, sofre limitação incompreensível, porquanto permite o acesso ao Poder Judiciário, em tais casos, somente pelo ajuizamento de demandas individuais. E tal implicação implica maior sobrecarga em juízos e tribunais, pela multiplicação de processos gerados por essas demandas [...]". Conclui que com essa sobrecarga comprometeria o princípio da celeridade processual, direito fundamental garantido na Constituição de 1988 pela EC n. 45/2004 e, portanto, é possível defender a tese que o art. 5º, LXXVIII, promovedor do princípio, revogou o referido parágrafo

Assim, diante dessa breve análise, é possível afirmar que, além dos direitos nominados pelos incisos do art. 1º da LACP e desde que observada a reserva do parágrafo único, todo e qualquer outro interesse difuso ou coletivo é possível ser protegido por meio da ação civil pública. E os direitos individuais homogêneos tratados de forma coletiva? Novamente, a questão terminológica sobressai quando avaliamos textualmente o art. 91 do CDC e, assim, para a defesa desses direitos seria por uma "ação civil coletiva" de responsabilidade pelos danos causados, aparentemente, como uma espécie ao lado da ação civil pública.

É importante destacar que o CDC em nenhum momento homenageia a ação civil pública no seu texto, nem mesmo quando nas "disposições finais" trata de alterar a LACP. Duas outras expressões o legislador utiliza como sinônimas: "defesa coletiva" e "ações coletivas" (ou no singular). Ademais, a "ação civil coletiva", unicamente referida no art. 91, também pode ser demandada pelo Ministério Público (art. 92). Por essas razões e por estar interligada a lei consumerista com a LACP como irmãs siamesas, é possível concluir que a "ação coletiva" é gênero para espécies ação civil pública, mandado de segurança coletivo, ação popular etc.[113].

Portanto, correto afirmar que ação civil pública se trata de uma ação coletiva e que não há óbice legal para que possa ser ajuizada em defesa também dos interesses individuais homogêneos[114].

único do art. 1º da LACP (*Ação civil pública*: alcance e limites da atividade jurisdicional. Porto Alegre: Livraria do Advogado, 2007, p. 30-31).

113 Segundo Aluísio Iunes Monti Ruggeri Ré, esse entendimento é compartilhado por vários doutrinadores, além do próprio, cita Ada Pellegrini Grinover, Pedro Lenza, Luís Roberto Barroso e Antônio Gidi (RÉ, Aluísio Iunes Monti Ruggeri. *Processo civil coletivo e sua efetividade*. São Paulo: Malheiros, 2012, p.59). Nesse sentido também: Montauri Ciocchetti de Souza (*Ação civil pública e inquérito civil*. 5. ed. São Paulo: Saraiva, 2013, p. 39); Fredie Didier Jr. e Hermes Zaneti Jr. (*Curso de direito processual civil*: processo coletivo. Salvador: JusPodivm, 2013, v. 4, p. 45); Hugo Nigro Mazzilli (*A defesa dos interesses difusos em juízo*. 26. ed. São Paulo: Saraiva, 2013, p. 74).

114 De acordo com Voltaire de Lima Moraes, a "ação civil pública e ação coletiva não são expressões sinônimas. Enquanto *ação civil pública* é aquela demanda proposta pelo Ministério Público, destinada a tutelar interesses e direitos coletivos *lato sensu*, individuais indisponíveis, bem como a ordem jurídica e o regime demo-

Considerá-la sinônimo de ação coletiva é desprezar as outras demandas coletivas, mesmo que seja a principal defesa dos direitos transindividuais[115]. Em razão da sua popularidade e da sua consagração na doutrina e na jurisprudência em nosso país e também referência em outros, poderíamos propor qualificá-la como a legítima "ação coletiva *stricto sensu*" brasileira[116]. A ação "heroica" da efetivação dos direitos sociais e dos demais direitos fundamentais da CRFB ou a ação "cidadã"[117-118].

Concluindo, a partir dos contornos do objeto da ação civil pública e no contexto da sua terminologia, é possível conceituá-la como uma espécie de ação coletiva, reconhecida como ação coletiva *stricto sensu* em defesa da tutela dos interesses ou direitos difusos e

---

crático, *ação coletiva* é aquela proposta por qualquer legitimado, autorizado por lei, objetivando a tutela de interesses coletivos *lato sensu*" (*Ação civil pública*: alcance e limites da atividade jurisdicional. Porto Alegre: Livraria do Advogado, 2007, p. 23).

115 Exemplificativamente, hipóteses legais para cabimento da ação civil pública em defesa: das pessoas portadoras de deficiência (Lei n. 7.853/89, art. 7º c/c a Lei n. 13.146/2015, art. 98); dos titulares de valores mobiliários e aos investidores do mercado (Lei n. 7.913/89, art. 3º); das crianças e adolescentes (Lei n. 8.069/90 – ECA, art. 201, V); da ordem urbanística (Lei n. 10.257/2001, art. 54); dos idosos (Lei n. 10.741/2003, art. 74, I); da promoção da igualdade racial (Lei n. 12.288/2010, art. 55); da prevenção e repressão às infrações contra a ordem econômica (Lei n. 12.529/2011, art. 50, II, e art. 115) etc.

116 Pedro Lenza já sugeriu como "apelido", por entender mais adequado que o nome "ação civil pública", as expressões "ação coletiva típica" ou "em sentido estrito" para proteção dos interesses difusos ou coletivos *stricto sensu* e "ação coletiva em sentido lato" para os interesses individuais homogêneos (*Teoria geral da ação civil pública*. 2. ed. São Paulo: Saraiva, 2005, p. 163-164).

117 Em suma, afirma José Emmanuel Burle Filho, "a ação civil pública, na medida em que cumpre o papel que a Constituição Federal lhe destinou de defesa dos interesses difusos e coletivos, converte-se em salutar e pacífico instrumento de aperfeiçoamento social e democrático, sendo, por tudo, na atualidade, o meio mais eficiente e relevante na permanente luta pela tutela desses interesses" (Ação civil pública, instrumento de educação. In: MILARÉ, Édis (Coord.). *Ação civil pública*: Lei 7.347/1985 – 15 anos. 2. ed. São Paulo: RT, 2002, p. 407).

118 Não é possível desvincular os objetivos da ação civil pública do fundamento da cidadania e, muito menos, da dignidade da pessoa humana pelas razões expostas neste trabalho. Recorda-se que a nossa Lei Maior tem o apelido de "Constituição Cidadã" e a ação civil pública é um dos instrumentos judiciais com melhor aptidão para cumprir esse desiderato.

coletivos, além de interesses ou direitos dos individuais homogêneos, cujos legitimados estão indicados em lei[119].

3.3.2 O papel da ação civil pública nas políticas públicas educacionais

Não há dúvida, conforme observada a evolução legislativa do seu objeto, de que a ação civil pública agregou muitos outros valores do que previa o texto original da LACP de 1985. Se considerarmos apenas a percepção de Hugo Nigro Mazzilli sobre ação civil pública, como "ação de objeto não penal proposta pelo Ministério Público", de acordo com seu levantamento para publicação da edição de 2013 de seu clássico *A defesa dos interesses difusos em juízo*, teríamos cento e treze hipóteses para demandar com essa ação[120].

Destacando as peculiaridades que caracterizam a ação civil pública, Voltaire de Lima Moraes projeta que a atividade jurisdicional por ela exercida não se resume mais à natureza jurisdicional tradicional ou clássica; ela passou a ter outra dimensão, uma nova roupagem quando assumiu tutelar novos conflitos, como deliberar o aumento de vagas em escolas, típica decisão administrativa. Nas palavras do autor, e com total concordância, estamos diante de uma "atividade jurisdicional diferenciada":

> No momento em que a ação civil pública teve o seu objeto ampliado, e passou a ser também um instrumento processual-constitucional – uma *garantia fundamental repressiva* – e o § 1º do art. 5º [da CRFB]

---

119 O conceito original dos responsáveis do projeto que acabou sendo encaminhado pelo Executivo e aprovado como a LACP trata a ação pública como "o direito conferido ao Ministério Público de fazer atuar, na esfera civil, a função jurisdicional". No entanto, não deve ser interpretado de forma restritiva, ao contrário, pois os autores, do que viria a ser a primeira monografia brasileira sobre ação civil pública, deixam claro em algumas passagens que ela deve se tornar "eficiente instrumento de defesa daquela categoria de interesses relacionados com a 'qualidade de vida'", bem como imperativa é "a necessidade de ampliar-se o âmbito de abrangência" (FERRAZ, Antonio Augusto Mello de Camargo; MILARÉ, Édis; NERY JR., Nelson. *A ação civil pública e a tutela jurisdicional dos interesses difusos*. São Paulo: Saraiva, 1984, p. 22, 1 e 85).

120 MAZZILLI, Hugo Nigro. *A defesa dos interesses difusos em juízo*. 26. ed. São Paulo: Saraiva, 2013, p. 73-83.

estabeleceu que "As normas definidoras dos direitos e garantias fundamentais têm aplicação imediata", isto fez com o que o juiz, ao apreciar postulações reivindicatórias desses direitos, necessariamente viesse a incursionar por temáticas tradicionalmente afetas à atividade administrativa[121].

Quanto às políticas públicas, restam mais certezas do que dúvidas de que elas podem ser tuteladas pela ação civil pública em razão da sua relevância social, devendo ser tipificadas por um dos incisos do art. 1º da LACP ou de modo geral estar absorvidas pelo inciso IV ("qualquer outro interesse difuso ou coletivo"). Segundo José Maria Rosa Tesheiner, "políticas públicas podem ser fixadas em ações relativas a direitos difusos ou coletivos *stricto sensu*. Em ações, ainda que coletivas, relativas a direitos individuais, há de se observar os limites fixados por normas de políticas públicas"[122].

É possível que "onde e quando a Constituição Federal estabelece um *fazer*, ou uma *abstenção*, automaticamente fica assegurada a possibilidade de *cobrança* dessas condutas comissiva ou omissiva, em face da autoridade e/ou órgão competente"[123], afirma Rodolfo de Camargo Mancuso, que exemplifica:

> Destarte, na política da educação nacional, quando a Constituição Federal estabelece que os Municípios "atuarão prioritariamente no

---

[121] Desse modo, nem toda ação civil pública tem atividade jurisdicional diferenciada, como são os casos em que o juiz não precisa "incursionar por áreas afetas à tradicional atividade administrativa", afirma o autor. No entanto, quando precisa "examinar aspectos que envolvem políticas públicas, ou as preferências demonstradas pela sociedade em áreas referentes à educação infantil", nessas situações é legítimo o seu aspecto de tutela jurisdicional diferenciada (MORAES, Voltaire de Lima. *Ação civil pública*: alcance e limites da atividade jurisdicional. Porto Alegre: Livraria do Advogado, 2007, p. 142-145).

[122] TESHEINER, José Maria Rosa. *Jurisdição*: estudos de direitos individuais e coletivos. Organização de Marco Félix Jobim, Lessandra Bertolazi Gauer e Marcelo Hugo da Rocha. Porto Alegre: Lex Magister, 2016, p. 186-187.

[123] O autor enxerga que "é nesse *ambiente progressista e renovador* que ora se insere e se vai firmando a tese da ampla judiciabilidade das políticas públicas, e para fortalecê-la impende que os operadores do Direito se libertem de antigos dogmas que levaram ao distanciamento entre o mérito dos atos administrativos e o seu controle jurisdicional" (MANCUSO, Rodolfo de Camargo. Controle judicial das chamadas políticas públicas. In: MILARÉ, Édis (Coord.). *Ação civil pública*: Lei 7.347/1985 – 15 anos. 2. ed. São Paulo: RT, 2002, p. 771-772).

ensino fundamental e na educação infantil", devendo aplicar certo percentual mínimo "na manutenção e desenvolvimento do ensino" (art. 211, § 2º; art. 212, *caput*), aí não se cuida de conceitos vagos ou indeterminados, nem tampouco de valores sujeitos a manejo discricionário, e, menos ainda, de *normas programáticas*, a serem implementadas ou não, segundo as contingências do momento[124].

Diante de infração de ordem constitucional ou infraconstitucional quanto às políticas educacionais, voltadas ao êxito de programas que referenciam o direito fundamental à educação, a ação civil pública é instrumento adequado e preferencial para estabelecer um *facere* à Administração Pública diante da omissão de sua implementação, como a falta de oferta de ensino obrigatório e gratuito (art. 3º, LACP c/c o art. 208, § 1º, CRFB). A jurisprudência dos tribunais superiores apresenta um panorama prático de que a ação civil coletiva *stricto sensu* não só tem grande aceitação, como também tem produzido efeitos favoráveis às políticas públicas educacionais.

Exemplifica-se o seguinte caso, decidido pelo STJ, em recente publicação, de um município do interior do Estado de São Paulo condenado em razão de uma ação civil pública ajuizada pelo Ministério Público paulista, em sede de recurso especial, para incluir no programa escolar municipal 267 menores até 14 anos que estavam fora das escolas públicas da cidade[125].

---

124 MANCUSO, Rodolfo de Camargo. Controle judicial das chamadas políticas públicas. In: MILARÉ, Édis (Coord.). *Ação civil pública*: Lei 7.347/1985 – 15 anos. 2. ed. São Paulo: RT, 2002, p. 789-790.
125 "CONSTITUCIONAL E ADMINISTRATIVO. AÇÃO CIVIL PÚBLICA. DEMANDA POR VAGAS ESCOLARES. OBRIGAÇÃO DO MUNICÍPIO PROVER O ENSINO INFANTIL NA REDE PÚBLICA. DIVERGÊNCIA JURISPRUDENCIAL NÃO FUNDAMENTADA. VIOLAÇÃO DA LEI 4.320/1964 E DA LEI COMPLEMENTAR 101/2000. ALEGAÇÃO GENÉRICA. DISPOSITIVOS NÃO PARTICULARIZADOS. DEFICIÊNCIA DE FUNDAMENTAÇÃO. SÚMULA 284/STF. 1. Na origem, o Ministério Público do Estado de São Paulo ajuizou ação civil pública postulando a condenação do município à obrigação de suprir a demanda por vagas na educação infantil, considerando a existência de 267 menores entre 0 e 14 anos de idade sem atendimento escolar, em franco descumprimento do art. 208 da Constituição Federal. A sentença de improcedência fora reformada pelo Tribunal de Justiça, que proveu a apelação cível do *Parquet* para determinar que o Município de Garça, no prazo de um ano do trânsito em julgado, supra a demanda não atendida de crianças e adolescentes de zero a quatorze anos de

Numa longa decisão paradigmática sobre o sistema de cotas no vestibular restringido por uma instituição federal de ensino superior de Pernambuco, cuja origem foi uma ação civil pública ajuizada pela Defensoria Pública da União, o STJ confirmou a legitimidade da instituição federal em propô-la, bem como ressaltou que o direito à educação é da "máxima relevância no Estado Social, daí ser integral e incondicionalmente aplicável, nesse campo, o meio processual da Ação Civil Pública, que representa 'contraposição à técnica tradicional de solução atomizada' de conflitos"[126].

Hely Lopes Meirelles já afirmava, ao seu tempo, que a ação civil pública, em razão da sua finalidade como um instrumento avançado

---

idade, em sistema público de ensino, sob pena de multa, permitindo ao apelado a firmação de convênio para o preenchimento dessas vagas em entidades não governamentais. 2. Ao contrário do que pretende o Município, a jurisprudência do STJ consolidou-se no sentido da prioridade absoluta que se deve dar à educação da criança. Descabido, *in casu*, falar, genericamente, em 'reserva do possível'. 3. Quanto à negativa de vigência de lei federal, a pretensão de reforma está fundada na alegação genérica de ofensa às Leis 4.320/1964 e à Lei Complementar 101/2000, cujos dispositivos em momento algum foram particularizados, o que leva à impossibilidade de se compreender de que forma o acórdão de origem divorciou-se da ordem jurídica ou mesmo quais foram os comandos normativos contrariados. A patente deficiência de fundamentação leva à aplicação, por analogia, da Súmula 284/STF. 4. Por fim, é impassível de exame a alegada violação da Lei Orgânica do Município de Garça, tendo em conta o enunciado da Súmula 280/STF. 5. Recurso especial não provido" (STJ, REsp 1365384/SP, Rel. Min. Herman Benjamin, *DJe* 5-9-2016).

126 [...] 3. É sólida a jurisprudência do STJ que admite possam os legitimados para a propositura de Ação Civil Pública proteger interesse individual homogêneo, mormente porque a educação, mote da presente discussão, é da máxima relevância no Estado Social, daí ser integral e incondicionalmente aplicável, nesse campo, o meio processual da Ação Civil Pública, que representa 'contraposição à técnica tradicional de solução atomizada' de conflitos (REsp 1.225.010/PE, 2ª Turma, Rel. Min. Mauro Campbell Marques, *DJe* 15-3-2011). [...] 5. O direito à educação legitima a propositura da Ação Civil Pública, inclusive pela Defensoria Pública, cuja intervenção, na esfera dos interesses e direitos individuais homogêneos, não se limita às relações de consumo ou à salvaguarda da criança e do idoso. Ao certo, cabe à Defensoria Pública a tutela de qualquer interesse individual homogêneo, coletivo *stricto sensu* ou difuso, pois sua legitimidade *ad causam*, no essencial, não se guia pelas características ou perfil do objeto de tutela (= critério objetivo), mas pela natureza ou *status* dos sujeitos protegidos, concreta ou abstratamente defendidos, os necessitados (= critério subjetivo) (STJ, AgInt no REsp 1573481/PE, Rel. Min. Herman Benjamin, *DJe* 27-5-2016).

da tutela jurisdicional, "constitui uma inovação e uma conquista para a solução rápida e eficiente dos conflitos de interesses, ensejando o acesso à justiça de todas as classes sociais"[127]. Como se sabe, o direito à educação é um direito de todos, que deve ser promovido para o exercício da cidadania e da dignidade da pessoa humana. E como dever do Estado, principalmente ofertar acesso ao ensino obrigatório e gratuito, por ser direito público subjetivo, em caso de débito, a ação civil pública "educacional" tem a feição de imprimir o seu cumprimento.

A importância da ação civil pública para efetividade do direito à educação também é ilustrada por Motauri Ciocchetti de Souza, para quem a ação civil pública surgiu da necessidade de dar vazão aos reclamos sociais, sendo um grande instrumento de vocação, adequado para obter a efetividade de qualquer dos princípios tanto constitucionais como legais, bem como os objetivos (art. 206, CRFB) e os direitos (art. 208, CRFB) que regem a educação[128]. Por sua vez, Maria Cristina de Brito Lima trata a ação civil pública como "remédio heroico" que serve tanto para atacar o desvio da verba da educação em razão da sua vinculação constitucional orçamentária quanto para dar cumprimento ao acesso de todas as crianças a creches e pré-escolas[129].

Registra-se, ainda, a lição de João Batista de Almeida:

> [...] não vejo por que não prestigiar a tese que admite o uso da ação civil pública quando o pedido é a implementação de políticas públicas, pois, do contrário, o administrador ficaria totalmente livre para

---

127 O jurista, um dos percussores sobre o tema, ao incluí-lo na capa da 11ª edição da paradigmática obra *Mandado de segurança*, em 1987, ao lado também da ação popular, afirmava que essas ações tinham um certo parentesco, além de honrar a ciência jurídica brasileira, também encontravam a sua razão de ser: a) na desigualdade das partes; na necessidade de criação de mecanismo para a defesa dos grupos sociais; c) no papel que o processo assume como instrumento de participação popular na fiscalização da aplicado do Direito; e d) na necessidade de atendimento eficaz e rápido à justiça social (MEIRELLES, Hely Lopes. *Mandado de segurança*. 28. ed. São Paulo: Malheiros, 2005, p. 234-236).
128 SOUZA, Motauri Ciocchetti de. *Direito educacional*. São Paulo: Verbatim, 2010, p. 133-134.
129 LIMA, Maria Cristina de Brito. *A educação como direito fundamental*. Rio de Janeiro: Lumen Juris, 2003, p. 38-40.

descumprir normas constitucionais e dispositivos legais, inclusive orçamentários, sem poder ser compelido na via judicial ao respectivo cumprimento. Nesse caso poderiam ser enquadrados, por exemplo, o fornecimento de ensino fundamental obrigatório, o transporte escolar, a aplicação do mínimo de 25% das receitas de impostos municipais em educação. A não implementação das políticas públicas nas áreas mencionadas implica descumprimento de normas cogentes da Constituição Federal (art. 208, §§ 1º, 2º e 3º), que pode ser reparado por via da ação referida[130].

A jurisprudência do Tribunal de Justiça do Rio Grande do Sul é abundante em casos em que tanto o Ministério Público como a Defensoria Pública se utilizaram da ação heroica para garantir o direito à educação infantil com o atendimento a creches e pré-escolas em diversos municípios gaúchos, com efetividade plena[131]. Tanto o não oferecimento como a oferta irregular do ensino obrigatório, de atendimento educacional especializado aos portadores de deficiência, de programas suplementares de oferta de material didático-escolar, transporte e assistência à saúde do educando do ensino fundamental, além das demais situações elencadas no art. 208 do Estatuto da Criança e do Adolescente, são judicializáveis por meio da ação civil pública.

No entanto, a efetividade das decisões em defesa do direito à educação, para que transite do plano jurídico ao plano administrativo, exige mais do que comandos decisórios abstratos diante das políticas públicas educacionais. O legislador do Código de Processo Civil de

---

130 ALMEIDA, João Batista de. *Aspectos controvertidos da ação civil pública*. 3. ed. São Paulo: RT, 2012, p. 95.
131 A título de ilustração, segue a ementa: "APELAÇÃO CÍVEL. ECA. AÇÃO CIVIL PÚBLICA. VAGA EM CRECHE. EDUCAÇÃO INFANTIL. DIREITO DA CRIANÇA E OBRIGAÇÃO DO MUNICÍPIO DE ERECHIM. O direito à educação infantil constitui direito fundamental social, que deve ser assegurado pelo ente público municipal, garantindo-se o atendimento em creche ou pré-escola às crianças de zero a cinco anos de idade, com absoluta prioridade, nos termos do art. 208, IV, da CF. Recurso desprovido" (TJRS, 7ª Câmara Cível, Apelação Cível 70071444400, Rel. Liselena Schifino Robles Ribeiro, j. 17-10-2016). Outros precedentes em diversos municípios gaúchos: São Leopoldo (Apelação Cível 70071193452, j. 13-10-2016); Caxias do Sul (Apelação Cível 70070970397, j. 28-9-2016); Canoas (Agravo de Instrumento 70070230552, j. 28-9-2016); Gramado (Apelação Cível 70070509237, j. 31-8-2016).

2015, segundo José Tadeu Neves Xavier, nas ações relativas às prestações de fazer e de não fazer, "demonstrou preocupação com a efetividade do direito material envolvido na lide, de forma que na sentença o juiz irá conceder a tutela específica ou determinará providências que assegurem a obtenção da tutela pelo resultado pratico equivalente"[132].

Ocorre que o cumprimento da prestação da atividade devida, muitas vezes, precisará não só de ameaças de responsabilizar as autoridades competentes (art. 208, § 2º, CRFB) ou de cominação de multas diárias (art. 11, LACP) para a falta de execução decisória. Elucidação apropriada nessas situações é o juiz atribuir, ao caso concreto, a opção operacional às instituições públicas responsáveis.

Tais medidas, denominadas por Marco Félix Jobim como "estruturantes", levariam o juiz a enfrentar a situação da forma mais próxima possível para concretizar a sua decisão e, segundo o autor, o caso *Brown vs. Board of Education* foi o primeiro em que os *Justices* as idealizaram pelos fatos que envolveram direitos à igualdade e à educação[133]. Essa construção doutrinária, certamente, enriquece o papel da ação civil pública nas políticas públicas educacionais.

3.4 Panorama dos principais pontos sensíveis da ação civil pública

Nem só de beleza vivem as rosas, porque elas também têm espinhos. A doutrina sobre a ação civil pública, em especial, já

---

[132] Referente ao art. 497 do CPC: XAVIER, José Tadeu Neves. Anotações aos arts. 497 a 501. In: MACEDO, Elaine Harzheim; MIGLIAVACCA, Carolina Moraes. *Novo Código de Processo Civil anotado*. Porto Alegre: OAB-RS, 2015, p. 380.

[133] De acordo com Marco Félix Jobim, a tutela coletiva de direitos é a "morada" das medidas estruturantes no direito brasileiro, tema que trouxe do direito estadunidense (*structural reform*) a partir das lições de Owen Fiss e que abarca o fenômeno do ativismo judicial, pois "o juiz sendo o intérprete dos valores elencados na Constituição, devendo dar operacionalização às organizações burocráticas" e o caso *Brown vs. Board of Education* ilustra perfeitamente esse momento: para que fosse concretizada a decisão judicial foi determinada a "exigência de novos procedimentos para a escolha dos docentes, novos critérios para construção das escolas e a modificação do sistema de transportes" (*Medidas estruturantes*: da Suprema Corte estadunidense ao Supremo Tribunal Federal. Porto Alegre: Livraria do Advogado, 2013, p. 91-96 e 177-178).

afirmara que "nem tudo são flores", pois "ainda são frequentes os equívocos dos operadores do direito ao lidar com o processo coletivo, sobretudo pelo indevido vínculo com a visão individualista do CPC"[134]. E mesmo o Código de Processo Civil, publicado em 2015, ainda vive numa dimensão exclusivamente individualista. Os próximos pontos são os principais espinhos que ferem a efetividade do processo coletivo.

3.4.1 Competência

A dificuldade na praxe forense reflete as complexidades encontradas no campo teórico, jurisprudencial e legislativo das ações coletivas. Entre elas, o direcionamento da ação coletiva, ou seja, sua competência. Em razão disso, apresenta o problema Elton Venturi:

> A regulamentação da competência jurisdicional para o processamento e julgamento das ações coletivas, extraídas das atuais prescrições do microssistema legal formado pela conjugação da Lei da Ação Popular (Lei 4.717/65), da Lei da Ação Civil Pública (Lei 7.347/85) e do Código de Defesa do Consumidor (Lei 8.078/90), pode ser apontada como verdadeiro "calcanhar de Aquiles" do processo coletivo brasileiro. De fato, seja em função da pouca clareza do tratamento legislativo dos critérios de fixação da competência, alicerçados em conceitos fluídos ou indeterminados (*local do dano, dano local, dano regional, dano nacional*), seja em função da natural problematização política que desperta[135].

Athos Gusmão Carneiro, nesse sentido, também concorda em grau e gênero quando sustenta que "a questão da competência para processar e julgar as modernas ações coletivas tem sido considerada, por mais de um motivo, como um verdadeiro 'calcanhar de

---

134 DONIZETTI, Elpídio; CERQUEIRA, Marcelo Malheiros. *Curso de processo coletivo*. São Paulo: Atlas, 2010, p. 6.
135 VENTURI, Elton. A competência jurisdicional na tutela coletiva. In: GRINOVER, Ada Pellegrini; MENDES, Aluisio Gonçalves de Castro. WATANABE, Kazuo (Coord.) *Direito processual coletivo e o anteprojeto de Código brasileiro de processos coletivos*. São Paulo: RT, 2007, p. 96.

Aquiles' processual", expressão referida mais de uma vez pelo processualista[136].

Por si sós, as regras de competência do processo individual carecem da perfeição desejada, mas enfrentam muito menos problemas do que nas ações coletivas. Nas palavras de Fredie Didier Jr. e Hermes Zaneti Jr.:

> A competência é um dos elementos básicos do devido processo. Como a ação coletiva atinge direitos que pertencem a coletividades, muitas delas compostas por pessoas que não possuem qualquer vínculo entre si, além de estarem espalhadas por todo o território nacional, é preciso ter muito cuidado na identificação das regras de competência, principalmente a competência territorial[137].

No entanto, "a questão da competência no processo coletivo apresenta peculiaridades com relação ao sistema tradicional, com autonomia praticamente completa e bases próprias para especificação", ensina Ricardo de Barros Leonel[138]. O microssistema coletivo, em especial, a LACP e o CDC, apresenta as regras de competência por meio, respectivamente, dos arts. 2º e 93. Senão, vejamos:

> Art. 2º, *caput*. As ações previstas nesta Lei serão propostas no foro do local onde ocorrer o dano, cujo juízo terá competência funcional para processar e julgar a causa.
>
> Art. 93. Ressalvada a competência da Justiça Federal, é competente para a causa a justiça local:
>
> I – no foro do lugar onde ocorreu ou deva ocorrer o dano, quando de âmbito local;

---

136 CARNEIRO, Athos Gusmão. Da competência no projeto de lei de nova ação civil pública. In: GOZZOLI, Maria Clara; CIANCI, Mirna; CALMON, Petrônio; QUARTIERI, Rita (Coord.). *Em defesa de um novo sistema de processos coletivos*: estudos em homenagem a Ada Pellegrini Grinover. São Paulo: Saraiva, 2010, p. 79. E em: CARNEIRO, Athos Gusmão. *Jurisdição e competência*. 18. ed. São Paulo: Saraiva, 2013, p. 249.

137 DIDIER JR., Fredie; ZANETI JR., Hermes. *Curso de direito processual civil*: processo coletivo. Salvador: JusPodivm, 2013, v. 4, p. 141.

138 LEONEL, Ricardo de Barros. *Manual do processo coletivo*. 2. ed. São Paulo: RT, 2011, p. 220.

II – no foro da Capital do Estado ou no do Distrito Federal, para os danos de âmbito nacional ou regional, aplicando-se as regras do Código de Processo Civil aos casos de competência concorrente.

Ocorre que a conjugação dessas regras não garante unanimidade na interpretação doutrinária e jurisprudencial até hoje, apesar das sugestões dos códigos-modelo, anteprojetos e do projeto de lei referidos. Nem mesmo eles estão imunes a críticas pelas questões duvidosas que a prática apresenta no dia a dia forense[139]. Primeiramente, o texto do art. 2º da LACP rompe com a regra do foro geral do art. 46 do CPC/2015, ou seja, a mesma sistemática do antigo art. 94 do CPC/1973[140], segundo a qual o domicílio do réu é o local para servir as partes de jurisdição[141]. A ação civil pública adota o critério da competência "do local onde ocorrer o dano".

Esse critério escolhido para ação civil pública, do foro do local onde ocorrer o dano, tem fundamentação no princípio da imediação, cuja razão está na maior proximidade com as provas, seja testemunhais, seja periciais[142]. Por um tempo, esse princípio tinha aplicação absoluta e era avaliado pela Súmula n. 183 do STJ, pois mesmo nas

---

139 Sugestões legislativas não faltam, por exemplo, uma delas sugere quantificar o "âmbito" pelo número de comarcas envolvidas quanto ao dano. O PL n. 5.139/2009 aponta que a extensão do dano seja aferida, em princípio, conforme indicado na petição inicial na ação coletiva (art. 4º, § 2º). No entanto, há possibilidade de ocorrer abuso de direito na escolha do foro. Outro projeto é a PEC n. 358/2005 que altera diversos artigos na CRFB, entre eles, a competência do STJ (§ 2º do art. 105), que, ressalvada a competência da Justiça do Trabalho e da Justiça Eleitoral, ele definiria a competência do foro e a extensão territorial da decisão.
140 VIANA, Salomão. Art. 46. In: WAMBIER, Teresa Arruda Alvim; DIDIER JR., Fredie; TALAMINI, Eduardo; DANTAS, Bruno (Coord.). *Breves comentários ao novo Código de Processo Civil*. São Paulo: RT, 2015, p. 182-183.
141 Ensina Humberto Theodoro Júnior que "o foro *comum* ou *geral* para todas as causas não subordinadas a foro especial é o do domicílio do réu (NCPC, art. 46), regra que se aplica inclusive às pessoas jurídicas (art. 53, III). Vale dizer que, em princípio, qualquer réu tem o direito de ser demandado na comarca ou na seção judiciária em que é domiciliado, se não há, em razão da matéria, competência especial diversa" (*Curso de direito processual civil*. 56. ed. Rio de Janeiro: Forense, 2016, v. 1, p. 216).
142 Athos Gusmão Carneiro justifica a escolha do legislador pela "facilidade na obtenção da prova testemunhal e de realização das convenientes perícias" (*Jurisdição e competência*. 18. ed. São Paulo: Saraiva, 2013, p. 242).

comarcas em que não tivesse vara da Justiça Federal e a União figurasse no processo, competiria ao juízo estadual do foro local. Entretanto, fora cancelada pelo STF sob a argumentação do § 3º do art. 109 da CRFB[143]. Por outro ângulo, leciona Marcos Destefenni:

> O legislador escolheu critério que mais se aproxima do sistema processual penal, afastando-se do critério geral do processo civil. Com efeito, no Processo Penal é adotada a regra de que a persecução penal deve ocorrer no foro do local do dano, isto é, do local onde o crime se consumou. Ou seja, é adotada a teoria do resultado (art. 70 do CPP)[144].

Nesse sentido, também defende Aluísio Iunes Monti Ruggeri Ré que a competência da ação civil pública deveria ser pela proximidade do dano imediato, pois, se for de âmbito regional, deverá ser transferida para o foro da capital do Estado pela regra do inciso II do art. 93 do CDC, que por vezes é longínqua[145]. Contudo, a razão de ser da regra legislativa, segundo Pedro da Silva Dinamarco, é:

> Ocorre que muitas vezes o dano se alastra em mais de uma Comarca ou em mais de um Estado, podendo até mesmo ser de âmbito nacional. Nos casos em que o dano alegado atingir *poucas Comarcas*, vem se entendendo que, em princípio, a competência é de qualquer uma delas. Contudo, se entre elas estiver a Capital do Estado, esta será a única competente. Se o alegado dano compreender todo (ou quase todo) o Estado, mas não ultrapassar seus limites territoriais, não há muita dúvida de que a competência será exclusiva da Capital do respectivo Estado. Sendo o dano alegado de *âmbito regional*, isto é, que possa abranger um número considerável de Comarcas

---

143 Firmou-se o entendimento que, "considerando que o Juiz Federal também tem competência territorial e funcional sobre o local de qualquer dano, impõe-se a conclusão de que o afastamento da jurisdição federal, no caso, somente poderia dar-se por meio de referência expressa à Justiça Estadual, como a que fez o constituinte na primeira parte do mencionado § 3º em relação às causas de natureza previdenciária" (STF, RE 228.955/RS, Rel. Min. Ilmar Galvão, *DJ* 14-4-2000, *RTJ* 172-03/992).

144 DESTEFENNI, Marcos. *Manual de processo civil*: individual e coletivo. 2. ed. São Paulo: Saraiva, 2013, p. 86.

145 Pergunta o autor se "não seria mais adequado manter uma ação coletiva em processamento no local em que houve o dano imediato ao invés de permitir que a Capital do Estado, por vezes longínqua, sirva de sede para a mesma, apesar nesta haver repercussões daquele dano" (RÉ, Aluísio Iunes Monti Ruggeri. *Processo civil coletivo e sua efetividade*. São Paulo: Malheiros, 2012, p. 164).

localizadas em mais de um Estado, mas não corresponder a todo o território nacional (p.ex., atingir apenas os Estados da Região Sul e Sudeste), então a competência será concorrente entre as Capitais desses respectivos Estados. Se o alegado dano for de *âmbito nacional* [...] então a competência será *concorrente* entre as Capitais dos Estados e do Distrito Federal, conforme afirmado pela jurisprudência aparentemente pacífica do STJ[146].

Uma das propostas para resolver esses problemas de competência é sugerida por Fredie Didier Jr. e Hermes Zaneti Jr.: a aceitação do princípio da competência adequada (*forum non conveniens*), cuja origem é do direito estadunidense. Partindo da premissa de que há possibilidade de foros concorrentes em virtude das áreas de abrangências do âmbito do dano nas demandas coletivas, o juiz da causa onde protocolada a demanda avaliaria a extensão e a proximidade do ilícito em razão das provas, bem como as peculiaridades do caso para evitar o *forum shopping*[147].

Problema também é a expressão "competência funcional" prevista no *caput* do art. 2º da LACP, que por muito tempo gerou controvérsia em confronto com a significação da mesma referência encontrada no art. 93 do CPC/1973 e abandonada textualmente pelo Código de Processo Civil de 2015, mas não ignorada a sua existência[148]. Diferentemente da classificação que se reconhece para os processos individuais, a competência territorial dos processos coletivos é absoluta (e não relativa) porque assim era a intenção do legislador

---

146 DINAMARCO, Pedro da Silva. Competência, conexão e prevenção nas ações coletivas. In: MILARÉ, Édis (Coord.). *A ação civil pública após 20 anos*: efetividade e desafios. São Paulo: RT, 2005, p. 506.

147 O *forum shopping* é a escolha pela conveniência da parte, dentro de um juízo de concorrência, que melhor seja favorável aos seus interesses, bem como para dificultar a defesa do demandado (DIDIER JR., Fredie; ZANETI JR., Hermes. *Curso de direito processual civil*: processo coletivo. Salvador: JusPodivm, 2013, v. 4, p. 119-121 e 141).

148 O CPC/73 tratava num único artigo, o art. 93, a seção "da competência funcional". Esse texto não foi repetido no CPC/2015. No entanto, o art. 62 do NCPC prevê que a competência determinada em razão da matéria, da pessoa ou "da função" é inderrogável por convenção das partes. São hipóteses de competência absoluta em razão do interesse público.

ao qualificá-la como "funcional"[149]. O legislador do Estatuto da Criança e do Adolescente (art. 209) foi mais feliz ao combinar a competência territorial com competência absoluta de forma clara.

Nessa quadra defende José Carlos Barbosa Moreira, pois o objetivo do legislador foi "certamente o de excluir a possibilidade de modificação pela vontade das partes [...]. Em outras palavras: a redação do art. 2º visou a tornar absolutamente incompetentes todos os foros diversos do indicado no texto"[150]. Da mesma forma, Marcelo Abelha[151] e Rodolfo de Camargo Mancuso[152].

---

149 Nesse sentido: TESHEINER, José Maria Rosa. *Processos coletivos*: ações transindividuais e homogeneizantes. Porto Alegre: Edição do autor, 2015, p. 119. Também: BUENO, Cassio Scarpinella. *Curso sistematizado de direito processual civil*. 3. ed. São Paulo: Saraiva, 2013, v. 2, t. 3, p. 184.

150 Barbosa Moreira critica o uso da expressão "competência funcional" no texto da LACP, pois segundo ele "poderia atingir o objetivo pura e simplesmente com a introdução de cláusula que excluísse em termos expressos a possibilidade de modificação. [...] As leis recorrem às vezes, sem necessidade nem vantagem, a expedientes oblíquos para chegar a resultados diretamente atingíveis. Um desses expedientes consiste em colar etiqueta imprópria a determinada situação, no intuito de submetê-la ao mesmo regime previsto para outra situação, à qual se aplica a etiqueta com propriedade. Por trás do equívoco terminológico, há um problema de disciplina legal, que mereceria solução diversa" (A expressão "competência funcional" no art. 2º da Lei da Ação Civil Pública. In: MILARE, Édis. *A ação civil pública após 20 anos*: efetividade e desafios. São Paulo: RT, 2005, p. 254).

151 Nas palavras do autor, "no caso da ação civil pública, disse o legislador que a competência é do juízo do *local do dano*, mostrando, pois, que o *espaço geográfico*, ou seja, o *lugar*, é determinante para se descobrir o juízo competente. À primeira vista, como se trata de competência *ratione loci*, não haveria dúvida em se admitir que estaríamos diante de uma competência territorial. Entretanto, o texto legal não perde tempo nem deixa que se tenha esse devaneio, esclarecendo que se trata de competência do tipo *funcional*. Na verdade, pensamos, o texto legal foi incisivo ao dizer 'do tipo absoluta', para rechaçar expressamente qualquer tentativa de interpretação que dissesse ser a competência da ACP territorial e, com isso, de natureza relativa" (ABELHA, Marcelo. *Ação civil pública e meio ambiente*. Rio de Janeiro: Forense Universitária, 2003, p. 119-120).

152 "[...] percebe-se que o legislador atrelou dois critérios fixadores ou determinativos de competência, que, ordinariamente, aparecem desconectados, porque um – o *local do fato* – conduz à chamada competência 'relativa', *prorrogável*, porque fundada no critério *territorial*, estabelecida, geralmente, em função do interesse das partes; outro – *competência funcional* – leva à chamada competência 'absoluta', improrrogável e inderrogável, porque firmada em razões de ordem pública,

Superada essa questão, resta a encruzilhada jurídica criada pelo inciso II do art. 93 do CDC à decisão a ser tomada quanto à competência entre a Capital do Estado ou do Distrito Federal para fins de danos de âmbito regional e nacional. Não há problema em demandar quando o dano seja "âmbito local", em outras palavras, restrito a uma localidade, pois nesse caso a ação ficará na jurisdição da comarca imediata ou de comarcas contíguas, cuja competência será firmada por prevenção. Exemplificam-se os casos da falta de vagas de determinada escola municipal ou de transporte público escolar que atenda dois ou três municípios vizinhos.

No entanto, quando o aplicador da lei se depara com a bifurcação de categorizar a extensão entre dano regional ou nacional, torna-se mais complicada a tarefa de se posicionar. Dentro do tema da educação, é possível ilustrar a falta de professores na rede estadual de ensino público de diversas cidades e demandar na capital do Estado sob o âmbito regional. No entanto, se o problema fosse encarado na região Sul do País, seria um dano regional ou nacional? E se fosse nacional, a ação civil pública seria proposta numa das capitais dos Estados atingidos ou no Distrito Federal?

Hugo Nigro Mazzilli abre o capítulo "competência", na sua mais valiosa contribuição à disciplina de processos coletivos, com doze regras que entende devam ser aplicadas. Às dúvidas anteriores responde que:

> Na hipótese de tutela coletiva que envolva lesões ocorridas em *mais de um Estado* da Federação, mas sem que o dano alcance todo o território nacional, a ação será, conforme o caso, da competência de uma das varas estaduais ou federais da Capital de um dos Estados envolvidos, à escolha do colegitimado ativo. Mais sensato nos parece utilizarmos as regras da prevenção, ajuizando a ação na Capital de um dos Estados atingidos, e deixando para ajuizá-la na Capital do Distrito Federal somente quando o dano tiver efetivamente o caráter nacional[153].

---

onde se prioriza a higidez do *próprio processo*" (MANCUSO, Rodolfo de Camargo. *Ação civil pública*. 13. ed. São Paulo: RT, 2014, p. 77).
153 MAZZILLI, Hugo Nigro. *A defesa dos interesses difusos em juízo*. 26. ed. São Paulo: Saraiva, 2013, p. 291 e 315.

Divide a mesma opinião sobre a competência exclusiva de uma das varas do Distrito Federal para o processamento da ação civil pública em caso de dano coletivo nacional Ada Pellegrini Grinover, apesar de a autora mesmo reconhecer que "não tem sido esta a posição da jurisprudência, que entende, em caso de danos de âmbito nacional, ser o foro da Capital dos Estados ou do Distrito Federal concorrente"[154]. Essa posição jurisprudencial reconhece a prevenção quando a competência é compartilhada entre as capitais dos Estados atingidos e a capital do Distrito Federal[155]. Antonio Gidi chegou a buscar uma solução que contemplasse sempre a Justiça Federal para todos os danos, não importasse a sua extensão, mas ficou apenas na teoria[156].

3.4.2 Legitimação

O Código de Processo Civil de 1973, assim como o Código de Processo Civil vigente, foram realizados para atender à grande parte das demandas julgadas pelos tribunais, qual seja de partes que correspondem a uma relação de direito material afirmado em juízo, ou melhor, dos titulares dos interesses controvertidos (legitimidade

---

[154] Para a autora, "isso para facilitar o acesso à Justiça e o próprio exercício do direito de defesa por parte do réu, não tendo sentido que seja ele obrigado a litigar na Capital de um Estado, longínquo talvez de sua sede, pela mera opção do autor coletivo. [...] Essa interpretação reduziria os casos de competência concorrente, que de qualquer modo seriam solucionados pelos critérios do Código de Processo Civil, inclusive quanto à prevenção" (GRINOVER, Ada Pellegrini et al. *Código brasileiro de Defesa do Consumidor comentado pelos autores do anteprojeto*. 5. ed. Rio de Janeiro: Forense Universitária, 1998, p. 683).

[155] Observara Gustavo Filipe Barbosa Garcia que o texto da Orientação Jurisprudencial 130 da SDI-2 do TST apresentava uma solução mais de acordo com a proposta por Ada Pellegrini Grinover e Hugo Nigro Mazzilli ao determinar que a competência, se o dano fosse de âmbito suprarregional ou nacional, o foro seria do Distrito Federal (Ações coletivas e competência para danos de âmbitos regional e nacional. *Revista do Tribunal Superior do Trabalho*, Brasília, v. 74, n. 3, p. 105-120, jul.-set. 2008). No entanto, em 2012 a redação foi atualizada e passou a considerar que, "em caso de dano de abrangência suprarregional ou nacional, há competência concorrente para a Ação Civil Pública das Varas do Trabalho das sedes dos Tribunais Regionais do Trabalho".

[156] GIDI, Antonio. Código de Processo Civil coletivo. Um modelo para países de direito escrito. *Revista de Processo*, São Paulo: RT, n. 111, p. 195-196, 2003.

ordinária). Todavia, o legislador permitiu, de forma excepcional, a substituição processual (legitimidade extraordinária), que alguém pudesse pleitear em nome próprio direito alheio, porém desde que autorizado por lei (art. 18 do CPC/2015)[157].

No entanto, como definir a legitimidade na defesa de direitos difusos ou coletivos, quando seus autores são indeterminados ou eventualmente determináveis? A legitimação coletiva, então, seria uma espécie de legitimação ordinária ou de legitimação extraordinária? Quem o legislador, então, a partir do microssistema legal coletivo, indicou para representar na defesa judicial dos direitos metaindividuais? Esses legitimados têm posição de exclusividade? E como é feita a aferição da legitimação coletiva? Por fim, caso seja inadequada a legitimação, o que aconteceria?

Todas são perguntas pertinentes sobre a legitimação da ação civil pública e das ações coletivas em geral, em que se escondem premissas valiosas de um tema que nem sempre navega em águas calmas tanto na doutrina como na jurisprudência, chegando a afirmar Gregório Assagra de Almeida ser "um dos temas mais complexos do direito processual coletivo comum"[158]. Nesse sentido, leciona José Augusto Garcia de Sousa:

> Falar em legitimidade, com efeito, é falar no acesso a um dos poderes estatais, a uma função inegavelmente política, inserida no espaço público. [...] Afinal, a ação civil pública permite a judicialização de temas os mais transcendentes. Até mesmo políticas públicas podem ser questionadas e reformuladas na órbita do processo coletivo, desde que haja a devida provocação. Tem-se na legitimidade *ad causam*, dessa forma, um precioso passaporte. [...] Portanto, a legitimação coletiva evoca participação e poder, valores eminentemente políticos[159].

---

157 WAMBIER, Luiz Rodrigues; TALAMINI, Eduardo. *Curso avançado de processo civil*: teoria geral do processo. 16. ed. São Paulo: RT, 2016, v. 1, p. 222-223.
158 ALMEIDA, Gregório Assagra de. *Direito processual coletivo brasileiro*: um novo ramo do direito processual. São Paulo: Saraiva, 2003, p. 497.
159 SOUSA, José Augusto Garcia de. A legitimidade coletiva da defensoria pública à luz do princípio da generosidade. In: GOZZOLI, Maria Clara; CIANCI, Mirna; CALMON, Petrônio; QUARTIERI, Rita (Coord.). *Em defesa de um novo sistema de processos coletivos*: estudos em homenagem a Ada Pellegrini Grinover. São Paulo: Saraiva, 2010, p. 293.

Recorda-se que o objeto do processo coletivo consiste em direitos, cujos titulares são indeterminados e indetermináveis, bem como podem pertencer a pessoas determináveis. Assim, diante da coletividade, quem teria a legitimidade para agir em defesa de tais direitos? Por questão de política legislativa (*ope legis*), atribuiu-se legitimidade a entidades idôneas para assumir a tutela jurisdicional dos direitos transindividuais, visto que o Poder Judiciário (*ope judicis*) não teria condições de avaliar em cada caso a adequação da representação de todos os interessados que pretendessem propor uma demanda como coletiva[160].

O direito brasileiro, então, seguiu outro caminho e tratou de indicar pelo legislador, expressamente, um rol de legitimados para propor as ações coletivas (previsto no art. 5º, LACP)[161]. Nessa quadra, o Brasil acabou assumindo uma posição de legitimação plúrima e mista: plúrima em razão de serem vários os entes legitimados e mista porque há legitimados que são entes da sociedade civil e outros são entes estatais[162]. Adota-se, também, uma legitimação concorrente e disjuntiva, porque não há exclusividade entre os representantes adequados na propositura da ação civil pública e independem entre eles de qualquer autorização ou combinação prévia, sendo a legitimidade autônoma[163].

---

160 Anota-se que no sistema da *common law* e nas suas *class actions* é tratado de forma *ope judicis*, ou seja, a legitimidade é aferida pelo juiz caso a caso, até porque, em tese, nos Estados Unidos, qualquer indivíduo pode propor uma *class action*. No Brasil, é *ope legis*, onde impera o juízo de valor pelo legislador a partir do preenchimento de requisitos legais, como as associações. De qualquer modo, segundo o § 4º do art. 5º da LACP, o requisito de pré-constituição das associações pode ser dispensado pelo juiz em caso de manifesto interesse social, portanto uma situação mais próxima do *ope judicis*.

161 Art. 5º Têm legitimidade para propor a ação principal e a ação cautelar: I – o Ministério Público; II – a Defensoria Pública; III – a União, os Estados, o Distrito Federal e os Municípios; IV – a autarquia, empresa pública, fundação ou sociedade de economia mista; V – a associação que, concomitantemente: a) esteja constituída há pelo menos 1 (um) ano nos termos da lei civil; b) inclua, entre suas finalidades institucionais, a proteção ao patrimônio público e social, ao meio ambiente, ao consumidor, à ordem econômica, à livre concorrência, aos direitos de grupos raciais, étnicos ou religiosos ou ao patrimônio artístico, estético, histórico, turístico e paisagístico.

162 DIDIER JR., Fredie; ZANETI JR., Hermes. *Curso de direito processual civil*: processo coletivo. Salvador: JusPodivm, 2013, v. 4, p. 210.

163 TESHEINER, José Maria Rosa. *Processos coletivos*: ações transindividuais e homogeneizantes. Porto Alegre: Edição do autor, 2015, p. 34.

Exige-se, assim, reflexão sobre a natureza jurídica da legitimação coletiva, pois seria ela ordinária, extraordinária ou nenhuma das duas, a partir de uma nova categorização? Leciona Pedro Lenza que para uma dessas opções se formaram correntes doutrinárias, ao redor dessa questão, para justificar suas escolhas, no entanto acabou prevalecendo também nos tribunais a natureza extraordinária[164]. Essa posição está de acordo com a substituição processual caso o juiz venha a entender inadequada a legitimação, principalmente pelo Ministério Público, pois, se não intervier no processo como parte, atuará obrigatoriamente como fiscal da lei (art. 5º, § 1º, LACP), ou, em caso de desistência infundada ou abandono da ação por associação legitimada, assumirá a titularidade ativa ou outro legitimado (art. 5º, § 3º, LACP).

Entretanto, esse protagonismo excessivo do Ministério Público tem gerado muitas críticas pela doutrina. Mauro Cappelletti e Bryant Garth, mesmo sem analisar o caso específico no Brasil, já adiantavam que o Ministério Público está sujeito a pressão política em razão de se constituir uma instituição governamental e, diante de novos direitos, como é o caso dos difusos, que exigem "qualificação técnica em áreas não jurídicas", sofre pela falta de treinamento e experiência[165-166]. Em sentido contrário, os responsáveis pela LACP rebateram item por item a argumentação dos autores, mas ao final esclarecem:

---

[164] Sinteticamente, a justificativa para que seja ordinária se deve à coincidência dos direitos defendidos com os objetivos institucionais do ente que propõem a ação. É extraordinária, pois a substituição processual é autoexplicativa, uma vez que a titularidade dos direitos coletivos não é de quem busca a tutela como representante. A terceira opção apoia-se à legitimação autônoma para condução do processo, cuja origem está no direito alemão. Fundamenta-se que não se trata de tutelar direito próprio, nem alheio, pois não é possível identificar o titular do direito discutido, ou porque o direito é indivisível e se postula ao mesmo tempo direito próprio como direito alheio (LENZA, Pedro. *Teoria geral da ação civil pública*. 2. ed. São Paulo: Saraiva, 2005, p. 180-193).

[165] CAPPELLETTI, Mauro; GARTH, Bryant. *Acesso à justiça*. Tradução de Ellen Gracie Northfleet. Porto Alegre: Fabris, 1988, p. 19-20.

[166] Em momento posterior, Cappelletti reconheceu a independência do Ministério Público brasileiro como diferente daqueles do sistema continental europeu quanto à pressão política e burocrática que representa a entidade: "não vou falar deste país, porque, verdadeiramente, uma das coisas mais surpreendentes constatadas nesta minha visita é a característica única do MP brasileiro – normal-

[...] Queremos deixar claro que não se pretende sacrificar a iniciativa individual, conferindo ao Ministério Público, com exclusividade, o encargo da defesa dos interesses difusos, como ocorre, *v.g.*, em Portugal [...]. Ao contrário, pensamos seja até conveniente ampliar a noção de legitimação, para esse efeito, atribuindo legitimidade inclusive às associações, além de fazê-lo aos particulares (como ocorre com as *class actions*)[167].

De fato, a relação do Ministério Público com a ação civil pública vem do berço. Explica-se. A ação civil pública nasceu textualmente na Lei Complementar n. 40/81, destinada, exclusivamente, à atuação do Ministério Público. O projeto de lei da ação civil pública que acabou sendo aprovado foi da equipe de promotores do Ministério Público de São Paulo, mesmo que tenham aberto a legitimação para outros atores, inclusive para o indivíduo, mas que acabou sendo vetado[168]. E, por fim, a Constituição Federal reforça na identidade da ação civil pública a paternidade do Ministério Público (art. 129, III, CRFB).

Argumenta Hely Lopes Meirelles que não só a prioridade do *Parquet* está implícita na própria lei para a propositura da ação civil pública, como também "está em melhor posição para o ajuizamento dessa ação, por sua independência institucional e atribuições funcionais. Além disso, está isento de custas e honorários no caso de

---

mente, em todos os demais países que conheço, França, Alemanha, Itália etc." (Tutela dos interesses difusos. *Revista da Ajuris*, n. 33, p. 175, mar. 1985).

167 Os pontos rebatidos foram: a) inadequação psicológica do Ministério Público; b) ligação com o Executivo; c) falta de especialização; d) falta de aparelhamento (FERRAZ, Antonio Augusto Mello de Camargo; MILARÉ, Édis; NERY JR., Nelson. *A ação civil pública e a tutela jurisdicional dos interesses difusos*. São Paulo: Saraiva, 1984, p. 63 e 64-72).

168 Ada Pellegrini Grinover tem outra visão a respeito. Segundo ela, "embora os autores [promotores] tenham declaradamente tomado como ponto de partida o anteprojeto do grupo constituído pela APAMAGIS [a qual Ada integrava], o resultado foi uma proposta que resultava no fortalecimento do MP (à época, parte integrante do Poder Executivo), em detrimento da sociedade civil". Em nota de rodapé, afirma que a posição do MP/SP era pela exclusividade a legitimidade do Ministério Público, que acabou sendo ampliada pelo Ministério da Justiça e por influência de Nelson Nery Jr., este pelas associações, mas que acabaram suportando maiores restrições na pré-constituição, além da exclusividade do MP no inquérito civil (Legitimação da defensoria pública à ação civil pública. In: _____ et al. (Coord.). *Processo coletivo*: do surgimento à atualidade. São Paulo: RT, 2014, p. 460).

improcedência da demanda"[169]. Essa posição também é destacada em razão do sentimento de paternalismo que a sociedade enxerga no Ministério Público, aquele que atenderá todos os problemas quando chamado. Não é outra conclusão, porque mesmo os demais legitimados, como as associações, interpelam o Ministério Público a tomar medidas judiciais para defender os direitos de seus próprios associados ou de uma coletividade.

Sendo assim, é perceptível uma evolução institucional, sem tirar os méritos das conquistas judiciais, em assuntos intocáveis por promotores, como é o caso dos direitos disponíveis, e hoje a possibilidade de se tutelarem inclusive os interesses individuais homogêneos. Segundo Voltaire de Lima Moraes, "um dos temas mais tormentosos envolvendo ação civil pública"[170]. Para tanto, discutiram-se três teorias, sendo a restrita, que conclui pela ilegitimidade do órgão; a teoria mista, que defende a legitimidade do Ministério Público a tutelar os interesses disponíveis desde que haja interesse social; e a teoria ampliativa, em que a entidade seria sempre legítima porque toda e qualquer demanda coletiva se presume que tenha interesse social.

De acordo com a jurisprudência, prevalece a teoria mista, a qual exige a demonstração de interesse social relevante, conforme se destaca na posição do STJ ao decidir ação civil pública intentada pelo Ministério Público, com o objetivo de defender interesses de mutuários do Sistema Financeiro da Habitação, em virtude da existência de cláusulas contratuais abusivas quanto ao reajustamento das prestações[171]. Nesse sentido também a justificativa da aprovação da Súmula

---

169 Apesar dessa posição privilegiada, Meirelles destaca que a propositura da ação civil pública não justifica o "ajuizamento de lide temerária ou sem base legal" (*Mandado de segurança*. 28. ed. São Paulo: Malheiros, 2005, p. 177-181).
170 Sustenta Voltaire que a legitimidade do Ministério Público para ajuizar ações civis públicas para defender os interesses individuais homogêneos deve ser "às situações em que eles assumem verdadeira dimensão social, o que deve ser avaliado tanto sob a ótica da natureza jurídica dos interesses ou direitos atingidos, bem como quanto ao número dos seus titulares, que não deve limitar-se a um grupo de pessoas vinculadas a um interesse restrito a elas, mas atingir um universo mais amplo" (*Ação civil pública*: alcance e limites da atividade jurisdicional. Porto Alegre: Livraria do Advogado, 2007, p. 57).
171 "O Ministério Público possui *legitimidade ad causam* para propor ação civil pública objetivando defender interesses individuais homogêneos nos casos como o

n. 643 para o tema educacional do STF[172]. Muito embora a teoria mista seja dominante, há decisões que adotam a teoria ampliativa, sendo desnecessária a comprovação da relevância social por parte do *Parquet*[173].

Esses são os argumentos que podem desencadear um protagonismo excessivo e criticado pela doutrina, em especial cita-se Rogério Lauria Tucci. Apregoa o autor que a multiplicação de ações civis públicas ajuizadas pelo Ministério Público revela uma abusiva utilização que extravasa os limites legislativos, cuja responsabilização recai em seus membros que chegam a formular *"pedidos juridicamente impossíveis*, a substituir, *sem legitimidade*, entidades de classe, e a agir *sem o imprescindível interesse processual"*, de sorte a torná-la uma ação inadequada[174].

A situação torna-se mais delicada quando a legitimidade da Defensoria Pública para propor ação civil pública, incluída pela Lei n. 11.448/2007 na LACP e reforçada pela LC n. 132/2009, foi questionada por meio de ação direta de inconstitucionalidade (ADI) proposta pela Associação Nacional dos Membros do Ministério Público (Conamp)[175]. O STF acabou julgando improcedente a ADI, conside-

---

presente, em que restou demonstrado *interesse social relevante*. Precedentes" (STJ, EResp 644.821/PR, Rel. Min. Castro Meira, j. 4-6-2008; grifou-se).

172 Súmula 643 do STF: "o Ministério Público tem legitimidade para promover ação civil pública cujo fundamento seja a ilegalidade de reajuste de mensalidades escolares". Justificou-se a aprovação desse enunciado em razão de alguns precedentes, em especial naquele que fundamentou que, "cuidando-se de tema ligado à educação, amparada constitucionalmente como dever do Estado e obrigação de todos (CF, art. 205), está o Ministério Público investido de capacidade postulatória, patente a legitimidade *ad causam*, quando o bem que se busca resguardar se insere na órbita dos interesses coletivos, em segmento de extrema delicadeza e de conteúdo social tal que, acima de tudo, recomenda-se abrigo estatal" (RE 190.976-5/SP, Rel. Min. Ilmar Galvão, *DJ* 6-2-98).

173 Assim, decidiu o STJ, pois "os interesses individuais homogêneos são considerados relevantes por si mesmos, sendo desnecessária a comprovação desta relevância" (REsp 797.963/GO, Rel. Min. Nancy Andrighi, j. 5-3-2008).

174 TUCCI, Rogério Lauria. Ação civil pública: abusiva utilização pelo Ministério Público e distorção pelo Poder Judiciário. In: WALD, Arnoldo (Coord.). *Aspectos polêmicos da ação civil pública*. São Paulo: Saraiva, 2003, p. 356.

175 De acordo com o parecer de Ada Pellegrini Grinover sobre o assunto, "fica claro, assim, que o verdadeiro intuito da requerente, ao propor a presente ADIn, é

rando constitucional a atribuição da Defensoria Pública em propor ação civil pública[176]. Superado esse empecilho, a Defensoria está no meio de um embate doutrinário e jurisprudencial por conta de quem pode defender e da pertinência temática das ações civis públicas que pode propor (art. 4º, VII, LC n. 80/94).

O art. 134 da Constituição Federal conceitua a Defensoria Pública como instituição permanente que tem como objetivo, entre outros, a defesa em todos os graus, judicial e extrajudicial, dos direitos individuais e coletivos, de forma integral e gratuita, aos necessitados. A questão colocada é a extensão da hipossuficiência da expressão "necessitados" e se a ação civil pública deve ser proposta exclusivamente para proteger essa coletividade especificada. Tiago Fensterseifer posiciona a problemática da expressão "necessitados" em face de dois conceitos: sob a perspectiva econômica e, portanto, num conceito restrito do termo, ou sob termos organizacionais, ou seja, em sentido amplo e que vai além da vulnerabilidade apenas pecuniária[177].

Nessa quadra, atende a posição ampliativa a LC n. 80/94, a Lei Orgânica da Defensoria Pública, que, entre aas funções institucionais, está a promoção da "mais ampla defesa dos direitos fundamentais" (art. 4º, X) e o exercício da defesa dos interesses individuais e coletivos

---

simplesmente o de *evitar a concorrência da Defensoria Pública*, como se no manejo de tão importante instrumento de acesso à justiça e de exercício da cidadania pudesse haver *reserva de mercado*" (Legitimação da defensoria pública à ação civil pública. In: _____ et al. (Coord.). *Processo coletivo*: do surgimento à atualidade. São Paulo: RT, 2014, p. 463-464).

176 "Seguindo o voto da relatora, Ministra Cármen Lúcia, os ministros entenderam que o aumento de atribuições da instituição amplia o acesso à Justiça e é perfeitamente compatível com a Lei Complementar n. 132/2009 e com as alterações à Constituição Federal promovidas pela Emenda Constitucional n. 80/2014, que estenderam as atribuições da Defensoria Pública e incluíram a de propor ação civil pública" (Disponível em: <http://www.stf.jus.br/portal/cms/verNoticiaDetalhe.asp?idConteudo=291085>. Acesso em: 28 out. 2016).

177 Para o defensor público de São Paulo, a "condição de *necessitado* não se restringe apenas à perspectiva econômica (consagrado no art. 2º, parágrafo único, da Lei n. 1.060/50), mas abarca também outras hipóteses e situações em que indivíduos ou mesmo grupos sociais encontram-se em situação especial de vulnerabilidade existencial no tocante aos seus direitos fundamentais e dignidade" (FENSTERSEIFER, Tiago. *Defensoria pública, direitos fundamentais e ação civil pública*. São Paulo: Saraiva, 2015, p. 60).

do que vêm a ser "grupos sociais vulneráveis que mereçam proteção especial do Estado" (art. 4º, XI), como a criança, o idoso e as pessoas portadoras de necessidades especiais, de forma exemplificativa. Nesse conceito também se pode incluir quem sofre de políticas públicas omissas ou insuficientes. Portanto, a hipossuficiência econômica não exclui a necessidade juridicamente protegida, nem vice-versa[178-179].

Ocorre que não é possível fugir da demonstração de nexo entre a demanda coletiva e o interesse da coletividade defendida, pois dificilmente seria possível a Defensoria Pública promover ação coletiva em defesa de "um grupo de consumidores de Playstation III ou de Mercedes Benz"[180]. Em sentido próximo, o STJ entendeu que a Defensoria Pública não possuía legitimidade extraordinária para ajuizar ação coletiva em favor de consumidores de plano de saúde particular que, em razão da mudança de faixa etária, teriam sofrido reajustes abusivos em seus contratos. Prevaleceu a razão de que tais consumidores não se encaixariam na concepção de "necessitados", mas sim de pessoas que tinham condições de arcar com as despesas de assistência de saúde privada[181].

---

178 "O direito à educação legitima a propositura da ação civil pública, inclusive pela Defensoria Pública, cuja intervenção, na esfera dos interesses e direitos individuais homogêneos, não se limita às relações de consumo ou à salvaguarda da criança e do idoso. Ao certo, cabe à Defensoria Pública a tutela de qualquer interesse individual homogêneo, coletivo *stricto sensu* ou difuso, pois sua legitimidade *ad causam*, no essencial, não se guia pelas características ou perfil do objeto da tutela (= critério objetivo), mas pela natureza ou *status* dos sujeitos protegidos, concreta ou abstratamente defendidos, os necessitados (= critério subjetivo)" (BENJAMIN, Antonio Herman. A legitimidade da defensoria pública à ação civil pública. In: GRINOVER, Ada Pellegrini et al. (Coord.). *Processo coletivo*: do surgimento à atualidade. São Paulo: RT, 2014, p.932)

179 O Código de Processo Civil de 2015 adotou a hipossuficiência econômica de forma literal em algumas passagens no seu texto, quando, por exemplo, no caso de ação possessória em que figure no polo passivo grande número de pessoas, determina, caso envolva pessoas em situação de hipossuficiência econômica, a intimação da Defensoria Pública (art. 554, § 1º).

180 Didier Jr. e Zaneti Jr. observam, no entanto, que não é indispensável que a coletividade seja composta exclusivamente por pessoas necessitadas para a atuação coletiva da Defensoria Pública, pois deve beneficiar a todos e de forma indistintamente (*Curso de direito processual civil*: processo coletivo. Salvador: JusPodivm, 2013, v. 4, p. 222).

181 Destaca-se na ementa: "[...] 4. Diante das funções institucionais da Defensoria Pública, há, sob o aspecto subjetivo, limitador constitucional ao exercício de sua

Se, por um lado, como se examinou, o Ministério Público sofre críticas na defesa de interesses e direitos individuais homogêneos, por outro, a Defensoria Pública sofre com a defesa de interesses e direitos difusos. A razão é que nesse contexto, por não ser possível identificar os titulares, portanto, demonstrar a vulnerabilidade ou a necessidade, a entidade não poderia propor ação civil pública. Conexa a esse problema está se a coletividade protegida por ação coletiva pela Defensoria deveria ser exclusivamente de necessitados.

A melhor posição doutrinária para enfrentar esse tema pode ser resumida na afirmativa de que "não será necessário que a ação coletiva se volte à tutela exclusiva dos necessitados, mas sim que a sua solução repercuta diretamente na esfera jurídica dos necessitados, ainda que também possa operar efeitos perante outros sujeitos"[182]. Se assim resolve a extensão da proteção, também soluciona a extensão dos interesses e direitos que podem ser protegidos por ação civil pública pela Defensoria Pública, pois soaria "absurdo, para qualquer pessoa razoável, restringir as ações da Defensoria relativas a direitos difusos por conta do terrível 'risco' de serem beneficiadas, também, pessoas não necessitadas..."[183].

---

finalidade específica – 'a defesa dos necessitados' (CF, art. 134) –, devendo os demais normativos ser interpretados à luz desse parâmetro. 5. A Defensoria Pública tem pertinência subjetiva para ajuizar ações coletivas em defesa de interesses difusos, coletivos ou individuais homogêneos, sendo que, no tocante aos difusos, sua legitimidade será ampla (basta que possa beneficiar grupo de pessoas necessitadas), haja vista que o direito tutelado é pertencente a pessoas indeterminadas. No entanto, em se tratando de interesses coletivos em sentido estrito ou individuais homogêneos, diante de grupos determinados de lesados, a legitimação deverá ser restrita às pessoas notadamente necessitadas [...]" (STJ, REsp 1192577/RS, Rel. Min. Luis Felipe Salomão, *DJe* 15-8-2014).

182 MARINONI, Luiz Guilherme; ARENHART, Sérgio Cruz; MITIDIERO, Daniel. *Novo curso de processo civil*: tutela dos direitos mediante procedimentos diferenciados. São Paulo: RT, 2015, v. 3, p. 417.

183 SOUSA, José Augusto Garcia de. A legitimidade coletiva da defensoria pública à luz do princípio da generosidade. In: GOZZOLI, Maria Clara; CIANCI, Mirna; CALMON, Petrônio; QUARTIERI, Rita (Coord.). *Em defesa de um novo sistema de processos coletivos*: estudos em homenagem a Ada Pellegrini Grinover. São Paulo: Saraiva, 2010, p. 334.

Por fim, dentro dos limites do presente trabalho, cabe destacar a "falta" de legitimidade das associações civis[184]. A questão não está na ausência de previsão legal, porque, além da estar configurada expressamente na LACP (art. 5º, V) também se faz presente no texto constitucional (art. 5º, XXI), mas sim por falta de participação efetiva na condução de tutelar direitos coletivos por meio de ação civil pública. Pedro Lenza resume muito bem a matéria, ao expor que cerca de 90% das ações civis públicas são ajuizadas pelo Ministério Público, mesmo que o constituinte e legislador tenham oferecido diversos mecanismos de apoio e estímulo ao associativismo:

> Assim, todo o arsenal jurídico foi montado para que, de uma vez por todas, houvesse verdadeira organização da sociedade civil, criando mecanismos para o desenvolvimento de uma esperada tradição associativa. A expectativa, contudo, frustrou-se[185].

Nem mesmo os requisitos da pré-constituição previstos na LACP[186] podem ser alegados como empecilhos para usufruir do direito jurisdicional, uma vez que poderão ser dispensados pelo juiz, quando haja manifesto interesse social evidenciado pela dimensão ou característica do dano, ou pela relevância do bem jurídico a ser protegido (art. 5º, § 4º, LACP). Ademais, independe da autorização dos seus associados para a propositura da ação segundo a jurispru-

---

[184] Márcio Flávio Mafra Leal leciona que "as associações desempenham um papel proeminente na Europa, como principal autor coletivo, e também têm grande atuação no sistema norte-americano, em escala bem menor no Brasil; e na Inglaterra e Canadá há resistências em se admitir a sua legitimidade para a defesa de direitos alheios. [...] No Brasil, ainda é incipiente a organização da sociedade civil em associações de interesses difusos e coletivos" (*Ações coletivas*: história, teoria e prática. Porto Alegre: Fabris, 1998, p. 130 e 132).

[185] O autor observa que a Constituição não só prevê a liberdade de associação para fins lícitos (art. 5º, XVII), como também a sua criação independe de autorização e veda a interferência estatal em seu funcionamento (art. 5º, XVIII), além de ela só poder ser compulsoriamente dissolvida ou ter suas atividades suspensas por decisão judicial transitada em julgado (art. 5º, XIX) (LENZA, Pedro. *Teoria geral da ação civil pública*. 2. ed. São Paulo: Saraiva, 2005, p. 193-195).

[186] Simplificando, a constituição há pelo menos um ano incluiu, entre suas finalidades institucionais, a proteção ao patrimônio público e social, ao meio ambiente, ao consumidor, à ordem econômica, à livre concorrência, aos direitos de grupos raciais, étnicos ou religiosos ou ao patrimônio artístico, estético, histórico, turístico e paisagístico (art. 5º, V, LACP).

dência do STJ[187]. Nem toda doutrina, porém, é entusiasta com esse ator coadjuvante[188].

Na área da educação, as associações de pais e mestres (APM), como instituições existentes e que auxiliam suas respectivas escolas, poderiam representar os interesses dos educandos ao ingressar com ação civil pública em defesa dos seus direitos diretos e conexos ao ensino, por exemplo. Também os diretórios ou centros acadêmicos integrados por estudantes têm legitimidade para ação heroica, e assim, já decidiu o STJ[189]. Conclui-se, sob o aspecto da democracia participativa, segundo as precisas palavras de Rodolfo de Camargo Mancuso, que:

> Seria desejável, no atual estágio de desenvolvimento da ação civil pública, que o largo espectro de seu objeto viesse acompanhado por uma

---

[187] Ilustra-se em recente decisão em que a Associação Nacional de Defesa da Cidadania e do Consumidor (Anadec) ajuizou ação civil pública contra o Banrisul, alegando ser abusiva a cobrança de tarifa para compensação de cheques emitidos com valor igual ou superior a R$ 5 mil reais. Entendeu o STJ, em relação à legitimidade da Anadec, que está pacificado no tribunal, no sentido de "reconhecer a legitimidade ativa da associação constituída há pelo menos um ano e que tenha como finalidade institucional a defesa dos direitos e interesses protegidos pelo CDC, independentemente de autorização dos seus associados" (REsp 1208567/RS, Rel. Min. Paulo de Tarso Sanseverino, *DJe* 10-3-2014). Nesse sentido: AgRg no AREsp 364642/RJ, *DJe* 6-12-2013.

[188] Edilson Vitorelli reconhece que o associativismo brasileiro, apesar dos seus expressivos números (290 mil existiam em 2010, segundo o IBGE), tem baixa representatividade em razão da pouca ou falta de estrutura (72,2% delas não têm nenhum empregado e 87,3%, menos de cinco). "Logo, associações desestruturadas e subfinanciadas têm poucas possibilidade de se envolver, com sucesso, no ajuizamento de ações coletivas, usualmente, complexas". Ademais, conclui que a alternativa pública (Ministério Público e Defensoria Pública, por exemplo) cria uma saída confortável para litigar sem assumir todos os riscos envolvidos com a sua condução (*O devido processo legal coletivo*: dos direitos aos litígios coletivos. São Paulo: RT, 2016, p. 361-365).

[189] Destaca-se na ementa: "Os 'Centros Acadêmicos', nomenclatura utilizada para associações nas quais se congregam estudantes universitários, regularmente constituídos e desde que preenchidos os requisitos legais, possuem legitimidade para ajuizar ação civil pública em defesa dos direitos individuais homogêneos, de índole consumerista, dos estudantes do respectivo curso, frente à instituição de ensino particular. Nesse caso, a vocação institucional natural do centro acadêmico, relativamente aos estudantes de instituições de ensino privadas, insere-se no rol previsto nos arts. 82, IV, do CDC, e art. 5º da Lei n. 7.347/85" (STJ, REsp 1.189.273/SC, Rel. Min. Luis Felipe Salomão, *DJe* 4-3-2011).

distribuição mais equilibrada, equitativa, no que concerne às iniciativas judiciais, mediante uma participação mais expressiva dos demais colegitimados (entes políticos, associações, órgãos públicos, agências governamentais), até para que não venha sobrecarregado o Ministério Público[190].

Culturalmente, talvez a evolução não tenha alcançado a maturidade suficiente de permitir que os cidadãos brasileiros possam propor por sua conta e risco a ação civil pública, experiência que na ação popular não se revela perfeita em razão da motivação política que direciona a judicialização[191]. Nesse sentido, advoga Edilson Vitorelli[192]. Por sua vez, na *class action* estadunidense é possível a atuação individual, mas em regra direcionada aos seus propósitos particulares, conforme avalia Owen M. Fiss[193], e que muitas vezes resulta em ações abusivas[194].

---

190 MANCUSO, Rodolfo de Camargo. A ação civil pública como instrumento de controle judicial das chamadas políticas públicas. In: MILARÉ, Édis (Coord.). *Ação civil pública*: Lei 7.347/1985 – 15 anos. 2. ed. São Paulo: RT, 2002, p. 796.

191 Eurico Ferraresi observa que, "como já existe a ação popular, não haveria necessidade de se outorgar outro instrumento ao cidadão para a defesa dos interesses supraindividuais em juízo. Temia-se com isso a banalização das demandas coletivas. Diz-se, também, que o cidadão brasileiro ainda não está preparado para utilizar judicialmente as ações coletivas e que, se essa possibilidade lhe fosse aberta, teríamos um enorme número de demandas sem relevância, o que retiraria a força e a credibilidade desse instrumento" (A pessoa física como legitimada ativa à ação coletiva. In: GRINOVER, Ada Pellegrini; MENDES, Aluisio Gonçalves de Castro; WATANABE, Kazuo (Coord.). *Direito processual coletivo e o anteprojeto de Código brasileiro de processos coletivos*. São Paulo: RT, 2007, p. 137).

192 O autor retoma as incertezas da doutrina brasileira no final da década de 1970 quanto à legitimidade da futura ação coletiva, pois das duas opções, "atribuir a legitimidade aos indivíduos, na linha da experiência norte-americana, era uma solução contraindicada pelos vinte anos de experiência da ação popular. [...] De fato, entre 1965 a 1985, o STF proferiu apenas 56 decisões relativas a ações populares, menos de três por ano. Havia também a percepção de que a ação popular funcionava mais como mecanismo de oposição política do que, nos termos realmente concebidos, como instrumento colocado à disposição do cidadão desinteressado, para combater os desvios do poder político" (VITORELLI, Edilson. *O devido processo legal coletivo*: dos direitos aos litígios coletivos. São Paulo: RT, 2016, p. 361).

193 FISS, Owen M. The Political theory of the class action. *Yale Law School Faculty Scholarship Series Paper*, n. 1326, p. 21, 1996.

194 Ilustra-se pelo caso *Benjamin Careathers vs. Red Bull North America, Inc.*, em que dois consumidores norte-americanos cobraram na justiça em 2013, por meio de

3.4.3 Coisa julgada

O presente tema pode ser considerado a "cereja do bolo" dos pontos sensíveis de se alcançarem os objetivos da ação civil pública, cujo perfil é concretizar interesses e direitos de diversas espécies, inclusive sociais, entre eles, o direito à educação. Portanto, quando alguém busca delimitar o alcance dos resultados obtidos por meio da ação coletiva *stricto sensu*, o que se espera é uma reação imediata da doutrina especializada, e foi o que aconteceu quando modificaram o art. 16 da LACP, que trata da coisa julgada.

Como se sabe, o microssistema legal coletivo tem regras próprias e identidade única, diferenciando-se dos processos individuais[195]. Apesar de o Código de Processo Civil restringir a coisa julgada às partes (art. 506), é inegável, segundo José Maria Tesheiner, a existência de casos em que a eficácia da sentença (e não a coisa julgada) atinge terceiros[196]. Assim, a autoridade da coisa julgada é, em regra, restrita às partes (incluindo aí o substituto processual, parte em sen-

---

class action, a indenização pela publicidade enganosa de que o energético *Red Bull* não lhe deu "asas", referente ao famoso *slogan* comercial. Em 2014, por meio de *class action settlement*, um pedido de liquidação entre as partes no valor total de 13 milhões de dólares para ressarcir a todos os que consumiram a bebida nos últimos dez anos mediante reembolso de 10 dólares a cada consumidor. Disponível em: <http://fox2now.com/2014/10/08/class-action-lawsuit-questions-red-bull-gives-you-wings-slogan/>. Acesso em: 29 out. 2016.

195 Explica Ricardo de Barros Leonel que "não seria possível imaginar verdadeiro processo 'coletivo' sem que a coisa julgada fosse 'coletiva'. [...] É necessário, para o entendimento da coisa julgada coletiva, o afastamento do apego às concepções tradicionais dos limites subjetivos do julgado, ou melhor, sua adequada visualização à luz da relação jurídica processual sobre interesses supraindividuais. Aproveitando mais uma vez uma feliz expressa, é necessário extrair das antigas partituras novas sonoridades" (*Manual do processo coletivo*. 2. ed. São Paulo: RT, 2011, p. 277-278).

196 Complementa o autor, apesar de ser um grande crítico à doutrina liebmaniana, que "pertinente, portanto, a distinção que Liebman fez entre a eficácia da sentença e a autoridade de coisa julgada". Conceitua ainda coisa julgada como "um efeito não da sentença, mas do trânsito em julgado da sentença de mérito, que a reveste de imutabilidade e indiscutibilidade, não podendo mais seu conteúdo ser reformado mediante recurso, ou desconstituído por ação autônoma, salvo a rescisória" (TESHEINER, José Maria. *Eficácia da sentença e coisa julgada no processo civil*. São Paulo: RT, 2002, p. 87-88).

tido material) e aos seus sucessores[197]. Há, todavia, exceções, como nas ações de Estado, em que a autoridade é *erga omnes*, e nas ações coletivas (art. 16, LACP, art. 18, LAP e art. 103, CDC)[198].

A conquista da "coisa julgada *erga omnes*" nesses dispositivos[199], em que uma decisão em sede de ação coletiva poderia alcançar até onde fosse possível encontrar um titular do direito garantido, foi interrompida pelo legislador a pedido do Executivo (por meio da conversão da MP n. 1.570-5/97 na Lei n. 9.494/97) quando atualizou a redação do art. 16 da LACP para fixar "limites" dentro da competência territorial do órgão prolator. Transcreve-se *in verbis*:

---

[197] De acordo com José Tadeu Neves Xavier, "A redação escolhida [art. 506] lembra em muito aquela existente na codificação revogada, mas é mais precisa na medida em que adota a noção de coisa julgada como a *autoridade* da decisão judicial, de forma que os efeitos fáticos desta podem atingir terceiros, de maneira mais direta ou indireta (reflexa), conforme as peculiaridades do caso concreto. É importante frisar que a verificação da coisa julgada, no plano fático, não implicará necessariamente vinculação entre as partes, nada impedindo que aquele que foi beneficiado com decisão transitada em julgado venha a renunciar ao direito que lhe foi reconhecido. A eficácia subjetiva da coisa julgada, tonando definitivo o conteúdo da decisão judicial é verificada no plano jurídico" (Anotações aos arts. 497 a 501. In: MACEDO, Elaine Harzheim; MIGLIAVACCA, Carolina Moraes. *Novo Código de Processo Civil anotado*. Porto Alegre: OAB-RS, 2015, p. 384).

[198] Ensina João Batista de Almeida que nos processos coletivos a coisa julgada varia conforme a natureza do bem tutelado de acordo com o art. 103 do CDC e incisos. Assim, haverá coisa julgada *erga omnes*, contra todos, em sede de tutela de interesses difusos; terá efeitos *ultra partes*, abrangendo o grupo ou classe de beneficiados quanto à tutela dos direitos coletivos; e a coisa julgada produzirá efeitos *erga omnes* para a tutela de direitos individuais homogêneos. Observado o § 3º do art. 103, esses efeitos somente serão possíveis em caso de procedência da ação (*secundum eventum litis*) e ganham utilidade por meio do transporte *in utilibus* para ações individuais sem a necessidade de nova sentença (*Aspectos controvertidos da ação civil pública*. 3. ed. São Paulo: RT, 2012, p. 225-228).

[199] José Maria Tesheiner observa com cautela tal eficácia. Primeiro, em relação aos direitos difusos a eficácia *erga omnes* da sentença não teria "alcance tão grande quanto a expressão sugere", e não se trata de coisa julgada, mas de preclusão, ao "impedir que o réu volte a discutir alguma questão de fato ou de direito resolvida pela sentença"; segundo, aos direitos coletivos *stricto sensu*, "não há, na verdade, qualquer eficácia *ultra partes*, porque coisa julgada é restrita ao réu e ao grupo, categoria ou classe que propôs a ação"; por fim, aos direitos individuais homogêneos, a coisa julgada *erga omnes* tem eficácia somente aos integrantes também do grupo, categoria ou classe (TESHEINER, José Maria Rosa; MILHORANZA, Mariângela Guerreiro. *Temas de direito e processos coletivos*. 3. ed. Porto Alegre: Paixão Editores, 2016, p. 148-149).

Art. 16. A sentença civil fará coisa julgada *erga omnes*, nos limites da competência territorial do órgão prolator, exceto se o pedido for julgado improcedente por insuficiência de provas, hipótese em que qualquer legitimado poderá intentar outra ação com idêntico fundamento, valendo-se de nova prova.

A alteração promulgada foi um golpe intencional do Poder Executivo, com a anuência do Legislativo, em restringir a efetividade do processo coletivo dentro de um contexto de grandes privatizações, em que a guerra de liminares e decisões judiciais estariam atrasando os interesses governamentais. Levantaram-se muros para que a decisão não pudesse se espraiar em outras comarcas, regiões ou para o Brasil, tirando a força original de uma sentença em processo de ação civil pública. A razão disso, segundo Luiz Manoel Gomes Júnior, foi restringir eventuais benefícios concedidos em sede de ação civil pública nos limites territoriais onde o órgão julgador exerce a jurisdição[200].

A "alteração foi infeliz e inócua", apontou Hugo Nigro Mazzilli, porque não teria alcance ao sistema do CDC e, portanto, ao microssistema coletivo no seu todo[201]. Elpídio Donizetti e Marcelo Malheiros Cerqueira[202], bem como Fredie Didier Jr. e Hermes Zaneti Jr.[203], trataram não somente como medida ineficaz, mas também inconstitucional, a imposição de restrição territorial da eficácia da coisa julgada em ação coletiva. O "intuito claro de fracionar o alcance das ações coletivas" da inovação legislativa, segundo Aluisio Gonçalves de Castro Mendes, também é manifestamente inconstitucional e afronta o poder de jurisdição dos juízes, bem como a razoabilidade e o devido processo legal[204].

---

200 GOMES JÚNIOR, Luiz Manoel. *Curso de direito processual civil coletivo*. Rio de Janeiro: Forense, 2005, p. 174.
201 MAZZILLI, Hugo Nigro. *A defesa dos interesses difusos em juízo*. 26. ed. São Paulo: Saraiva, 2013, p. 625.
202 DONIZETTI, Elpídio; CERQUEIRA, Marcelo Malheiros. *Curso de processo coletivo*. São Paulo: Atlas, 2010, p. 209.
203 DIDIER JR., Fredie; ZANETI JR., Hermes. *Curso de direito processual civil*: processo coletivo. Salvador: JusPodivm, 2013, v. 4, p. 149.
204 MENDES, Aluisio Gonçalves de Castro. A coisa julgada e os processos coletivos no direito vigente e no projeto de nova lei da ação civil pública (PL n.

Na percepção de Ada Pellegrini Grinover, o sentido da referida medida provisória foi restringir os efeitos *erga omnes* aos limites territoriais da competência, uma vez que a "acolhida, cada vez mais ampla, da coisa julgada de abrangência nacional qualificando a sentença dos processos coletivos e projetando os efeitos das liminares acabou por contrariar os interesses fazendários"[205]. Por sua vez, Ricardo de Barros Leonel identifica em cinco pontos a indevida tentativa de restrição da coisa julgada coletiva[206].

Recentemente, a Corte Especial do STJ afastou, por maioria de votos, a limitação territorial da sentença em sede de ação civil pública que tinha por objeto direito individual homogêneo, cujo acórdão recorrido teria restringido seus efeitos em conformidade com a previsão do art. 16 da LACP. Logo, o STJ estendeu a eficácia do acórdão a todos os titulares do direito em questão, que se encontravam na mesma situação[207].

5.139/2009). In: GOZZOLI, Maria Clara; CIANCI, Mirna; CALMON, Petrônio; QUARTIERI, Rita (Coord.). *Em defesa de um novo sistema de processos coletivos*: estudos em homenagem a Ada Pellegrini Grinover. São Paulo: Saraiva. 2010, p. 73-74.

205 GRINOVER, Ada Pellegrini. A ação civil pública refém do autoritarismo. In: _____ et al. (Coord.). *Processo coletivo*: do surgimento à atualidade. São Paulo: RT, 2014, p. 407.

206 Sinteticamente, a norma atualizadora: (i) retrocede contra a economia processual, possibilitando diversas demandas em vez de uma única; (ii) implica violação ao princípio da igualdade por possibilitar diversas soluções sobre o mesmo caso; (iii) desconsidera a abrangência da coisa julgada coletiva que decorre da natureza do direito material; (iv) confunde competência territorial com a amplitude da demanda; (v) é ineficaz em razão da amplitude do dano que pode ser local, regional ou nacional, sendo que estes últimos a ação corre nas capitais ou Distrito Federal (LEONEL, Ricardo de Barros. *Manual do processo coletivo*. 2. ed. São Paulo: RT, 2011, p. 301-302).

207 STJ, EREsp 1.134.957/SP, Rel. Min. Laurita Vaz, j. 24-10-2016. Decisão paradigma também pela Corte Especial do STJ: REsp 1.243.887/PR, Rel. Min. Luis Felipe Salomão, *DJe* 12-12-2011. Decidiu que "a liquidação e a execução individual de sentença genérica proferida em ação civil coletiva pode ser ajuizada no foro do domicílio do beneficiário, porquanto os efeitos e a eficácia da sentença não estão circunscritos a lindes geográficos, mas aos limites objetivos e subjetivos do que foi decidido, levando-se em conta, para tanto, sempre a extensão do dano e a qualidade dos interesses metaindividuais postos em juízo".

Voltando à doutrina, há danos que atingem todo o País, e, segundo Gilberto Schäfer, "a própria natureza dos direitos envolvidos faz com que escapem ao limite territorial, devido à indivisibilidade do objeto nos interesses difusos. [...] A lei confunde competência com coisa julgada"[208]. Em outra ocasião, enfrentando o mesmo problema, porém para os interesses difusos ou coletivos *stricto sensu*, o STJ julgou pela inaplicabilidade da limitação territorial prevista pelo art. 16 da LACP para garantir a reserva de vagas a todos os portadores de deficiência em concurso de âmbito nacional:

> A restrição territorial prevista no art. 16 da Lei da Ação Civil Pública (7.374/85) não opera efeitos no que diz respeito às ações coletivas que visam proteger interesses difusos ou coletivos *stricto sensu*, como no presente caso; nessas hipóteses, a extensão dos efeitos a toda categoria decorre naturalmente do efeito da sentença prolatada, vez que, por ser a legitimação do tipo ordinária, tanto o autor quanto o réu estão sujeitos à autoridade da coisa julgada, não importando onde se encontrem. A cláusula *erga omnes* a que alude o art. 16 da Lei 7.347/85 apenas estende os efeitos da coisa julgada a quem não participou diretamente da relação processual; as partes originárias, ou seja, aqueles que já compuseram a relação processual, não são abrangidos pelo efeito *erga omnes*, mas sim pela imutabilidade decorrente da simples preclusão ou da própria coisa julgada, cujos limites subjetivos já os abrangem direta e imediatamente[209].

No entanto, a questão está longe de estar pacífica na jurisprudência. apesar da posição da doutrina de observar a clara evidência de limitação da sentença coletiva[210]. O STF tem entendido que "a eficácia *erga omnes* da sentença na ação civil pública fica restrita aos

---

208 SCHÄFER, Gilberto. *Ação civil pública e controle de constitucionalidade*. Porto Alegre: Fabris, 2002, p.62-63.
209 STJ, CC 109.435-PR, Rel. Min. Napoleão Nunes Maia Filho, *DJe* 15-12-2010.
210 Além dos citados neste tópico, afirma José Tesheiner que "é claro, porém, que o legislador quis limitar os efeitos da sentença", e complementa que há inconstitucionalidade no que tange aos interesses difusos e coletivos *stricto sensu*, e, quanto aos direitos individuais homogêneos, dever-se-á entender por uma interpretação conforme a Constituição (TESHEINER, José Maria Rosa; MILHORANZA, Mariângela Guerreiro. *Temas de direito e processos coletivos*. 3. ed. Porto Alegre: Paixão Editores, 2016, p. 159 e 162).

limites da competência territorial do órgão prolator"[211], e, por conseguinte, mantém-se vinculado ao texto normativo que considerou constitucional quando teve que se manifestar. Espera-se que em futuro breve volte a enfrentar o tema e observe o apelo da doutrina.

---

[211] STF, ADI 1576 MC/DF, Rel. Min. Marco Aurélio, *DJ* 6-6-2003. Também nesse sentido: STF, Rcl 7778 AgR/SP, Rel. Min. Gilmar Mendes, *DJe* 19-5-2014, cuja ementa se reproduz: Agravo regimental em reclamação. 2. Ação coletiva. Coisa julgada. Limite territorial restrito à jurisdição do órgão prolator. Art. 16 da Lei n. 7.347/85. 3. Mandado de segurança coletivo ajuizado antes da modificação da norma. Irrelevância. Trânsito em julgado posterior e eficácia declaratória da norma. 4. Decisão monocrática que nega seguimento a agravo de instrumento. Art. 544, § 4º, II, *b*, do CPC. Não ocorrência de efeito substitutivo em relação ao acórdão recorrido, para fins de atribuição de efeitos *erga omnes*, em âmbito nacional, à decisão proferida em sede de ação coletiva, sob pena de desvirtuamento da lei que impõe limitação territorial. 5. Agravo regimental a que se nega provimento.

CONCLUSÃO

Desde a primeira Carta Constitucional (1824), o direito à educação está presente textualmente, mesmo numa realidade brasileira que era praticamente analfabeta. Durante esses três séculos até o diploma em vigor, as garantias educacionais constitucionais não só se mantiveram estáveis nas Constituições democráticas, como também ganharam volume e espaço com a evolução da sociedade.

No entanto, a contradição da realidade com o delírio do texto constituinte de que a educação é "direito para todos" sempre marcou as gerações de brasileiros. Se no início o ensino chegava apenas aos grandes centros urbanos, logo depois de encontrar as comunidades rurais iniciou-se outra segmentação, agora entre alunos de escolas públicas, os alunos de escolas privadas e os alunos sem escola.

Atualmente, a maior dificuldade é acomodar alunos com deficiência, encontrar vagas em creches para as crianças e prestar a educação digna, ou seja, com qualidade para todos, conforme prevê a Lei Maior. Em muito breve, a Constituição completará 30 anos, e em nenhuma outra o direito da educação foi tão contemplado como na atual. A palavra "educação" é citada 57 vezes pelo constituinte pátrio contra apenas 7 vezes da Constituição revogada, mas são duas referências que devem ser destacadas para efeitos deste trabalho: o direito à educação como direito fundamental social (art. 6º) e como direito público subjetivo o acesso obrigatório e gratuito (art. 208, § 1º).

Esses dois dispositivos são a base fundamental das forças constitucionais que defendem as políticas públicas educacionais contra os descasos administrativos da gestão responsável por implementá-las. Se admitir que o Estado brasileiro tem características e objetivos de bem-estar social, a partir dos seus claros propósitos vinculados aos fundamentos da dignidade da pessoa humana e da cidadania, a discricionariedade do Poder Executivo é praticamente nula.

Sendo assim, questões como a reserva do possível, as escolhas trágicas e o princípio da separação dos Poderes, todas de argumentação favorável ao Executivo, acabarão no chão das salas de aula como dados históricos para teóricos acadêmicos das faculdades de Direito. Poderão alegar que os orçamentos são finitos, o que é verdade, mas as escolhas dos gestores são infinitas, desde manter um universo de cargos políticos em comissão, viagens internacionais, patrocínios equivocados, supérfluos extravagantes, até obras e monumentos desnecessários, desvios de campanhas, superfaturamento ou licitações fraudulentas.

No entanto, não basta empilhar crianças e professores para zerar o déficit educacional. O que se propugna é uma educação digna, que respeite a qualidade garantida na Constituição de 1988. Para tanto, devem ser incluídos em qualquer proposta de governo o transporte escolar adequado e seguro; uma merenda saudável e nutritiva; o acesso à educação para todos, portanto investir na educação inclusiva em todos os sentidos; oferecer um material didático atualizado e comprometido com o aprendizado; construir ou aparelhar escolas com infraestrutura, em ambientes propícios para as atividades educacionais; propor segurança para os alunos dentro e fora das escolas; e, sem esgotar as possibilidades, prestar melhores condições salariais aos professores.

A proibição do retrocesso e a garantia do mínimo existencial são mecanismos doutrinários que buscam assegura, teoricamente, todas as situações do que se pretende enquadrar como dignas para a educação. Diante da constante evolução da sociedade, tende-se a modular o princípio do mínimo existencial para se encaixar em novos parâmetros sociais ou deverá ser superado em breve pela proposta de outro com alcance maior, para atender novas formas educacionais, como o ensino a distância, que exige boa conexão de internet e aparelhos eficientes, como *tablets* ou notebooks.

Em face dessas proposições, em virtude de as políticas públicas serem enquadradas como espécie de interesses difusos, os processos coletivos surgem de forma natural para reivindicá-las ao Poder Judiciário. E, entre as ações coletivas, a ação civil pública se tornou o instrumento mais propício para encarar a crise de efetivação das políticas educacionais, em razão do seu forte apelo público pelos bens tutelados não somente pela LACP, mas também pela legislação que compõe o microssistema processual coletivo.

    Dotada de natureza pública, protege tanto os direitos difusos como os coletivos *stricto sensu* e os individuais homogêneos de relevância social. Sua popularidade se deve à atividade pioneira do Ministério Público, vinculada à sua função institucional e reconhecida assim pela CRFB (art. 129, III). No entanto, essa posição privilegiada tem sobrecarregado o *Parquet*, e os demais colegitimados têm colaborado para essa situação em razão da pífia representatividade jurisdicional. A defensoria pública e algumas associações mais bem estruturadas podem ser a solução para democratizar os direitos às minorias.

    Outros pontos sensíveis esvaziam a força da ação heroica, como a competência e a coisa julgada, mas, para uma lei que já completou três décadas de existência, a ação civil pública tem encontrado nos tribunais e na doutrina combustível para resolver os seus problemas e os de quem mais precisa dela, a sociedade. A atividade judicante tem realizado um grande papel como vértice desse processo e o ativismo judicial é apenas uma parte disso.

    Vencida a passividade de gerações, o Poder Judiciário encontrou-se como o fiel da balança não para servir de equilíbrio para os demais Poderes, mas para pender para o lado dos direitos fundamentais e sociais dos cidadãos. Se aos críticos isso se refere como ativismo judicial, então, finalmente, descobriu-se uma denominação à função dos juízes. Não basta ser mais a boca da lei, tem que ser as mãos também de quem deve dar cumprimento o que já foi, anteriormente, escrito pelo constituinte e legislador, e deixado de lado por quem competia executar.

    Portanto, o problema de efetividade também não pode ser obstáculo para o Judiciário, porque uma sentença que manda construir escolas ou incluir alunos na rede de ensino público deve ser cumprida, pois, caso contrário, o direito à educação continuará sendo apenas poesia social abstrata. Medidas estruturantes podem ser uma das soluções, quando o julgador sai do seu gabinete e conhece a realidade da comunidade atingida pela demanda, oferecendo sugestões ou opções para efetivar o que já fora decidido no processo. Esse caráter de gestor público não é novidade para o juiz, que precisa administrar seu cartório.

Parece uma galáxia muito distante, mas se se observar mais de perto é possível concluir que o direito à educação já está assegurado na Constituição Federal; os percentuais de investimento público mínimo também; há garantias infraconstitucionais para formatar e aplicar as políticas públicas educacionais; o governo federal tem um Ministério exclusivo para tratar a educação, como também os governos estaduais e municipais têm suas secretarias especializadas; há grande interesse privado para que seus futuros funcionários tenham uma educação adequada; a mídia tem especial apreço a manchetes nessa área; por fim, é um tema que só desperta positividade, diferente da saúde, por exemplo, que sofre com dificuldades quando se trata da oferta pública de remédios caríssimos ou não homologados ou cirurgias no exterior por meio de mandamentos judiciais.

A educação é o remédio sem contraindicação mais acessível para as doenças sociais contemporâneas e a ação civil pública educacional o efeito colateral necessário, caso a medicação não seja ministrada ou fornecida de forma precária.

POSFÁCIO

Muito pouco tem a se dizer após um trabalho de dissertação do amigo Prof. Marcelo Hugo Rocha (o qual, a partir de agora, chamarei de Marcelo), apresentado e defendido em pleno Programa de Mestrado em Direito da PUC-RS, um dos mais bem conceituados do Brasil (Capes 6), sendo aprovado com distinção, louvor e recomendação para a publicação, em banca presidida por mim e tendo como arguidores os Professores Doutores José Maria Rosa Tesheiner, José Tadeu Neves Xavier e Gilberto Schäfer.

Também ficaria, em segundo plano, um posfácio após um prefácio do Prof. Ingo Wolfgang Sarlet, um texto como o produzido pelo Marcelo e a apresentação do Prof. Tesheiner, não fosse pelo motivo de que parte do tema produzido no trabalho é sobre os processos estruturais.

Educação, o tema central escolhido pelo Marcelo, é daqueles que, ao mesmo tempo em que empolgam na leitura de como deveria ser, deprimem na medida de como ela é no plano do ser. Como mudar essa realidade?

Das inúmeras respostas que a pergunta poderia receber resolvi, por bem, estudar uma delas quando realizei o curso de doutoramento, na mesma instituição em que Marcelo sagrou-se mestre, qual seja o tema das medidas estruturantes, que seria uma primeira tradução minha realizada das *structural reforms*, posteriormente alargada a tradução para englobar a expressão técnica, tão cara ao direito processual nesses tempos.

As *structural reforms* são parte de um novo modelo de jurisdição (um novo modelo de *Adjudication* para utilizar as palavras de Owen Fiss, um dos grandes estudiosos do tema em solo estadunidense), no qual o juiz, também protagonista do debate democrático, alcança, para vencer as burocracias estatais, novos significados ao processo para concretizar o Texto Constitucional.

No Brasil ainda pendem maiores estudos sobre o tema, embora pesquisadores como o Marcelo adotem em seus trabalhos monográficos linhas que direcionam o processo brasileiro para esse norte, tão caro a outros países com o próprio Estados Unidos e, para ficarmos aqui perto, cito a Argentina.

Vários casos poderiam aqui ser citados para demonstrar esse novo modelo de processo, o qual se tem denominado de litígio ou processo estrutural (*structural litigation*), sendo que faço a referência ao primeiro caso Brown vs. Board of Educatio of Topeka, julgado na Suprema Corte dos Estados Unidos em 1954, pois, na mesma linha pesquisada pelo Marcelo, trata-se de caso oriundo do sistema de educação.

Foi nesse caso em que a *U. S. Supreme Court*, reconhecendo a inconstitucionalidade da doutrina do *separate but ecqual*, da qual ela mesma era partidária no final dos oitocentos com o julgamento do caso *Plessy vs. Ferguson*, criou condições para que uma menina negra frequentasse a escola para brancos em condições de igualdade, expedindo, para tanto, medidas ou técnicas estruturantes para garantir que isso ocorresse, quando do rejulgamento do caso Brown em 1955, creditando, em parte, ao *Chief Justice* da época Earl Warren essa novidade que podemos dizer ser afeta ao direito processual.

Marcelo escolheu o caminho das ações civis públicas para trilhar um melhoramento ao sistema educacional brasileiro para alcançar aquilo que vem a denominar de direito fundamental à educação digna, ou seja, não basta somente educar, mas educar dignamente, realizando uma leitura sistemática da nossa Constituição da República Federativa do Brasil ao ligar *educação* com a *dignidade*, que está associada aos princípios fundamentais no Texto Constitucional. Talvez um dos caminhos para alcançar essa promessa seja por meio do processo ou litígio estrutural.

Um estudo assim merece os melhores aplausos e tenho orgulho de ter orientado e ao mesmo tempo ter sido orientado pelo Marcelo nesses dois anos de mestrado, no qual, demonstrando uma paixão por aquilo que ama, ou seja, ensinar, subiu um degrau e mostrou que educar é também uma de suas paixões.

Parabéns ao Marcelo e à Editora Saraiva pela aposta na publicação de tão belo estudo.

Marco Félix Jobim
Professor Adjunto da PUC-RS na Graduação
e pós-graduação *lato* e *stricto sensu*

REFERÊNCIAS

ABELHA, Marcelo. *Ação civil pública e meio ambiente*. Rio de Janeiro: Forense Universitária, 2003.

ACIOLI, Catarine Gonçalves. *A educação na sociedade de informação e o dever fundamental estatal de inclusão digital*. 2014. Dissertação (Mestrado) – PUC-RS, Porto Alegre.

ALEXY, Robert. *Teoria dos direitos fundamentais*. Tradução de Virgílio Afonso da Silva. 2. ed. São Paulo: Malheiros, 2015.

ALMEIDA, Gregório Assagra de. *Direito processual coletivo brasileiro*: um novo ramo do direito processual. São Paulo: Saraiva, 2003.

ALMEIDA, João Batista de. *Aspectos controvertidos da ação civil pública*. 3. ed. São Paulo: RT, 2012.

ALVIM, Arruda. Ação civil pública – sua evolução normativa significou crescimento em prol da proteção às situações coletivas. In: MILARÉ, Édis (Coord.). *A ação civil pública após 20 anos*: efetividade e desafios. São Paulo: RT, 2005.

AMIN, Andréa Rodrigues. Dos direitos fundamentais. In: MACIEL, Kátia Reina Ferreira Lobo Andrade (Coord.). *Curso de direito da criança e do adolescente*. 6. ed. São Paulo: Saraiva, 2013.

APPIO, Eduardo. *A ação civil pública no Estado Democrático de Direito*. Curitiba: Juruá, 2009.

_____. *Controle judicial das políticas públicas no Brasil*. Curitiba: Juruá, 2005.

_____. *Direito das minorias*. São Paulo: RT, 2009.

BARBOSA MOREIRA, José Carlos. Ações coletivas na Constituição Federal de 1988. *Revista de Processo*, São Paulo: RT, n. 61, p. 187-200, jan.-mar. 1991.

_____. A expressão "competência funcional" no art. 2º da Lei da Ação Civil Pública. In: MILARE, Édis. *A ação civil pública após 20 anos*: efetividade e desafios. São Paulo: RT, 2005.

BARCELLOS, Ana Paula de. *A eficácia jurídica dos princípios constitucionais*: o princípio da dignidade da pessoa humana. 2. ed. Rio de Janeiro: Renovar, 2008.

_____. Constitucionalização das políticas públicas em matéria de direitos fundamentais: o controle político-social e o controle jurídico no espaço democrático. In: SARLET, Ingo Wolfgang. TIMM, Luciano Benetti (Org.). *Direitos fundamentais, orçamento e reserva do possível*. 2. ed. Porto Alegre: Livraria do Advogado, 2013.

_____. Neoconstitucionalismo, direitos fundamentais e controle das políticas públicas. *Revista Diálogo Jurídico*, Salvador, n. 15, jan.--mar. 2007.

BARROSO, Luís Roberto. *Curso de direito constitucional contemporâneo*. 5. ed. São Paulo: Saraiva, 2015.

_____. Da falta de efetividade à judicialização excessiva: direito à saúde, fornecimento gratuito de medicamentos e parâmetros para a atuação judicial. In: MOREIRA, Eduardo Ribeiro; PUGLIESI, Marcio (Coord.). *20 anos da Constituição brasileira*. São Paulo: Saraiva, 2009.

_____. Judicialização, ativismo judicial e legitimidade democrática. *[Syn]Thesis*, Rio de Janeiro, v. 5, n. 1, 2012.

_____. A proteção coletiva dos direitos no Brasil e alguns aspectos da class action norte-americana. In: GRINOVER, Ada Pellegrini et al. (Coord.). *Processo coletivo*: do surgimento à atualidade. São Paulo: RT, 2014.

BASTOS, Celso Ribeiro. *Curso de direito constitucional*. 18. ed. São Paulo: Saraiva, 1997.

BENJAMIN, Antonio Herman. A legitimidade da defensoria pública à ação civil pública. In: GRINOVER, Ada Pellegrini et al. (Coord.). *Processo coletivo*: do surgimento à atualidade. São Paulo: RT, 2014.

BERIZONCE, Roberto O. Los conflictos de interés público. In: _____ (Coord.). *Los procesos colectivos*: Argentina y Brasil. Ciudad de Buenos Aires: Cathedra Jurídica, 2012.

BITTAR, Eduardo C. B. *Democracia, justiça e direitos humanos*. São Paulo: Saraiva, 2011.

BONAVIDES, Paulo. *Curso de direito constitucional*. 15. ed. São Paulo: Malheiros, 2004.

BOTELHO, Guilherme. *Direito ao processo qualificado*. Porto Alegre: Livraria do Advogado, 2010.

BRASIL. Constituição (1988). *Constituição da República Federativa do Brasil*. Brasília, DF: Senado Federal, 1988. Disponível em: <http://www.planalto.gov.br/ccivil_03/Constituicao/ConstituicaoCompilado.htm>. Acesso em: 12 maio 2016.

_____. Superior Tribunal de Justiça. Recurso Especial n. 1155866/RS. Relator: Min. Ricardo Villas Bôas Cueva. *Diário de Justiça Eletrônico*, Brasília, 18 fev. 2015.

BREYER, Stephen G. *Making our democracy work*. New York: Vintage, 2011.

BUCCI, Maria Paula Dallari. *Fundamentos para uma teoria jurídica das políticas públicas*. São Paulo: Saraiva, 2013.

BUENO, Cassio Scarpinella. As *class actions* norte-americanas e as ações coletivas brasileiras: pontos para uma reflexão conjunta. *Revista de Processo*, São Paulo, v. 82, 1996.

_____. *Curso sistematizado de direito processual civil*. 3. ed. São Paulo: Saraiva, 2013, v. 2, t. 3.

BULOS, Uadi Lammêgo. *Constituição Federal anotada*. 10. ed. São Paulo: Saraiva, 2012.

BURLE FILHO, José Emmanuel. Ação civil pública, instrumento de educação. In: MILARÉ, Édis (Coord.). *Ação civil pública*: Lei 7.347/1985 – 15 anos. 2. ed. São Paulo: RT, 2002.

CACCIAMALI, Maria Cristina. Estrutura, organização e abrangência do sistema educacional dos Estados Unidos da América do Norte. *Revista da Faculdade de Educação da USP*, São Paulo, v. 13, n. 2, 1987.

CAGGIANO, Monica Hermann S. A educação: direito fundamental. In: RANIERI, Nina Beatriz Stocco (Coord.). *Direito à educação*: aspectos constitucionais. São Paulo: Edusp, 2009. Disponível em: <http://unesdoc.unesco.org/images/0018/001876/187688por.pdf>. Acesso em: 14 maio 2016.

CALABRESI, Guido; BOBBIT, Philip. *Tragic choices*: the conflicts society confronts in the allocation of tragically scarce resources. New York: W. W. Norton & Company, 1978.

CALAMANDREI, Piero. *Eles, os juízes, vistos por um advogado*. Tradução de Eduardo Brandão. São Paulo: Martins Fontes, 2000.

CAMBI, Eduardo; ZANINELLI, Giovana. Direito fundamental à educação, exclusão social e cidadania. *Revista de Direito Privado*, São Paulo, v. 59, p. 29-54, jul.-set. 2014.

CANELA JUNIOR, Osvaldo. *Controle judicial de políticas públicas*. São Paulo: Saraiva, 2011.

CANOTILHO, José Joaquim Gomes. *Direito constitucional*. 6. ed. Coimbra: Almedina, 1993.

_____. *Direito constitucional e teoria da constituição*. 7. ed. Coimbra: Almedina, 2003.

CAPONI, Remo. Italian "Class Action" Suits in the Field of Consumer Protection: 2016 Update. Disponível em: <https://www.academia.edu/26222102/_R._Caponi_2016_Italian_Class_Action_Suits_in_the_Field_of _Consumer_Protection_2016_Update>. Acesso em: 15 out. 2016.

CAPPELLETTI, Mauro. *Juízes legisladores?* Tradução de Carlos Alberto Alvaro de Oliveira. Porto Alegre: Fabris, 1993.

_____. Tutela dos interesses difusos. *Revista da Ajuris*, n. 33, mar. 1985.

_____; GARTH, Bryant. *Acesso à justiça*. Tradução de Ellen Gracie Northfleet. Porto Alegre: Fabris, 1988.

CARNEIRO, Athos Gusmão. Da competência no projeto de lei de nova ação civil pública. In: GOZZOLI, Maria Clara; CIANCI, Mirna; CALMON, Petrônio; QUARTIERI, Rita (Coord.). *Em defesa de um novo sistema de processos coletivos*: estudos em homenagem a Ada Pellegrini Grinover. São Paulo: Saraiva, 2010.

_____. *Jurisdição e competência*. 18. ed. São Paulo: Saraiva, 2013.

CHEMERINSKY, Erwin. *The case against the Supreme Court*. New York: Viking, 2014.

CINTRA, Antônio Carlos de Araújo; GRINOVER, Ada Pellegrini; DINAMARCO, Cândido Rangel. *Teoria geral do processo*. 28. ed. São Paulo: Malheiros, 2012.

CLÈVE, Clèmerson Merlin. A eficácia dos direitos fundamentais sociais. *Revista de Direito Constitucional e Internacional*, v. 54, p. 28, jan. 2006.

_____. *Atividade legislativa do Poder Executivo*. 2. ed. São Paulo: RT, 2000.

COMPARATO, Fábio Konder. *A afirmação histórica dos direitos humanos*. 7. ed. São Paulo: Saraiva, 2010.

_____. Ensaio sobre o juízo de constitucionalidade de políticas públicas. *Revista Doutrinas Essenciais de Direito Constitucional*, v. 5, p. 149-166, maio 2011.

CORTEZ, Luís Francisco Aguilar. Outros limites ao controle jurisdicional. In: GRINOVER, Ada Pellegrini; WATANABE, Kazuo (Coord.). *O controle jurisdicional de políticas públicas*. 2. ed. Rio de Janeiro: Forense, 2013.

COSTA, Denise Souza. *Direito fundamental à educação, democracia e desenvolvimento sustentável*. Belo Horizonte: Fórum, 2011.

DESTEFENNI, Marcos. *Manual de processo civil*: individual e coletivo. 2. ed. São Paulo: Saraiva, 2013.

DIDIER JR. Fredie; ZANETI JR., Hermes. *Curso de direito processual civil*: processo coletivo. Salvador: JusPodivm, 2013. v. 4.

DINAMARCO, Pedro da Silva. Competência, conexão e prevenção nas ações coletivas. In: MILARÉ, Édis (Coord.). *A ação civil pública após 20 anos*: efetividade e desafios. São Paulo: RT, 2005.

DONIZETTI, Elpídio; CERQUEIRA, Marcelo Malheiros. *Curso de processo coletivo*. São Paulo: Atlas, 2010.

DUARTE, Ronnie Preuss. *Garantia de acesso à justiça*. Coimbra: Coimbra Editora, 2007.

DWORKIN, Ronald. *Levando os direitos a sério*. Tradução de Nelson Boeira. São Paulo: Martins Fontes, 2002.

_____. *O império do direito*. Tradução de Jefferson Luiz Camargo. Rio de Janeiro: Martins Fontes, 1999.

DYE, Thomas. *Understanding public policy*. 12. ed. New Jersey: Prentice Hall, 2007.

EDUCAÇÃO PÚBLICA DE QUALIDADE: quanto custa esse direito? 2. ed. São Paulo: Campanha Nacional pelo Direito à Educação, 2011.

ELIAS, Roberto João. *Comentários ao Estatuto da Criança e do Adolescente*. 4. ed. São Paulo: Saraiva, 2010.

FENSTERSEIFER, Tiago. *Defensoria Pública, direitos fundamentais e ação civil pública*. São Paulo: Saraiva, 2015.

FERRARESI, Eurico. A pessoa física como legitimada ativa à ação coletiva. In: GRINOVER, Ada Pellegrini; MENDES, Aluisio Gonçalves de Castro; WATANABE, Kazuo (Coord.). *Direito processual coletivo e o anteprojeto de Código brasileiro de processos coletivos*. São Paulo: RT, 2007.

_____. Do sistema único de ações coletivas: ação civil pública, ação popular, mandado de segurança coletivo e ação de improbidade administrativa. In: GOZZOLI, Maria Clara; CIANCI, Mirna; CALMON, Petrônio; QUARTIERI, Rita (Coord.). *Em defesa de um novo sistema de processos coletivos*: estudos em homenagem a Ada Pellegrini Grinover. São Paulo: Saraiva. 2010.

FERRAZ, Antonio Augusto Mello de Camargo; MILARÉ, Édis; NERY JR., Nelson. *A ação civil pública e a tutela jurisdicional dos interesses difusos*. São Paulo: Saraiva, 1984.

FISS, Owen M. The Political theory of the class action. *Yale Law School Faculty Scholarship Series Paper*, n. 1326, 1996.

FONTE, Felipe de Melo. *Políticas públicas e direitos fundamentais*. 2. ed. São Paulo: Saraiva, 2015.

FREITAS, Juarez. *Direito fundamental à boa administração pública*. 3. ed. São Paulo: Malheiros, 2014.

_____. O controle das políticas públicas e as prioridades constitucionais vinculantes. *Constituição, Economia e Desenvolvimento: Revista da Academia Brasileira de Direito Constitucional*, Curitiba, v. 5, n. 8, p. 8-26, jan.-jun. 2013.

_____. *O controle dos atos administrativos e os princípios fundamentais*. São Paulo: Malheiros, 1997.

GARCIA, Emerson. Princípio da separação dos Poderes: os órgãos jurisdicionais e a concreção dos direitos sociais. *De Jure: Revista Jurídica do Ministério Público do Estado de Minas Gerais*, 2008.

GARCIA, Gustavo Filipe Barbosa. Ações coletivas e competência para danos de âmbitos regional e nacional. *Revista do Tribunal Superior do Trabalho*, Brasília, v. 74, n. 3, p. 105-120, jul.-set. 2008.

GIDI, Antonio. Código de processo civil coletivo: um modelo para países de direito escrito. *Revista de Processo*, São Paulo, n. 111, 2003.

GOMES JÚNIOR, Luiz Manoel. *Curso de direito processual civil coletivo*. Rio de Janeiro: Forense, 2005.

_____; FAVRETO, Rogério. O Projeto de Lei que disciplina as ações coletivas: abordagem comparativa sobre as principais inovações. In: GOZZOLI, Maria Clara; CIANCI, Mirna; CALMON, Petrônio; QUARTIERI, Rita (Coord.). *Em defesa de um novo sistema de processos coletivos*: estudos em homenagem a Ada Pellegrini Grinover. São Paulo: Saraiva. 2010.

GOMES, Maria Tereza Uille. *Direito humano à educação e políticas públicas*. Curitiba: Juruá, 2009.

GOMES, Sérgio Alves. O princípio constitucional da dignidade da pessoa humana e o direito fundamental à educação. *Revista de Direito Constitucional e Internacional*, São Paulo, v. 51, abr. 2005.

GOTTI, Alessandra. *Direitos sociais*. São Paulo: Saraiva, 2012.

GRINOVER, Ada Pellegrini. A ação civil pública refém do autoritarismo. In: _____ et al. (Coord.). *Processo coletivo*: do surgimento à atualidade. São Paulo: RT, 2014.

_____ et al. *Código brasileiro de Defesa do Consumidor comentado pelos autores do anteprojeto*. 5. ed. Rio de Janeiro: Forense Universitária, 1998.

_____. Legitimação da defensoria pública à ação civil pública. In: _____ et al. (Coord.). *Processo coletivo*: do surgimento à atualidade. São Paulo: RT, 2014.

_____. O controle de políticas públicas pelo Poder Judiciário. *Revista de Direito Bancário e do Mercado de Capitais*, v. 42, p. 11, out. 2008.

_____. O projeto de lei brasileira sobre processos coletivos. In: GOZZOLI, Maria Clara; CIANCI, Mirna; CALMON, Petrônio; QUARTIERI, Rita (Coord.). *Em defesa de um novo sistema de processos coletivos*: estudos em homenagem a Ada Pellegrini Grinover. São Paulo: Saraiva. 2010.

HOLMES, Stephen; SUNSTEIN, Cass R. *The cost of rights*: why liberty depends on taxes. New York-London: W.W. Norton & Company, 1999.

JOBIM, Marco Félix. *Medidas estruturantes*: da Suprema Corte estadunidense ao Supremo Tribunal Federal. Porto Alegre: Livraria do Advogado, 2013.

_____. *Teoria, história e processo*. Porto Alegre: Livraria do Advogado, 2016.

KANT, Immanuel. *Sobre a pedagogia*. Tradução de Francisco Cock Fontanella. 2. ed. Piracicaba: Unimep, 1999.

KELBERT, Fabiana Okchstein, *Reserva do possível e a efetividade dos direitos sociais no direito brasileiro*. Porto Alegre: Livraria do Advogado, 2011.

KRELL, Andreas J. Controle judicial dos serviços básicos na base dos direitos fundamentais sociais. In: SARLET, Ingo Wolfgang (Org.). *A Constituição concretizada*: construindo pontes com o público e o privado. Porto Alegre: Livraria do Advogado, 2000.

LEAL, Márcio Flávio Mafra. *Ações coletivas*: história, teoria e prática. Porto Alegre: Fabris, 1998.

LEAL, Rogério Gesta. *Condições e possibilidades eficaciais dos direitos fundamentais sociais*: os desafios do Poder Judiciário no Brasil. Porto Alegre: Livraria do Advogado, 2009.

LEIVAS, Paulo Gilberto Cogo; RIOS, Roger Raupp; SCHÄFER, Gilberto. Educação escolar indígena no direito brasileiro: do paradigma integracionista ao paradigma do direito a uma educação diferenciada. *Revista da Ajuris*, v. 41, n. 136, p. 371-382, dez. 2014.

LELLIS, Lélio Maximino. *Princípios constitucionais do ensino*. São Paulo: Lexia, 2011.

LENZA, Pedro. *Teoria geral da ação civil pública*. 2. ed. São Paulo: Saraiva, 2005.

LEONEL, Ricardo de Barros. *Manual do processo coletivo*. 2. ed. São Paulo: RT, 2011.

LIBERATI, Wilson Donizeti. *Políticas públicas no Estado constitucional*. São Paulo: Atlas, 2013.

LIMA, Maria Cristina de Brito. *A educação como direito fundamental*. Rio de Janeiro: Lumen Juris, 2003.

LOEWENSTEIN, Karl. *Teoría de la constitución*. Traduccione de Alfredo Gallego Anabitarte. 2. ed. Barcelona: Ariel, 1979.

LORENZETTI, Ricardo Luis. *Justicia colectiva*. Santa Fe: Rubinzal-Culzoni, 2010.

MACEDO, Elaine Harzheim. *Jurisdição e processo*. Porto Alegre: Livraria do Advogado, 2005.

MACHADO, Eduardo de Paula. Educação inclusiva e o direito à convivência comunitária. In: ALMEIDA, Gregório Assagra de et al. (Coord.). *Direitos das pessoas com deficiência e dos idosos*. Belo Horizonte: Del Rey, 2013.

MALISKA, Marcos Augusto. Comentário ao art. 206. In: CANOTILHO, J. J. Gomes et al. (Coord.). *Comentários à Constituição do Brasil*. São Paulo: Saraiva, 2013; Almedina, 2013.

MANCUSO, Rodolfo de Camargo. A ação civil pública como instrumento de controle judicial das chamadas políticas públicas. In: MILARÉ, Édis (Coord.). *Ação civil pública*: Lei 7.347/1985 – 15 anos. 2. ed. São Paulo: RT, 2002.

_____. *Ação civil pública*: em defesa do meio ambiente, do patrimônio cultural e dos consumidores. 13. ed. São Paulo: RT, 2014.

_____. Controle judicial das chamadas políticas públicas. In: MILARÉ, Édis (Coord.). *Ação civil pública*: Lei 7.347/1985 – 15 anos. 2. ed. São Paulo: RT, 2002.

_____. *Jurisdição coletiva e coisa julgada*: teoria geral das ações coletivas. 3. ed. São Paulo: RT, 2012.

MARINONI, Luiz Guilherme; ARENHART, Sérgio Cruz; MITIDIERO, Daniel. *Novo curso de processo civil*: teoria do processo civil. São Paulo: RT, 2015, v. 1.

_____; _____; _____. *Novo curso de processo civil*: tutela dos direitos mediante procedimentos diferenciados. São Paulo: RT, 2015, v. 3.

MATTE, Mauricio. Ação civil pública: tutela de interesses ou direitos difusos e coletivos *stricto sensu*. In: TESHEINER, José Maria (Org.). *Processos coletivos*. Porto Alegre: HS Editora, 2012.

MAZZILLI, Hugo Nigro. *A defesa dos interesses difusos em juízo*. 26. ed. São Paulo: Saraiva, 2013.

MEDAUAR, Odete. *Direito administrativo moderno*. 9. ed. São Paulo: RT, 2005.

MEIRELLES, Hely Lopes. *Mandado de segurança*. 28. ed. São Paulo: Malheiros, 2005.

MELLO FILHO, José Celso de. *Constituição Federal anotada*. São Paulo: Saraiva, 1984.

MENDES, Aluisio Gonçalves de Castro. A coisa julgada e os processos coletivos no direito vigente e no projeto de nova lei da ação civil pública (PL n. 5.139/2009). In: GOZZOLI, Maria Clara; CIANCI, Mirna; CALMON, Petrônio; QUARTIERI, Rita (Coord.). *Em defesa de um novo sistema de processos coletivos*: estudos em homenagem a Ada Pellegrini Grinover. São Paulo: Saraiva, 2010.

_____. *Ações coletivas e meios de resolução coletiva de conflitos no direito comparado e nacional*. 4. ed. São Paulo: RT, 2014.

MIRANDA, Jorge. *Manual de direito constitucional*: direitos fundamentais. 3. ed. Coimbra: Coimbra Editora, 2000, t. 4.

MORAES, Guilherme Pena de. *Instituições da Defensoria Pública*. São Paulo: Malheiros, 1999.

MORAES, Voltaire de Lima. *Ação civil pública*: alcance e limites da atividade jurisdicional. Porto Alegre: Livraria do Advogado, 2007.

MORAIS, José Luis Bolzan de. Direitos humanos, direitos sociais e justiça – uma visão contemporânea. In: KOZEN, Afonso Armando et al. (Coord.). *Pela justiça na educação.* Brasília: Fundescola/MEC, 2000.

MOURA, Emerson Affonso da Costa. Do controle jurídico ao controle social das políticas públicas: parâmetros à efetividade dos direitos sociais. *Revista de Direito Constitucional e Internacional,* v. 77, p. 131-182, out.-dez. 2011.

MUNIZ, Regina Maria Fonseca. *O direito à educação.* Rio de Janeiro: Renovar, 2002.

NERY JR., Nelson. *Princípios do processo civil na Constituição Federal.* 7. ed. São Paulo: RT, 2002.

NETTO, Luísa Cristina Pinto e. *O princípio de proibição de retrocesso social.* Porto Alegre: Livraria do Advogado, 2010.

NOGUEIRA, Paulo Lúcio. *Estatuto da Criança e do Adolescente comentado.* 3. ed. São Paulo: Saraiva, 1996.

NOVAIS, Jorge Reis. *Direitos fundamentais:* trunfos contra a maioria. Coimbra: Coimbra Editora, 2006.

_____. *Direitos sociais.* Coimbra: Wolters Kluver e Coimbra Editora, 2010.

OHLWEILER, Leonel Pires. Políticas públicas e controle jurisdicional: uma análise hermenêutica à luz do Estado Democrático de Direito. In: SARLET, Ingo Wolfgang; TIMM, Luciano Benetti (Org.). *Direitos fundamentais, orçamento e reserva do possível.* 2. ed. Porto Alegre: Livraria do Advogado, 2013.

OLIVEIRA, Carlos Alberto Alvaro de. Cappelletti e o direito processual brasileiro. *Páginas de Direito.* Disponível em: <http://www.tex.pro.br/home/artigos/158-artigos-ago-2001/3533-cappelletti-e-o-direito-processual-brasileiro>. Acesso em: 14 out. 2016.

OLIVEIRA, Rafael Arruda. O constrangimento orçamental e a vontade da Constituição a realização de políticas públicas na área da saúde. *Revista dos Tribunais,* v. 908, p. 23-109, jun. 2011.

ORGANIZAÇÃO DAS NAÇÕES UNIDAS PARA A EDUCAÇÃO, A CIÊNCIA E A CULTURA. *Educação de qualidade para todos:* um assunto de direitos humanos. Brasília: Unesco, 2007.

ORGANISATION FOR ECONOMIC CO-OPERATION AND DEVELOPMENT. *Education at a glance 2014:* OECD indicators. Paris: OECD Publishing, 2014.

PARAÍBA. Tribunal de Justiça. Apelação Cível e Remessa Necessária n. 0095744-16.2012.815.2004. Relator: Des. José Ricardo Porto.

Disponível em: <http://tjpb-jurisprudencia.tjpb.jus.br/5-45-0054500.pdf>. Acesso em: 5 maio 2016.

PASSOS, Daniel Silva. *Intervenção judicial nas políticas públicas*. São Paulo: Saraiva, 2014.

PINHEIRO, Luís Felipe Valerim. *Políticas públicas nas leis orçamentárias*. São Paulo: Saraiva, 2015.

PINHO, Humberto Dalla Bernardino de. Ações de classe: direito comparado e aspectos processuais relevantes. *Revista da Emerj*, v. 5, n. 18, 2002.

PIOVESAN, Flávia. *Direitos humanos e justiça internacional*. 3. ed. São Paulo: Saraiva, 2012.

_____. *Direitos humanos e o direito constitucional internacional*. 13. ed. São Paulo: Saraiva, 2012.

PISTINIZI, Bruno Fraga. O direito à educação nas Constituições brasileiras. *Revista de Direito Educacional*, São Paulo: RT, v. 2, jul. 2010.

PONTES DE MIRANDA, Francisco Cavalcanti. *Comentários à Constituição de 1967*. 2. ed. São Paulo: RT, 1972, t. 6.

PORTANOVA, Rui. *Princípios do processo civil*. 5. ed. Porto Alegre: Livraria do Advogado, 2003.

PORTO, Sérgio Gilberto. USTÁRROZ, Daniel. *Lições de direitos fundamentais no processo civil*. Porto Alegre: Livraria do Advogado, 2009.

RAMOS, André de Carvalho. *Teoria geral dos direitos humanos na ordem internacional*. 3. ed. São Paulo: Saraiva, 2013.

RAMOS, Elival da Silva. *Ativismo judicial*: parâmetros dogmáticos. 2. ed. São Paulo: Saraiva, 2015.

RÉ, Aluísio Iunes Monti Ruggeri. *Processo civil coletivo e sua efetividade*. São Paulo: Malheiros, 2012.

REIS JR., Ari Timóteo dos. A teoria da reserva do possível e o reconhecimento pelo estado de prestações positivas. *Revista Tributária e de Finanças Públicas*, v. 86, p. 9, maio 2009.

RIBEIRO, Darcy. *Nossa escola é uma calamidade*. Rio de Janeiro: Salamandra, 1984.

RIGOLDI, Vivianne. Atendimento educacional especializado: do direito à educação especial à educação inclusiva. In: AGOSTINHO, Luis Otávio Vincenzi de (Org.); HERRERA, Luiz Henrique Martim (Coord.). *Tutela dos direitos humanos e fundamentais*. Birigui: Boreal, 2011.

ROQUE, Andre Vasconcelos. Class actions – *ações coletivas nos Estados Unidos*: o que podemos aprender com eles? Salvador: JusPodivm, 2013.

ROTHSTEIN, Richard. A Supreme Court case that public education advocates should be watching. Disponível em: <https://www.washingtonpost.com/news/answer-sheet/wp/2015/01/13/a-supreme-court-case-that-public-education-advocates-should-be-watching/>. Acesso em: 19 nov. 2015.

SALLES, Carlos Alberto de. *Class actions*: algumas premissas para comparação. In: GRINOVER, Ada Pellegrini et al. (Coord.). *Processo coletivo*: do surgimento à atualidade. São Paulo: RT, 2014.

SANTOS, Eduardo Rodrigues dos. *Princípios processuais constitucionais*. Salvador: Juspodivm, 2016.

SANTOS, Marcus Gouveia dos. *Direitos sociais*: efetivação, tutela judicial e fixação de parâmetros para a intervenção judicial em políticas públicas. Rio de Janeiro: Lumen Juris, 2016.

SARLET, Ingo Wolfgang. A cidadania multidimensional na era dos direitos. In: TORRES, Ricardo Lobo (Org.). *Teoria dos direitos fundamentais*. Rio de Janeiro: Renovar, 1999.

_____. A eficácia do direito fundamental à segurança jurídica: dignidade da pessoa humana, direitos fundamentais e proibição de retrocesso social no direito constitucional brasileiro. In: ROCHA, Cármen Lúcia Antunes (Coord.). *Constituição e segurança jurídica*: direito adquirido, ato jurídico perfeito e coisa julgada: estudos em homenagem a José Paulo Sepúlveda Pertence. Belo Horizonte, Fórum, 2004.

_____. *A eficácia dos direitos fundamentais*. 12. ed. Porto Alegre: Livraria do Advogado, 2015.

_____. A problemática dos fundamentais sociais como limites materiais ao poder de reforma da Constituição. In: _____ (Org.). *Direitos fundamentais sociais*: estudos de direito constitucional internacional e comparado. Rio de Janeiro: Renovar, 2003.

_____. As dimensões da dignidade da pessoa humana: construindo uma compreensão jurídico-constitucional necessária e possível. In: _____ (org.). *Dimensões da dignidade*. 2. ed. Porto Alegre: Livraria do Advogado, 2013.

_____. *Dignidade (da pessoa) humana e direitos fundamentais na Constituição Federal de 1988*. 10. ed. Porto Alegre: Livraria do Advogado, 2015.

_____. Direitos fundamentais em espécie. In: _____; MARINONI, Luiz Guilherme; MITIDIERO, Daniel. *Curso de direito constitucional.* 5. ed. São Paulo: Saraiva, 2015.

_____. Direitos fundamentais sociais, mínimo existencial e direito privado. *Revista de Direito do Consumidor*, v. 61, p. 90, jan. 2007.

_____. Eficácia e efetividade de direitos fundamentais, controle judicial de políticas públicas e separação de poderes. *Revista dos Tribunais.* v. 921, p. 471-492, jul. 2012.

_____. Os direitos fundamentais sociais: algumas notas sobre seu conteúdo, eficácia e efetividade nos vinte anos da Constituição Federal de 1988. In: AGRA, Walber de Moura (Coord.). *Retrospectiva dos 20 anos da Constituição Federal.* São Paulo: Saraiva, 2009.

_____. Os direitos fundamentais sociais na Constituição de 1988. *Revista Diálogo Jurídico,* Salvador, ano I, v. I, n. 1, abr. 2001.

_____; MARINONI, Luiz Guilherme; MITIDIERO, Daniel. *Curso de direito constitucional.* 4. ed. São Paulo: Saraiva, 2015

SARLET, Ingo Wolfgang; MOLINARO, Carlos Alberto. Democracia – separação de Poderes – eficácia e efetividade do direito à saúde no Judiciário brasileiro. *Observatório do Direito à Saúde.* Belo Horizonte: Faculdade de Filosofia e Ciências Humanas – FAFICH, 2011.

SARMENTO, Daniel. O neoconstitucionalismo no Brasil: riscos e possibilidades. In: LEITE, George Salomão; SARLET, Ingo Wolfgang (Org.). *Direitos fundamentais e Estado constitucional*: estudos em homenagem a J.J. Gomes Canotilho. São Paulo: RT, 2014.

SCAFF, Fernando Facury. Sentenças aditivas, direitos sociais e reserva do possível. In: SARLET, Ingo Wolfgang. TIMM, Luciano Benetti (Org.). *Direitos fundamentais, orçamento e reserva do possível.* 2. ed. Porto Alegre: Livraria do Advogado, 2013.

SCHÄFER, Gilberto. *Ação civil pública e controle de constitucionalidade.* Porto Alegre: Fabris, 2002.

_____. *Súmulas vinculantes*: análise crítica da experiência do Supremo Tribunal Federal. Porto Alegre: Livraria do Advogado, 2012.

SECO, Ana Paula; AMARAL, Tania Conceição Iglesias do. Marquês do Pombal e a reforma educacional brasileira. Disponível em: <http://www.histedbr.fe.unicamp.br/navegando/periodo_pombalino_intro.html>. Acesso em: 27 abr. 2016.

SEGALLA, Juliana Izar Soares da Fonseca; MARTA, Taís Nader. *Direito à educação inclusiva*: um direito de TODOS. São Paulo: Verbatim, 2013.

SILVA, José Afonso da. *Comentário contextual à Constituição*. São Paulo: Malheiros, 2005.

_____. *Curso de direito constitucional positivo*. 25. ed. São Paulo: Malheiros, 2005.

SOUSA, Eliane Ferreira de. *Direito à educação*: requisito para o desenvolvimento do país. São Paulo: Saraiva, 2010.

SOUSA, José Augusto Garcia de. A legitimidade coletiva da defensoria pública à luz do princípio da generosidade. In: GOZZOLI, Maria Clara; CIANCI, Mirna; CALMON, Petrônio; QUARTIERI, Rita (Coord.). *Em defesa de um novo sistema de processos coletivos*: estudos em homenagem a Ada Pellegrini Grinover. São Paulo: Saraiva, 2010.

SOUTO, João Carlos. *Suprema Corte dos Estados Unidos*. Principais decisões. 2. ed. São Paulo: Atlas, 2015.

SOUZA, Motauri Ciocchetti de. *Ação civil pública e inquérito civil*. 5. ed. São Paulo: Saraiva, 2013.

_____. *Direito educacional*. São Paulo: Verbatim, 2010.

SOUZA, Paulo Renato. *A revolução gerenciada*. São Paulo: Prentice Hall, 2005.

STRECK, Lenio Luiz. O papel da jurisdição constitucional na realização dos direitos sociais-fundamentais. In: SARLET, Ingo Wolfgang (Org.). *Direitos fundamentais sociais*: estudos de direito constitucional internacional e comparado. Rio de Janeiro: Renovar, 2003.

TARUFFO, Michele. La tutela collettiva nell'ordinamento italiano: lineamenti generali. In: GRINOVER, Ada Pellegrini et al. (Coord.). *Processo coletivo*: do surgimento à atualidade. São Paulo: RT, 2014.

TESHEINER, José Maria. *Eficácia da sentença e coisa julgada no processo civil*. São Paulo: RT, 2002.

_____. *Elementos para uma teoria geral do processo*. São Paulo: Saraiva, 1993.

_____. *Jurisdição*: estudos de direitos individuais e coletivos. Organização de Marco Félix Jobim, Lessandra Bertolazi Gauer e Marcelo Hugo da Rocha. Porto Alegre: Lex Magister, 2016.

_____. *Processos coletivos*: ações transindividuais e homogeneizantes. Porto Alegre: Edição do autor, 2015.

_____; MILHORANZA, Mariângela Guerreiro. *Temas de direito e processos coletivos*. 3. ed. Porto Alegre: Paixão Editores, 2016.

THEODORO JÚNIOR, Humberto. *Curso de direito processual civil*. 56. ed. Rio de Janeiro: Forense, 2016. v. 1.

TIMM, Luciano Benetti. Qual a maneira mais eficiente de prover direitos fundamentais: uma perspectiva de direito e economia? In: _____; SARLET, Ingo Wolfgang. *Direitos fundamentais*: orçamento e "reserva do possível". 2. ed. Porto Alegre: Livraria do Advogado, 2013.

TORRES, Artur. *A tutela coletiva dos direitos individuais*. Porto Alegre: Arana, 2013.

TORRES, Ricardo Lobo. A cidadania multidimensional na Era dos Direitos. In: _____ (Org.). *Teoria dos direitos fundamentais*. Rio de Janeiro: Renovar, 1999.

_____. *O direito ao mínimo existencial*. Rio de Janeiro: Renovar, 2009.

_____. O mínimo existencial e os direitos fundamentais. *Revista de Direito Administrativo*. Rio de Janeiro, n. 177, p. 29-49, jul.-set. 1989.

TUCCI, Rogério Lauria. Ação civil pública: abusiva utilização pelo Ministério Público e distorção pelo Poder Judiciário. In: WALD, Arnoldo (Coord.). *Aspectos polêmicos da ação civil pública*. São Paulo: Saraiva, 2003.

VÁRIOS COLABORADORES. *Educação pública de qualidade*: quanto custa esse direito? 2. ed. São Paulo: Campanha Nacional pelo Direito à Educação, 2011.

VENTURI, Elton. A competência jurisdicional na tutela coletiva. In: GRINOVER, Ada Pellegrini; MENDES, Aluisio Gonçalves de Castro. WATANABE, Kazuo (Coord.) *Direito processual coletivo e o anteprojeto de Código brasileiro de processos coletivos*. São Paulo: RT, 2007.

VIANA, Salomão. Art. 46. In: WAMBIER, Teresa Arruda Alvim; DIDIER JR., Fredie; TALAMINI, Eduardo; DANTAS, Bruno (Coord.). *Breves comentários ao novo Código de Processo Civil*. São Paulo: RT, 2015.

VICTOR, Rodrigo Albuquerque de. *Judicialização de políticas públicas para a educação infantil*. São Paulo: Saraiva, 2011.

VIECELLI, Roberto Del Conte. A efetividade do direito à educação e a justiciabilidade das políticas públicas na jurisprudência do STF (1988-2011). *Revista de Direito Educacional,* v. 5, p. 211, jan. 2012.

VIGLIAR, José Marcelo Menezes. Ação civil pública ou ação coletiva? In: MILARÉ, Édis (Coord.). *Ação civil pública*: Lei 7.347/1985 – 15 anos. 2. ed. São Paulo: RT, 2002.

VITORELLI, Edilson. *O devido processo legal coletivo*: dos direitos aos litígios coletivos. São Paulo: RT, 2016.

WAMBIER, Luiz Rodrigues; TALAMINI, Eduardo. *Curso avançado de processo civil*: teoria geral do processo. 16. ed. São Paulo: RT, 2016, v. 1.

WATANABE, Kazuo. Acesso à justiça e sociedade moderna. In: _____; GRINOVER, Ada Pellegrini; DINAMARCO, Cândido Rangel (Coord.). *Participação e processo*. São Paulo: RT, 1988.

_____. Controle jurisdicional das políticas públicas: mínimo existencial e demais direitos fundamentais imediatamente judicializáveis. *Doutrinas Essenciais de Direitos Humanos*, v. 1, p. 577-590, ago. 2011.

WEBER, Thadeu. A ideia de um "mínimo existencial" de J. Rawls. *Revista Kriterion*, Belo Horizonte, n. 127, jun. 2013.

XAVIER, José Tadeu Neves. Anotações aos arts. 497 a 501. In: MACEDO, Elaine Harzheim; MIGLIAVACCA, Carolina Moraes. *Novo Código de Processo Civil anotado*. Porto Alegre: OAB-RS, 2015.

ZAFFARONI, Eugenio Raúl. *Poder Judiciário*: crise, acertos e desacertos. Tradução de Juarez Tavares. São Paulo: RT, 1995.

ZANETI JR., Hermes. A teoria da separação de Poderes e o Estado Democrático Constitucional: funções de governo e função de garantia. In: GRINOVER, Ada Pellegrini; WATANABE, Kazuo (Coord.). *O controle jurisdicional de políticas públicas*. 2. ed. Rio de Janeiro: Forense, 2013.

_____. Três modelos de processo coletivo no direito comparado: *class actions*, ações associativas/litígios agregados e o "processo coletivo: modelo brasileiro". *Revista Processos Coletivos*, v. 4, n. 3, jul.-set. 2014.

ZAVASCKI, Teori Albino. *Processo coletivo*. 6. ed. São Paulo: RT, 2014.